# 市场营销基本技能与实务

主　编　董常亮

副主编　黄柏材　黎珍珍　尹　青　梁　杰

主　审　黄维忠

参　编　梁品寅

中南大学出版社
www.csupress.com.cn
·长沙·

# 内容简介

　　本书是一本以项目为导向、通过任务驱动的理论与实践相结合的教材，具有实践性和操作性。本书根据营销活动的过程(认识市场营销、掌握市场营销战略规划、熟悉市场营销环境、探寻市场营销机会、制订营销组合策略、了解市场营销新思维)来设计教学内容。在编写过程中，我们加入了课程思政元素。本书对以往的市场营销教材进行了整合和删减，真正体现了以工作任务为主线的教学内容设计特色。本书适合作为高职院校市场营销专业、经济与管理类专业、工商管理专业的教学用书，也适合作为市场营销行业在职人员的指导用书或参考用书。

# 前 言

市场营销是一种无处不在、无时不有的活动。在现代市场竞争激烈的环境下，营销活动非常重要。国家需要营销，企业需要营销，事业单位需要营销，个人也需要营销。营销改变了人们的生活方式，营销使我们变得更加富有，变得更加智慧。市场营销从业人员必须掌握先进的市场营销理念，具备最新的营销思维。目前，几乎所有高校都开设了市场营销专业，市场营销人才的培养十分注重实践性和操作性。

根据国家对课程体系和教学内容的整改要求，本书综合了以往的市场营销教材存在的不足，整合、删减了市场调查的内容，增加了市场营销战略规划以及市场营销新思维的相关内容，并根据市场营销活动的实际设计内容。营销人员要有营销战略思维，在营销过程中需要进行营销环境分析，通过环境分析，把握市场营销机会，制订营销组合策略。教材的作用主要是帮助学生获得对市场营销活动的认识，明确营销岗位的知识目标和能力目标，培养学生应有的职业技能。

本书主要有以下特点：

(1)紧紧围绕学生"市场营销职业技能的形成"这一主线，凸显实用性和技能性。

(2)以"现代学徒制"为背景，以与广西工业职业技术学院合作的安踏公司的营销岗位为实践基础，设计了以营销技能为主导的知识体系。

(3)案例选择和内容整合具有创新性，采用最近几年的营销案例，体现本土化思想，更具有实践性。

(4)设计了学习指南、知识目标、能力目标、素质目标、思政目标、情景描述、任务分析、知识精讲、项目小结、知识巩固等栏目，构建了完整的市场营销知识体系，强调了学生的参与性和互动性。

本书由广西工业职业技术学院工商管理学院董常亮设计编写方案并担任主编，董常亮负责项目一、项目二和项目六的编写，广西工业职业技术学院工商管理学院的黄柏材负责项目三的编写，黎珍珍负责项目四的编写，尹青负责项目五的编写。

在编写过程中，我们参阅了大量的营销方面的研究成果，在此向相关人员表示感谢。中南大学出版社的编辑对本书的出版给予了大力的支持和帮助，在此致以衷心的谢意。

本书是 2018 年度广西工业职业技术学院立项课题、2019 年度广西高校中青年教师基础能力提升项目"全渠道营销模式下的广西零售企业商业模式创新研究课题"和 2021 年度广西工业职业技术学院重点资助课题"基于社群经济下的新零售企业商业模式创新研究"（立项编号：桂工业院〔2021〕9 号）的研究成果。

由于编者水平有限，书中难免有不妥之处，敬请大家批评指正。

编者

# 目　录

# 了解市场营销项目

◇ **项目学习指南** ◇

　　市场营销是一项复杂的系统工程。在互联网时代，企业之间的竞争前所未有的激烈。要想击败竞争对手，就必须知晓消费者的痛点，关注消费者的需求。从事市场营销的工作者，要了解市场的含义，深刻领会市场营销的核心概念，了解市场营销观念的演变，把握市场营销的真谛，认识到营销的使命是创造客户需求。

　　1. 能够说出市场、市场营销的含义，以及市场的类型、市场营销观念的演变。

　　2. 能够解释市场的职能、市场营销者的内涵及其在实际工作中的应用。

# 任务一　市场营销的相关概念

## 知识目标

1. 知晓并理解市场营销的内涵和意义。
2. 能够解释市场营销的特点。
3. 能够说出需求的类型。

## 岗位能力目标

1. 能够说出市场营销的意义、作用。
2. 能够解释市场营销的特点及在实际生活中的应用。
3. 能够说出需求的类型并根据不同的需求类型采用不同的营销方式进行管理。
4. 能够运用市场营销的相关知识从事市场营销活动。

## 思政目标

1. 培养学生的爱国主义情怀。
2. 培养学生的市场意识。
3. 帮助学生树立市场营销人员所需要具备的职业道德和职业素养。
4. 帮助学生树立市场经济中的诚信意识。

## 情景描述

　　小王是一名大一学生，家庭比较困难。进入大学之后，小王想利用业余时间找份兼职，以减轻家庭的经济负担。于是，小王通过朋友的介绍得到了一份销售电器产品的工作。在刚接到这份工作的时候，他感到非常高兴，认为销售比较容易，自己的性格又很开朗，适合与不同的人打交道。工作一个月后，小王感到非常失望和沮丧。是什么原因导致小王灰心丧气呢？原来小王的工作开展得并不顺利，本以为自己能够胜任这份工作，但是在销售过程中，经常遭到顾客的投诉。面对不同类型的顾客，小王无所适从。你觉得小王应该怎样面对顾客的不同需求，提供不同的营销方式呢？你对市场营销工作了解吗？

## 任务分析

　　很多人在没有从事市场营销工作之前对市场营销有一定的误解，认为市场营销工作比较简单，做营销与做推销没有什么区别。其实市场营销工作远比推销复杂得多。市场营销是一项无处不在、无时不有的活动，只要有商品交换活动，就会存在营销活动。企业的营销活动离不开市场，市场是由各个企业和消费者组成的。市场不仅是企业从事营销活动的起点，也是终点。市场是不断变化的，从事市场营销活动，就要了解市场和市场营销的本质以及市场营销的活动过程，并运用现代市场营销理念作为指导。只有真正掌握了市场营销的本质，才能更好地开展市场营销工作。

▶ **案例1-1：老太太买李子的故事**

　　一位老太太来到水果市场，想买点李子给怀孕的媳妇吃，看到菜市场入口一个水果商贩的水果特别抢眼，于是问水果商贩："老板，你的李子怎么样？"

　　"我的李子又大又甜，很好吃的。"老板一边忙着摆放水果，一边回应着老太太。

　　老太太听后摇了摇头，继续往前走。来到第二个水果摊，问道："你的李子怎么样？"

　　"我这里有各种各样的李子，请问您需要什么味道的李子？"

　　"我想买点酸的李子。"老太太回答道。

　　"我这里的李子酸得你直流口水，请问您要多少斤？"

　　"帮我来一斤吧。"老太太回答道。

　　买了一斤李子后，老太太继续往前逛。看到另一家水果摊的顾客特别多，于是老太太也很好奇地走过去。

　　"您这里的李子怎么卖？"老太太问道。

　　"阿姨，您需要什么样的李子？"

　　"我想买酸的李子。"老太太回答道。

　　"很多人都是想买甜的李子，您为什么想买酸的李子？"老板好奇地问道。

　　"我想买点酸的李子给媳妇吃。"

　　"您媳妇是不是怀孕了？前段时间也有一位阿姨跟您一样，也是买些酸的李子给媳妇吃，结果，你猜猜，生了个男孩还是女孩？"

　　"不知道。"老太太回答道。

　　"结果生了个大胖孙子。阿姨，您媳妇摊上您这样贴心的婆婆，真幸福！"

　　老太太本来只是想问问价钱而已，结果被卖李子的老板这么一说，又买了一斤李子。

　　"阿姨，您知道孕妇最需要补充什么营养吗？"

　　"不知道。"老太太回答道。

　　"孕妇最需要补维生素，猕猴桃含有丰富的维生素，您看看是不是买点猕猴桃给媳妇吃呢？"

　　"是吗？那再帮我来两斤猕猴桃吧。"

　　老太太本来没打算买猕猴桃，结果被老板这么一说，又买了两斤猕猴桃。

　　"阿姨，如果媳妇吃了水果觉得好吃，下次可以再来，我这里的水果每天都卖得非常好，很新鲜的。"

　　"好的。"老太太被商贩说得很开心，提着水果边付款边应承着。

　　**思考**：你从老太太买李子的故事中得出什么启示？你认为什么是营销？如何开发顾客的需求？

### 知识精讲

## 一、市场的含义

从事市场营销活动,首先要了解市场的含义。企业经营者需要时时刻刻关注市场的变化。影响市场变化的因素有很多,比如政治、经济、文化、科技、地理等宏观因素,还有竞争者、供应商及企业自身的资金、技术、能力等微观方面的因素。"市场"这一概念也是一个变化的概念,在不同时期和不同场合具有不同的内涵。最早的市场是指商品集聚和交换的场所,这只是一个地理区域的概念。随着社会经济的发展,市场不仅指具体的商品交换场所,而且还有更为深刻的含义。

### (一)传统意义的市场

市指集市,场指场所。传统意义上的市场是指交换东西的地方。我们平常所说的蔬菜市场、水果市场,就是传统意义上的市场。从市场的含义来看,市场是指买卖东西的集合处。如果单纯地只有卖方或买方,都不能形成市场。

### (二)经济学角度的市场

从经济学角度来看,市场常常被描述为商品交换关系的总和。这是站在宏观角度上来定义市场的,认为市场是由供方和需方组成的一个矛盾共同体。卖方组成供方,买方组成需求方;卖方想卖高价,买方想买低价。双方之间对价格的制定有一种博弈,经济学的任务是研究双方之间的矛盾和规律,使它们之间达到协调和统一。这里的关系总和包括卖方多于买方形成的供过于求的关系,也包括买方多于卖方的供不应求的关系。

### (三)市场营销角度的市场

从市场营销的角度来讲,市场是指产品现实买主与潜在买主的需求总和。这是从微观角度上来定义市场的。市场的这一定义实际上是建立在对现代商品供求关系深刻认识的基础上的,它突出强调了市场的主体不单纯是现实的买主,还包括潜在的买方,这个买方既包括顾客,也包括企业。当企业以买方的身份参加市场营销活动时,它也是我们的研究对象。这一定义还强调了人们的购买需求和购买能力,大大拓宽了商品交换关系的视野。营销学中的市场,一般是指需求方,即站在企业或供方角度研究需求方(买方)。从企业或买方的视角来看,市场由三个要素组成:人口、购买力和购买欲望。用公式可以表述为:

$$市场=人口+购买力+购买欲望$$

这三个因素缺一不可。考察一个国家或地区中的某个产品是否有市场,首先要看这个地区是否有人口。其次要看人们是否有购买力,购买力既包括现实的购买力,也包括潜在的购买力。另外,还要看人们是否有购买的欲望。如果没有购买欲望,市场营销人员需要通过各种营销活动,刺激消费者产生购买的欲望。

> **思考**：衡量一个地方的市场大小的依据是什么？为什么国家在前些年推出家电下乡这一政策？

### （四）移动互联网背景下的市场

传统营销环境中的市场是指交换的场所，随着信息技术和移动互联网的出现，市场的含义也发生了变化。只要有移动互联网，人们随时都可以利用碎片化的时间进行商品交易，这就大大扩大了市场的含义。现代的市场已经可以不受时间和空间的限制，交易关系已经不再依赖于传统的商品交易场所，商家和消费者的交易可以在任何时间和任何地点发生。商品的经营者要充分认识到信息技术的发展变化，采用线上和线下相结合的方式，多方面地满足消费者的需求。

综合起来，市场具有以下几个方面的特点。

1. 市场是商品交换的场所

商品交换必须在一定的场所之内进行，商品的买卖双方在那里发生交易关系。随着网络经济的发展，这个场所可以是现实的市场，也可以是虚拟的市场，只要存在交换关系就可以被认定为市场。在市场内的营销活动中，必须明确商品交换活动发生在什么空间范围内，这样，市场营销的对象才有针对性。

2. 市场是买卖双方的集合

我们在从事市场营销活动时，既要研究买方，也要研究卖方。只有了解买卖双方的需求和供给，才能制订出正确的营销策略和活动方案。

3. 市场是某种商品或某类商品的需求量

市场是某种商品或某类商品的现实和潜在的需求量。如果人们说"南宁的蔬菜市场很大"，这显然不是说南宁的蔬菜交易场所的面积很大，而是指南宁对蔬菜的需求量很大。这里包括现实的或潜在的购买量。将市场作为某种或某类商品的需求量，虽然是从买方的角度来看问题的，但它却受到卖方的极度重视。生产企业或营销企业都要明确自己的市场有多大，即消费需求量有多大，而为了了解这些，就必须做好市场调查工作。

## 二、市场的类型

根据不同的分类标准，有不同的市场类型。总体市场是由不同类型的市场构成的。将市场划分为不同的类型，有助于研究和分析各类消费者对商品特性的不同需求，为选定目标市场、制订营销策略提供依据。

### （一）根据购买目的划分

根据购买目的的不同，市场可分为消费者市场、组织市场和政府市场。消费者市场是指以个人或家庭为购买主体的市场，他们购买的目的是自己消费，而不是转售或加工。消费者市场是市场经济活动的最终市场，也是整体市场最重要的组成部分。组织市场是指以单位、团体为购买主体的市场，他们购买的目的不是自己消费，而是加工、转卖或用于其他目的。组织市场具有集中度高、购买频率低、购买量大和专业购买等特点。政府市场购买的目的是维持一些公共设施的完善和履行国家职能。市场营销学中的市场主要是指消费者市场。消费者市场营销活动中的营销原理同样可以运用于其他的市场。

## （二）根据地理区域划分

根据地理区域，市场可分为国内市场和国外市场。国内市场又可分为城市市场和农村市场；国外市场可分为北美、西欧、东南亚和中东等市场。

▶ **课堂提问**：根据地理区域划分市场对于我们从事营销活动有什么启示？

提示：从事市场营销活动的人员要充分理解市场的含义。一个产品在某个区域市场中可能已经达到饱和，但在另外一个区域市场中可能还是新产品，或没有达到饱和状态。比如空调，这几年随着农村生活水平的提升，农村购买空调的消费行为在逐渐增加。因此，我们要深刻把握市场的本质含义和划分标准。

我们应该用辩证的思维看问题，要有一分为二的观点，一个地区的市场饱和了，可以寻求另一个市场。

## （三）按经营商品的特点划分

根据经营商品的特点，市场可分为生产资料市场、生活资料市场、劳务市场、金融市场和房地产市场等。生产资料市场是进行生产资料交换的场所。这个市场的购买者主要是生产性企业，购买商品是为了制造其他商品。生活资料市场又叫消费者市场，消费者市场是指为满足自身需要而购买的一切个人和家庭构成的市场。生产资料市场与生活资料市场是市场的重要组成部分，我们从事的市场营销工作一般是针对生活资料市场来进行的。劳务市场是求职者与用人单位直接商谈的场所。金融市场是资金融通市场，是指资金供应者和资金需求者通过信用工具进行交易的市场。广而言之，金融市场是实现货币借贷和资金融通、办理各种票据和进行有价证券交易活动的市场。房地产市场是从事房产、土地的租赁、买卖和抵押等交易活动的场所。房产包括作为居民个人消费资料的住宅，也包括作为生产资料的厂房、办公楼等。所以，住宅市场属于生活资料市场的一部分，非住宅房产市场则是生产要素市场的一部分。房产也是自然商品，因而建立和发展从事房产交易的市场是经济发展的要求。

## （四）根据竞争程度划分

按竞争程度，市场可分为完全竞争市场、完全垄断市场和不完全竞争市场。在商品经济条件下，竞争是不可避免的，只是在不同国家、不同时期，市场竞争的强度不同而已。完全竞争市场是指竞争充分而不受任何阻碍和干扰的一种市场结构。在这种市场类型中，买卖人数众多，买者和卖者是价格的接受者，资源可自由流动，信息具有完全性。完全垄断市场指在市场上只存在一个供给者和众多需求者的市场结构。完全垄断市场的假设条件有三个：第一，市场上只有唯一的厂商生产和销售商品；第二，该厂商生产的商品没有任何替代品；第三，其他厂商进入该行业都极为困难或不可能，所以垄断厂商可以控制和操纵市场价格。不完全竞争市场中至少有一个大到足以影响市场价格的买者(或卖者)，并因此面对向下倾斜的需求(或供给)曲线。竞争程度不同，购买行为和价格行为等都有差异，因而营销策略也应有区别。

### (五)按商品流通环节划分

根据商品流通环节，市场可分为批发市场和零售市场。所谓批发市场就是指向再销售者、产业用户和组织用户销售商品和服务的商业市场。所谓再销售者是指二次及以下的批发商和零售商；所谓产业用户是指从事生产和服务提供的营利性组织，即第一、二、三次产业的企业用户；所谓组织用户是指不以再销售为目的，而是为了业务或事业上的需要而购买设备和材料的非营利性组织。零售是指向最终消费者个人或社会集团出售生活消费品及相关服务，以供其最终消费的全部活动。所谓零售市场是指由零售商组成的市场。

### (六)按目标消费者年龄划分

根据目标消费者年龄的不同，我们可以将市场划分为婴儿市场、儿童市场、少年市场、青年市场、中年市场和老年市场。婴儿市场由 0~3 岁阶段的婴幼儿目标消费者组成，儿童市场由 6~14 岁阶段的目标消费者组成，少年市场由 14~18 岁的目标消费者组成，青年市场由 18~35 岁的目标消费者组成，中年市场由 35~65 岁的目标消费者组成，老年市场由 65 岁以上的老年目标消费者组成。

## 三、市场营销的含义

市场营销是一种与人们生活息息相关的活动，只要有人类活动存在，就会有营销活动。我们所用的各种各样的产品都是营销活动的对象。如早上起床去买早餐、到商店购物、到市场上买水果等一系列活动，都有着营销活动的成分。我们每天都在经历着营销活动的具体环节。人们对营销的理解多种多样，有人认为营销就是推销，有人认为营销就是炒作，也有人认为营销就是打折促销，其实这些都是营销活动，但不是营销的本质。营销跟销售不一样，销售是卖已经有的产品，只是单纯地把产品卖出去，而营销是卖顾客想买的产品。

▶ **课堂思考：什么是市场营销?**

市场营销的定义有很多。比如美国市场营销协会在 1960 年对市场营销所下的定义：市场营销是将货物或劳务从生产者流转到消费者的过程中的一切企业活动。美国哈佛大学的教授马尔康·麦克纳尔认为，市场营销是创造和传递新的生活标准给社会。

但大家都普遍认同著名的营销学大师菲利普·科特勒的定义。他认为，市场营销指个人或集体通过创造、提供、出售，并同别人自由交换产品和价值，以获得其所需之物的一种社会和管理过程。

虽然不同的学者从不同角度给市场营销下的定义不同，但他们都认为：

(1)市场营销是一种创造性的活动。市场营销是随着社会需求的发展而不断创造和交换产品及价值，从而使个人或集体得到满足的一种创造性的活动。

（2）市场营销是一种满足社会或消费者需求的活动。市场营销的主体是企业，是从企业的角度来研究消费者需求的活动。

（3）市场营销不单纯是发现需求，更重要的是创造需求和开发需求的活动。市场营销活动的根本目的是满足消费者的需求。而消费者的需求是永无止境的，这就需要企业不断地开发新的产品，满足消费者需求。

### 案例 1-2：美国苹果成功进入日本市场

美国苹果进入日本市场面临着两个挑战，即日本苹果种植主的抵制和日本消费者的接受问题。市场研究发现，日本人吃苹果的方式和美国人不一样。大多数美国人把苹果当作午餐或者零食，直接吃而不削皮。然而在日本，苹果大多作为饭后甜食，削了皮切成小块再吃。此外，日本苹果一般要比美国苹果大得多。针对这些市场特点，美国苹果种植主协会将苹果定位为"有益于健康的方便零食"。很明显，这样定位的目的是创造新的市场需求，避免与现在的日本苹果直接竞争，从而消除日本苹果种植主的抵制。

（资料来源：肖飞. 市场营销项目驱动教程[M].北京：北京大学出版社，2012：7. 有改动）

**思考**：美国苹果为什么能够成功进入日本市场？

### （一）市场营销是一种活动的过程

市场营销是一种满足消费者需求的活动过程，首先要通过调查了解消费者的需求，根据消费者需求的不同开发不同的产品，制定不同的价格，满足不同层次消费者的需求。市场营销活动为消费者提供了不同产品之后，这个活动还没结束，还要通过一系列的售后服务来让消费者产生满意的感觉，并进而获得消费者的忠诚。

### （二）市场营销活动的最终目的是使销售变得多余

市场营销的最根本目的是满足消费者的不同需求。它是企业与顾客的桥梁，它通过活动为顾客创造价值，并使企业营利。很多人对市场营销有一种误解，认为市场营销就是销售或推销产品，其实销售或推销只是营销活动的一部分，市场营销远远比销售或推销复杂得多。营销人员怎样才能使销售变得多余呢？这就需要营销人员不断地满足顾客的需求，利用各种营销手段吸引消费者，提高顾客的黏性。营销人员需要很好地理解消费者的特定需求，开发出能够让消费者接受和认可的具有高附加价值的产品。

比如有两个餐厅，一个餐厅为带有小孩的家长提供特定的照顾小孩的服务，有专门的服务人员陪小孩玩耍，并提供喂饭给小孩吃的服务。而另一个餐厅没有这种特色的服务。可以想象，有小孩的家庭肯定会选择有特色服务的餐厅就餐。海底捞为什么开业没多久就能够吸引很多顾客前来就餐呢？其根本的原因是企业为不同的顾客提供了不同的服务，从而使得海底捞根本不用营销，顾客仍然会络绎不绝地前来就餐。因此，市场营销活动的最终目的是使得销售变得多余。

科特勒认为，营销是创造顾客价值的艺术，企业要想真正做好营销，必须认识到理解和满足顾客需要的重要性。在 21 世纪，企业竞争的焦点不在于企业规模的大小，而在于是否能够真正理解顾客的需求，把握顾客需求的变化，根据顾客需求的变化提供合适的产品。

### 案例 1-3：卖煎饼的故事

在很多人眼里，卖煎饼是一个上不了"台面"的行业，然而有个人却把煎饼卖到了年收益 500 万元。目前这家只有 13 个座位、营业面积只有几平方米的煎饼铺的估值已经接近 4 000 万元，这就是黄大吉煎饼店。该店的创始人是赫畅，一个典型的 80 后创业者。他在 22 岁时开始先后在百度、去哪儿和谷歌负责品牌与用户体验方面的工作，26 岁与英国的萨奇兄弟共同创办 4A 数字营销公司，28 岁创建数字创意公司 DIF。黄大吉煎饼店是他的第三次创业。赫畅开煎饼店的想法来源于自己和老婆都特别喜欢吃煎饼，于是对做煎饼产生了浓厚的兴趣。在开店的时候，为了使得自己的店区别于传统意义上的街头店，他希望能够颠覆煎饼店之前在人们脑海中的印象。于是他决定把煎饼店开到北京的 CBD。店址选好后，接下来就要为自己的店取个好名字。"黄大吉"是他做梦时想到的，由于赫畅是满族人，于是取名黄大吉，有"皇太极"之意。最初开业的时候，他选择了微博营销，选择大家感兴趣的话题，吸引大家参与讨论。例如，煎饼店开进 CBD、老板开奔驰送煎饼、美女老板娘送餐、煎饼相对论公开课等。赫畅希望能为顾客建立一个分享的环境和氛围，让大家快速地把自己的"用餐经验"分享出去，传递给身边的朋友。

除了微信、微博、大众点评等平台，主流媒体也是一个不容忽视的渠道。正是北京电视台的"BTV 美食地图节目"才让这家店被更多的食客熟知，影响力从媒体上扩大到了全社会。

在谈及公司未来的发展方向时，赫畅计划在北京开 5~6 家分店，并计划把店开到上海和深圳。在用料方面，黄大吉坚持使用有机生菜、纯绿豆面、无矾现炸油条。煎饼、豆腐脑、油条是店里的主打商品，也是食客们"点击率"最高的产品，他希望为这些老味道赋予新的生命，在中国快餐市场上树立新的标杆。

**思考题：**

1. 黄大吉为什么能够成功？
2. 赫畅开店的成功给了你什么启示？

## 四、市场营销的产生与发展

市场营销学产生于 20 世纪初期的美国。它是一门交叉性的边缘学科，涉及消费心理学、经济学、社会学、推销学、消费者行为学等多门学科，实用性比较强。20 世纪 80 年代初期，市场营销学才被引入我国，目前大部分高校都开设了市场营销这个专业，企业也非常重视市场营销工作。它的产生与发展大致经历了形成阶段、发展阶段、变革阶段和现代营销阶段等几个过程。

### （一）形成阶段

19 世纪末 20 世纪初，随着工业革命的完成、垄断资本的出现，以及泰勒"科学管理"

理论的出现,企业的生产效率大幅度提高,但是产品的销售遇到了困难。一些企业家和经济学家就根据企业的需要开始研究产品的销售问题,但这个时候的市场营销还停留在产品的销售、推销及广告设计的阶段。

### (二)发展阶段

20世纪30年代,随着美国资本主义经济危机的出现,大量的产品积压,销售出现了很多问题,引起了众多学者的关注。1937年,美国的市场营销协会成立,市场营销学开始得到重视,由课堂走向了社会,并初步形成了体系。

### (三)变革阶段

20世纪50年代,西方的市场竞争加剧,卖方市场向买方市场过渡。此时,现代营销学之父菲利普·科特勒出版了《市场营销管理》一书,深受众多国家和企业的欢迎。

### (四)现代营销阶段

20世纪70年代以来,市场营销学得到了快速的发展,市场营销观念盛行,市场营销学的内容涵盖了许多学科,逐渐成为一门综合性的应用学科。目前,市场营销学无论是在国外还是在国内,都得到了广泛的应用。

## 五、市场营销的几个核心概念

### (一)需要、欲望和需求

1.需要

需要是指人的内心没有满足的一种状态。需要是与生俱有的,营销活动并不能创造需要,只能想方设法地采用不同的方式去满足人们的需要。人类的需要有很多种,例如穿衣的需要、吃饭的需要、解渴的需要、交往的需要、情感的需要和自我实现的需要等。

2.欲望

欲望也是指人的内心没有得到满足的一种状态,但它有具体的指向物。比如,人们有解渴的需要,解渴的方式有很多种,可以喝水,也可以喝饮料,还可以喝汤。再比如,人们满足"行"的需要的方式有很多,可以是汽车,也可以是电动车、火车等,涉及具体的某种满足方式时就产生了欲望。

3.需求

需求是指有购买能力的欲望。欲望是无穷的,需求是有限的。顾客总是以有限的货币支付能力用于物有所值的购买行为上,最大限度地满足欲望。只有当一个人拥有某种需要并有意愿和能力购买时,需要才会变成需求。市场营销就是让顾客觉得物有所值,并最大限度地满足其欲望的过程。市场营销管理的过程其实就是满足消费者需求的过程。需求可以分为现实需求和潜在需求,市场营销工作人员不能单纯地只是发现现实需求,更为重要的是发现和挖掘消费者的潜在需求。

**思考**：你知道需求有哪些类型吗？

▶ **知识链接**：为顾客提供更多的价值

**情景一**

在一个早餐店，有位顾客过来询问："老板，你这里有包子卖吗？""不好意思，包子卖完了，你明天早上来吧。"这位顾客失望地离开了。于是又跑到对面的包子铺："老板，你这里有包子卖吗？"这位顾客以同样的方式询问。"不好意思，我这里的包子卖完了，不过还有油条、豆浆、馒头，您看需要吗？"

这位顾客本来只对包子感兴趣，但出于时间上的考虑，还是买了两根油条。

**思考**：谁抓住了顾客的真正需求？

**情景二**

在一个小镇上，有个米店老板。他总是坐在店里等待顾客上门买米，生意没有其他米店好。他感到非常奇怪，为什么其他米店的生意好，而自己的生意冷清。后来，有位营销学教授跟他说了几句，这位米商改变了自己的经营策略。

他在想，自己应该多为顾客着想，了解顾客的需求和期望，而不是简单地等顾客上门购买。于是他开始在镇上到处走，并且敲开每位顾客的家门，询问顾客家里有几口人、每天需要多少米；根据这些数据提前打电话询问家里的米吃完了没有；每次送米到顾客家里的时候，还把对方家的米缸擦得非常干净。他通过提供一系列的服务，与顾客建立了良好的关系，顾客也都愿意从他那里买米。从此，他的生意大为好转。

**思考**：是什么原因使得这位老板的生意大为好转？

▶ **知识链接**：需求的类型

市场营销管理的本质是对消费者的需求进行管理。一般来说，需求主要有以下 8 种状态。

**1. 负需求**

负需求是对市场上的某种商品有厌恶的感觉或采取不欢迎的态度。其形成的原因可能是多方面的，既有产品本身的原因，也有消费者本人价值观、喜好、经验、风俗习惯等方面的原因。比如，某人在某个地方游玩时发生了一些不愉快的事情，可能会导致他下次不敢再来该地方游玩，这个地方对他来说就是负需求。例如，某人因为害怕飞机事故而不敢乘坐。营销人员应该采用合适的营销方式，让消费者正确认识其负需求的产品，消除顾客的误解，这样会有助于其向正需求方向转化。

**2. 无需求**

无需求是指消费者对某产品漠不关心或不感兴趣。造成无需求状态的原因可能是消费者对某些产品缺乏了解。比如某新产品问世了，消费者对新产品的认知比较少，从而没有需求。也有可能是产品本身有价值，但因为消费者目前没有能力购买或不了解该产品，而暂时没有需求。例如，汽车对学生来说是无需求。电视机、冰箱等家用电器产品对已经购买了的家庭来说也是无需求。市场营销管理的任务是采用适当的营销手段刺激消费者产生购买的欲望，比如降价促销、以旧换新等。

### 3. 下降需求

下降需求是指消费者对某些产品的需求欲望存在下降的趋势、购买量减少的一种需求状态。下降需求可能是由于某些产品处于衰退期，消费者不再购买而造成的。比如传统的按键手机，现在购买者比较少，大多数的消费者都选择智能手机。另外，可能是因为出现了更好的替代品，消费者的购买力发生了转移。也有可能是因为产品质量、价格等方面的问题导致消费者的购买力下降。

造成下降需求的因素有很多，市场营销管理的任务是了解导致消费者下降需求的原因，采用开发新产品、改进产品的款式、调整产品的价格等手段来改变消费者的需求。

### 4. 不规则需求

不规则需求是指某些产品或服务有时需求高、有时需求低的一种状态。比如，交通运输业、旅游行业、娱乐业都有这种情况。在不规则需求的情况下，市场营销管理的主要任务是协调市场营销活动，即通过合理的价格、促销手段，刺激消费者改变需求产生的时间，使市场的供给与需求达到均衡。比如，在交通拥挤的节假日，交通部门或旅游行业提高价格来抑制需求，而在淡季则降低价格来提高消费者的需求。

### 5. 充分需求

充分需求又称为饱和需求，是指商品或服务的需求水平或需求时间与预期的需求水平相一致的需求状态。充分需求是一种最理想的状态，按道理来说，这种需求能够为企业带来很大的利润。但由于消费者的需求是不断变化的，为了使需求永远处于最佳的状态，市场营销人员的主要任务是维持营销。维持营销是指努力提高产品质量、降低成本、维持合理的价格，采用适当的营销方式维持目前的需求水平。有些商家为了维系顾客，采用会员制进行营销，经常推出一些促销活动，尽量让顾客满意。

### 6. 过度需求

过度需求是指某种产品或服务的市场需求超过了企业所能提供或者愿意提供的水平的需求状态。比如在节假日，某些旅游景点游客过多，景区的设施和设备容纳不了那么多的游客，而出现了拥挤等情况。如果不对这种需求进行适当的抑制，消费者会产生不满意或抱怨的情绪。过度需求超过了企业的供应水平，给企业或社会都会带来不利的影响。此时，市场营销管理的主要任务是降低市场营销，即通过提高价格、提前公布企业的供给状况、合理分销产品、减少服务和促销等措施，暂时或永久地降低市场的需求水平。

### 7. 潜在需求

潜在需求是指消费者还没有明确地显示出来的需求。一旦条件成熟，潜在需求可能会转变为现实需求，能够给企业带来无限的商机。在消费者的购买行为中，大部分需求都是由消费者的潜在需求引起的。因此，企业要想在激烈的市场竞争中获胜，必须关注消费者的潜在需求，利用各种营销手段激发消费者的潜在需求，使潜在需求变为现实需求。

### 8. 有害需求

某些产品或服务对消费者、社会公众有害无益，例如毒品、黄色网站及黄色书刊等。这些需求就是有害需求。对于有害需求，要通过教育、切断生产供应等措施让消费者意识到这种产品或服务的危害性。

案例1-4：潜在需求

日本轿车行业在20世纪70年代就已经意识到节能环保、家用、轻便的轿车是未来轿车的发展趋势，于是迅速研发出了新一代节能环保的汽车，并通过提高生产率来降低汽车的价格。结果这种新型轿车一投放市场就获得了很好的市场反应，日本一举取代了美国，成为轿车工业的世界霸主。

同样在20世纪70年代，中国的消费者购买力比较低，很多家庭都买不起黑白电视机，更不用谈彩色电视机了。荷兰的电视机技术在当时比较先进。荷兰的电视机厂家本来想进入中国市场，但看到中国的家庭生活水平比较低，认为中国没有电视机市场，所以就没有将电视机销往中国。但日本的电视机商家认为，中国有很大的潜在市场需求，并针对中国的电压是220伏的情况，提供了适合中国消费者需求的电视机。到了20世纪80年代，日本的电视机占据了中国很大的市场份额，这个时候，荷兰的电视机就很难再打入中国的市场了。这是因为荷兰的电视机企业没有意识到潜在需求的重要性。

## （二）产品的含义

产品是指能够满足消费者需求和欲望的东西。这里的产品既包括看得见摸得着的有形产品，也包括设计、创意、方案、服务等无形产品。

## （三）效用、成本和价值的含义

效用是指顾客对商品或服务提供的有效性或有用性的一种整体性的评价。这种评价与消费者的主观心理有关，即对于同一件商品或服务，不同的消费者会有不同的感受或评价。即使是同一件产品、同一个人，在不同的时间或场合，也会有不同的评价。例如，包子对于一个非常饥饿的消费者来说能够带来很大的效用，但对于一个刚吃饱的消费者来说，其效用可能比较低，甚至是零。

成本是指消费者为了获得某个商品或服务的效用的付出或支出。这里的支出可以是物质方面的，如金钱的支出，也可以是心理方面的付出。

价值是指消费者对产品满足各种需要的能力评估，即消费者通过对产品效用和成本的支出进行比较而得到的一种主观心理评价。

课堂思考：如何理解效用、成本和价值的含义？

美国著名的营销学大师菲利普·科特勒于1994年提出了顾客让渡价值理论。这一理论的提出是对市场营销理论的发展。

顾客让渡价值是指顾客总价值与顾客总成本的差额。菲利普·科特勒认为顾客总价值包括产品价值、人员价值、服务价值和形象价值，而顾客总成本包括货币成本、时间成本、精神成本和体力成本。

产品价值是指由产品的功能、特性、品质等产生的价值。它是构成顾客价值的中心内容，也是最基本的内容。消费者之所以购买某产品，其目的是获得产品的使用价值。因此，它是决定顾客购买的最关键的因素。

人员价值是指企业员工自身的素质、经营思想、知识水平、业务能力、应变能力等因素所产生的价值。为什么消费者宁愿花高价钱在五星级酒店入住？除了产品自身的价值高之外，其人员价值相对较高也是一个原因。

服务价值是指伴随着产品实体的销售，企业向顾客提供的各种附加服务，包括送货上门、安装调试、技术培训、维修等服务。在现代营销的实践中，随着竞争的加剧、消费者收入水平的提高，企业在提供的产品的差异性比较小的情况下，更加要凸显自己的服务价值。

形象价值是指企业及其产品在社会公众印象中形成的总体评价。形象价值既包括企业的产品质量、技术和包装等有形的形象，也包括企业的经营理念、价值观念、企业文化、服务态度或方式等无形的形象。

**思考**：顾客让渡价值理论对我们有什么启示？

### （四）交换和交易的含义

人们想获得所需要的产品，通常有以下四种方式。第一种方式是自己生产。这种情况下是一种自给自足的社会，既没有市场，也不存在交换，也没有所谓的营销。第二种方式是强行取得，不需要向对方支付任何代价。第三种方式是乞讨，同样不需要自己的任何让渡。第四种方式是交换，通过交换取得所需要的产品，就会产生营销。交换是市场营销活动的前提条件。交换是随着社会分工的产生而出现的一种高级形式。任何人都不能穷尽市场上的所有行为，他必须做自己最擅长的事情，而需要的东西必须通过市场中的交换获得。交换是指从他处获得所需的商品或服务，而自己为了获得商品或服务必须以自己的某种物品作为回报。交换必然引起商品所有权或货币的转让。市场营销的核心就是交换。交易是交换的基本组成单位，是交换双方之间的价值交换，也是交换的基础。交换的发生必须满足以下三个条件。

（1）交换是自愿发生的行为，每一方都自由地接受或拒绝。

（2）交换必须存在交换双方。

（3）交换的双方都能获得自己的所需之物。

### （五）市场营销者

在市场营销活动过程中，表现积极的一方被称为市场营销者。市场营销者既可以是卖方，也可以是买方，只要是努力寻求营销活动实现的就是市场营销者。

# 任务二　市场营销观念的演变与发展

**知识目标**

1. 知晓和理解市场营销观念的含义。
2. 能够解释市场营销观念的演变在实际中的应用。

**岗位能力目标**

1. 能够说出市场营销观念的含义。
2. 能够解释市场营销观念各演变阶段的特点及其在实际中的应用。

**素质目标**

1. 培养学生良好的职业道德和职业素养。
2. 帮助学生树立正确的市场营销观念。
3. 培养学生的绿色营销观念。

**思政目标**

1. 培养学生树立正确的市场营销理念。
2. 加强学生的职业道德修养。
3. 帮助学生树立终身学习的理念。

## 项目学习指南

从事市场营销活动，必须有正确的经营指导思想。本项目主要介绍市场营销观念的演变与发展。思想正确了，就会有前进的指导方向。

小王通过任务一的学习，了解了市场和市场营销的含义，接下来要了解市场营销观念的演变与发展了。市场营销观念是企业从事市场营销活动的指导思想，可以指导企业的日常营销活动。

## 任务分析

通过学习，了解市场营销观念的演变，掌握现代市场营销观念，并能够将其运用于实际。

**案例 1-5：小米经营"粉丝"社群**

小米手机在发展初期通过 MIUI 论坛培育了大量的"粉丝"。小米员工"泡"各种论坛，到处寻找资深用户，最后挑选出了 100 名"粉丝"参与 MIUI 的设计、研发和反馈等工作。在 2013 年 4 月 9 日举办的"米粉节"上，小米特别发布了微电影《100 个梦想的赞助商》，把这 100 个铁杆"粉丝"的名字一一投影到大屏幕上，以表示对他们的感谢。

以 MIUI 论坛为核心，小米吸引了广大"粉丝"作为外围产品经理和开发团队，参与客户体验的评测和优化。2016 年，MIUI 论坛的用户数量达到了 1 800 万。此外，小米要求所有工程师通过论坛、微博和 QQ 等渠道与用户直接联系，甚至要求工程师参加"粉丝"的线下聚会等活动。

（资料来源：姚群峰.不营而销：好产品自己会说话[M].北京：电子工业出版社，2018：115.有改动）

**思考**：小米手机为什么经营"粉丝"社群，它奉行的是什么营销观念？

## 知识精讲

### 一、市场营销观念的含义

市场营销观念是指企业从事经营或营销活动所奉行的指导思想。它反映了一个企业的经营态度和经营方式。市场营销观念是一种经营哲学，可以用来指导企业的营销活动。每一种营销观念都有它产生的背景，它是在企业从事的市场营销活动实践中产生的，并随着商品交换的发展而不断地演变和充实。它是企业在一定时期、一定生产经营技术和市场环境条件下，进行全部市场营销活动，正确处理企业、顾客和社会三者利益关系的指导思想和行为的根本准则。从西方企业市场营销观念发展的历程来看，市场营销观念大致经历了以下几个阶段。

### （一）生产观念阶段（19 世纪末 20 世纪初）

1. 概念

生产观念是一种"以生产为中心，以产品为出发点"的经营指导思想。生产观念认为，消费者喜欢那些可以随处买得到而且价格低廉的产品，企业应致力于提高生产效率和分销效率，扩大生产，降低成本，以扩大市场（生产导向型）。

2. 特点

就像美国福特汽车公司创始人所说的："不管顾客需要什么，我的汽车就是黑色的。"因为当时福特汽车供不应求，清一色的黑色汽车照样卖得出去，这是一种典型的生产观念。生产观念奉行的经营口号是"我们生产什么，就卖什么"。

营销顺序：由企业到市场。生产观念不考虑消费者的需求，它是在产品供不应求的卖方市场产生的。企业注意力放在产品生产上，追求产值产量，企业管理以生产部门为主体，也没有营销部门，产品根本就不愁卖不出去。他们认为，"我生产什么，消费者就消费什么"。以生产观念为指导的企业只能在市场上的产品质量基本相等的情况下才有一定的竞争力，一旦供不应求的市场状况得到缓和，消费者对产品质量产生了不同层次的要求，企业就必须用新的观念来指导经营。

## (二)产品观念阶段(二十世纪二三十年代)

### 1.概念

二十世纪二三十年代，随着企业的竞争加剧，产品的供应逐渐增加，有些产品卖不出去，商家意识到产品想要被消费者接受，就必须关注产品的质量。因此，产品观念是一种"以质量为中心，以产品为出发点"的经营指导思想。产品观念认为，消费者喜欢高质量、多功能和具有某种特色的产品，企业应致力于生产高附加值产品，并不断地加以改进。产品观念典型的口号有"质量比需求更重要""追求高质量、多功能和有特色的产品""精心制作上乘的产品"等。

### 2.特点

产品观念的特点如下。

(1)强调产品质量和特色；

(2)强调产品技术的先进；

(3)以专业的眼光确立产品质量和特色。

产品观念会导致"营销近视症"，即不适当地把注意力放在产品上，而不是放在需要上。菲利普·科特勒说："在应当朝窗外看的时候，他们却老是朝镜子里面看。"其具体表现为具有"酒香不怕巷子深""皇帝的女儿不愁嫁"的想法。

## (三)推销观念阶段(由卖方市场向买方市场过渡)

20世纪30—40年代，随着企业产品的大量积压，企业认识到消费者不会努力寻求商品的信息，要想将产品很好地卖出去，企业必须重视推销工作。

### 1.概念

推销观念是一种"以推销为中心，以产品为出发点"的经营指导思想。其口号是"我们卖什么，就让人们买什么""积极推销，大力促销"。推销观念认为，消费者通常表现出一种购买惰性或抗衡心理，如果听其自然的话，消费者一般不会主动购买某一企业的产品，因此，企业需要大力推销和促销(推销导向型)，要千方百计地刺激消费者去购买产品，如果顾客不愿意购买，甚至可以强行推销。

### 2.特点

(1)企业的生产与产品不变，卖企业所能生产的产品，是产品需要市场而不是市场需要产品。

(2)企业开始关心消费者，但并未真正关心消费者的需要及服务，仅仅是推销，促使消费者购买。

(3)企业开始设置销售部门，但仍处于从属地位。

菲利普·科特勒说："可以设想，某些推销工作总是需要的，然而营销的目的就是使推销成为多余。""推销要变得有效，必须以其他营销功能作为前提，例如需求评价、营销调研、产品开发、定价和分销等。"

推销观念是在生产观念的基础上发展的，它强调把生产的产品卖出去。较之于生产观念根本不关心销售问题，这显然是进了一大步。但是，有时强行推销只会给消费者带来被"骚扰"的感觉。

▶ 案例1-6：顾客永远是正确的

旧上海有一家永安公司，以经营百货著称。老板郭乐的经营宗旨是在商品的花色品种上迎合市场的需要，在售货方式上千方百计地使顾客满意。商场的显眼处有用霓虹灯制成的英文标语：Customers are always right!（顾客永远是对的!）这是每个营业员必须恪守的准则。为了拢住常客，公司采取了这样的服务方式：一是为重点顾客送货上门，这使得一些富翁成了永安公司的老主顾。二是鼓励营业员争取顾客的信任，拉近与顾客之间的关系，对那些拉得住顾客的营业员特别器重，不惜酬以高薪和高额奖金。三是针对有钱人喜欢讲排场、比阔气、爱虚荣的心理，采取一种凭"折子"购货的赊销方式，顾客到永安公司购物，不用付现款，只需到折子上记账。四是争取把一般的顾客吸引到商店里来。这四种方式使永安公司成为一家特殊的商店：无论上流人士还是一般市民，只要光顾这里，都能满意而归。整个商场整天被挤得水泄不通，生意格外红火。

日本著名的大仓饭店是世界上独具一格的高级饭店，是真正的"家外之家"。大仓饭店有一条不成文的信条："顾客永远是正确的。"大仓饭店的职工受到了严格的训练，必须诚心诚意地接受每个顾客的意见和建议，使顾客的要求尽可能地得到满足。

分析："顾客是永远正确的"这个观点对不对？你是怎样理解的？

## （四）市场营销观念阶段（20世纪50年代，买方市场的形成）

1.概念

市场营销观念是一种"以消费者需求为中心，以市场为出发点"的经营指导思想。市场营销观念认为，实现目标的关键在于确定目标市场的需要与欲望，并比竞争对手更有效、更有利地传送目标市场所期望的东西。市场营销观念的营销顺序是市场—企业—产品—市场。

2.特点

（1）以消费者需求为中心，实行目标市场营销；
（2）运用市场营销组合手段，全面满足消费者的需求；
（3）树立整体产品概念，刺激新产品的开发，满足消费者的整体需求；
（4）通过满足消费者的需求来实现企业获取利润的目标；
（5）市场营销部门是指挥和协调企业生产经营活动的中心。

市场营销观念奉行的经营口号是："满足有利润的需要""热爱顾客而非产品""你就是主人""发现欲望并满足它们"。

营销观念有四个支柱：目标市场、顾客需要、顾客满意和顾客忠诚。发现顾客的需要并非易事，如顾客想要一辆"不贵"的汽车，但我们并不知道他对不贵的标准是什么，他可能有以下几种需要：

(1)表明了的需要：需要一辆不贵的汽车。

(2)真正的需要：需要的汽车的运营成本低，而非首次购买价格低。

(3)未表明的需要：期望从销售商处得到好的服务(代办手续)。

(4)令人愉悦的需要：买车时意外地得到一份车商赠送的保险。

(5)秘密的需要：想找到一个以价值为导向、理解顾客心思的朋友。

▶ **案例 1-7：本田妙案**

日本横滨本田汽车公司的汽车大王——青木勤社长别出心裁地想出了一个为推销汽车而绿化街道的"本田妙案"。此方案一经推出就收到了意想不到的效果，使本田汽车独领风骚。

"本田妙案"是怎样产生的呢？

青木勤社长在每天外出和上下班的途中发现，汽车在飞驰过程中排出的大量废气直接污染了城市环境，不但乌烟瘴气，而且造成了路旁绿树的枯萎。青木勤看到产品给环境带来了不利影响，决心解决这个问题。于是，他制订了"今后每卖一辆车，要在街道两侧种一棵纪念树"的经营方针。随后，本田公司又将卖车所得利润的一部分转为植树费用，以减轻越来越多的汽车尾气对环境的污染。

"本田妙案"实施后，随着汽车被一辆辆地售出，街上的树木被一棵棵地栽上了，绿化地带也一块块地铺开了。消费者自然对本田汽车产生了好感，同样是买车，为什么不买绿化街道的本田汽车呢？

**思考：**本田公司奉行的是一种什么样的营销观念？

## (五)社会市场营销观念阶段(20世纪70年代)

产生背景：20世纪70年代起，随着环境的不断破坏、资源的稀缺、社会问题的突出，消费者维权运动蓬勃兴起，要求企业必须顾及消费者和社会的整体利益。其核心思想可以用公式表示：企业营销=顾客需求+社会利益+赢利目标

社会市场营销的顺序是市场及社会利益需求—企业—产品—市场。

市场营销观念受到了如下的批评：一个公司很可能在满足顾客和追求最大利益的同时损害他人及社会的利益。例如，100多年来，世界各地的烟草工业越办越兴隆，为吸烟爱好者满足了需求。但科学研究发现，烟草对与吸烟者在一起生活和工作的人的危害比对吸烟者本人的危害要大得多。口香糖制造商虽然极大地满足了部分消费者爽口清心的需求，但也造成了街道卫生问题。难怪新加坡政府通过立法，禁止在新加坡销售和购买口香糖。

社会营销观念的决策主要有四个部分：用户的需求、用户的利益、企业利益和社会利益。事实上，社会营销观念和市场营销观念并不矛盾。问题在于，一个企业是否能把短期行为与长期利益结合起来。一个以市场营销观念为指导思想的企业在满足目标市场需求的同时，应当考虑长期利益目标和竞争战略。

### （六）了解大市场营销观念

20 世纪 80 年代，国际市场竞争激烈，很多国家的政府加强了干预，贸易保护主义盛行。为了使市场营销活动在一个国家或地区很好地开展，必须打破贸易壁垒。1984 年，菲利普·科特勒提出了新的营销理论。他认为企业需要运用权力和公关关系为市场营销活动开辟道路。他把这种新的战略营销思想称为"大市场营销观念"。

▶ **案例 1-8：美国家电公司是如何进入日本市场的**

一家美国家用电器公司拟进入日本市场推销某产品。该公司制订了符合日本家电市场的产品、渠道、价格和促销策略，但日本实行贸易保护，设下了层层壁垒或进口障碍，因此该公司未能进入日本市场。在这种情况下，美国政府派出外交官给日本施加压力，说服日本政府放宽限制；同时，对日本政府官员进行疏通、游说，争取日本人民的支持，终于打开了日本市场的大门。

分析提示：美国家用电器公司的产品进入日本市场，排除了安排好的 4P（即产品——produce、价格——price、渠道——place、促销——promotion）以外，还特别增加了政治力量（public relations）和公共关系（politics power）这两个"P"，即形成了 6P，核心是综合地运用政治、经济、心理、公共关系等方面的技巧和策略，从而影响和改变营销环境，赢得"守门人"的合作和支持，成功地打开了市场大门，进入了市场。

## 二、市场营销观念的新发展

### （一）绿色营销

绿色营销是指企业在生产经营过程中，将企业自身利益、消费者利益和环境保护利益三者统一起来，并以此为中心，对产品和服务进行构思、设计、销售和制造。

▶ **案例 1-9：汉堡类快餐受到批评**

汉堡类快餐提供了美味可口的食品，但却受到了批评。原因是其食品虽然可口却不够健康。汉堡包脂肪含量太高，餐馆出售的油煎食品和肉馅饼都含有过多的淀粉和脂肪。而且，出售时使用方便包装，带来了过多的包装废弃物。这些快餐企业可能损害了消费者的健康，同时污染了环境，忽略了消费者和社会的长远利益。

思考：汉堡类快餐为什么受到批评，汉堡类快餐如何走出困境？

### （二）事件营销

事件营销是指借社会事件、新闻的热度进行营销，提高营销绩效。但事件发展具有不可预见性，而且企业的掌控能力不同，所以事件营销有很大的风险。

事件营销是近年来国内外十分流行的一种公关传播与市场推广手段。事件营销通过"借势"和"造势"，以求提高企业、产品的知名度、美誉度，并树立良好的品牌形象，并最终达成产品或服务的销售目的。

所谓借势，是指企业及时抓住受到广泛关注的社会新闻、事件等，结合企业或产品欲达到的目的而展开的一系列活动。

### （三）精准营销

在移动互联网时代，时间、信息及受众的注意力被分割，消费者可以随时、随地地利用互联网接收信息。为了迎合这种趋势，很多企业开始引入精准营销。精准营销是指在精确定位的基础上，依托现代信息技术手段，与顾客建立沟通并提供个性化的产品或服务。

德国汽车品牌奔驰为了实现精准营销，邀请上百名我国的汽车主前往奔驰公司总部进行对话，让这些车主对汽车的外观、材质、功能提出意见，顾客反馈的意见为日后进行个性化的营销推广打下了坚实的基础。精准营销与传统的营销最大的区别是，它强调让营销方式与目标消费者精准地接触，从而给顾客创造更多的价值。

▶ 案例1-10：红领西服：个性化生产

与传统的西装生产线不同，红领集团生产线上五颜六色、款式各异的服装在制品都已经"名花有主"了。流水线上每件衣服的颜色、款式、面料都不尽相同，每件衣服上都有一个电子标签，包含"主人"的全部个性化定制信息。每位工人的眼前都有一个显示屏，当一件衣服流转过来时，工人先扫描电子标签，再根据显示屏上的提示进行个性化的加工。

用户直接向企业发出需求，所以没有层层取利的经销商，避免了不断的加价。先收款再生产，没有库存，使企业的成本大大下降。用户与设计师共同设计服装，用户提出设计需求，设计师在线上快速反应，向用户推送需要的款式。用户还可以通过平台，自主进行款式、工艺等个性化的组合设计，人人都是设计师，大幅度地降低了设计成本。

红领集团建立了强大的个性化定制平台。用户可以通过电脑、手机等信息终端登录定制平台，直接定制服装，可定制的产品参数包括驳头、口袋、纽扣等540种大类，还有11 360种设计要素，面料和辅料有30 000多种可以选择。

（资料来源：姚群峰.不营而销：好产品自己会说话[M].北京：电子工业出版社，2018：77.有改动）

## 三、社会市场营销观念与市场营销观念的联系

市场营销观念回避了消费者的需要、消费者的利益和长期社会福利之间隐含着冲突的现实。而社会市场营销观念认为，企业的任务是确定各个目标市场的需要和利益，并以保护、提高消费者和社会福利的方式，让竞争者更有效、更有利地奔向目标市场。

社会市场营销观念在市场营销观念的基础上，强调兼顾消费者、企业和社会三方面的利益，要求企业在追求经济效益的同时，兼顾社会效益。所以社会市场营销观念是符合社会可持续发展要求的营销观念，应当大力提倡。

## 四、新旧市场营销观念的区别

### （一）营销活动的出发点不同

生产观念、产品观念、推销观念以企业为中心，这三种观念可被称之为旧观念。旧观念以产品为中心，一切营销活动从企业出发。而市场营销观念、社会市场营销观念和绿色营销观念以及后面出现的营销观念可称为新观念。新观念以顾客为中心，以增进社会利益为出发点。

### （二）营销活动的重点不同

旧观念以产品为重点，认为有了产品就有顾客，新观念以消费者需求的满足程度为重点，营销活动的手段和方法不同。旧观念以提高产品产量、加强推销为主要工作。新观念强调整体的营销手段。

### （三）营销活动的目标和结果不同

旧观念重视眼前利益，获取有限的短期利润，新观念从长远利益出发，以获取长期稳定的利润为主要目的。

### （四）企业内部组织机构设置及管理不同

旧观念以生产部门为中心，销售部门处于次要地位；新观念以市场需要为中心，以营销部门为主导。

> **课堂思考**：在新型冠状病毒性肺炎疫情期间，很多优秀的企业表现出了很强的社会责任意识，纷纷加入抗疫活动，捐助各种物资。这表现出一种什么样的价值观？对于我们个人有什么启示？
>
> **提示**：当今的大学生应该树立正确的价值观，意识到企业担负社会责任的重要性。

# 任务三　市场营销组合

**知识目标**

1. 知晓、理解市场营销组合的含义。
2. 能够解释传统的营销组合。
3. 能够解释现代的营销组合。

**岗位能力目标**

1. 能够说出市场组合的要素。
2. 能够运用市场营销组合进行实践。

**思政目标**

1. 树立现代市场营销理念。
2. 培养学生的服务意识。

## 项目学习指南

市场营销组合是一个发展的、动态的概念，企业从事市场营销活动需要运用不同的营销组合。从营销组合策略的角度分析，市场营销组合经历了 4P、4C、4R、4V 四个阶段。

## 情景描述

了解了市场营销观念及其发展后，在从事市场营销活动时，需要借助多种要素，才能很好地开展市场营销工作，这些要素组合在一起就是市场营销组合。所以，接下来的工作是了解市场营销组合，并掌握市场营销组合的发展趋势。只有深刻领会市场营销组合及其变化，才能把握市场营销的真谛。

## 任务分析

### 案例 1-11："奥普浴霸"的市场营销策略

澳大利亚奥普卫浴电器(杭州)有限公司是专业从事卫浴电器研发、生产和市场营销的国际化现代企业。其代表产品奥普浴霸(浴室取暖设备)在国内外颇受欢迎，仅奥普浴霸这一种产品在中国的年销售额便超过2亿元。奥普公司是如何制订市场营销策略的呢?

**(一)产品策略**

奥普公司在产品开发上不求大、不求全,而是集中了所有的技术优势、资源优势和品牌优势,聚焦于卫浴电器产品的开发和推广。奥普相继开发出了一系列卫浴产品——牙具消毒器、智能电热水器和智能洁身器等,这些都是消费者深层次需求的卫浴电器。奥普的战略目标是"集中优势资源努力建造一个品质卓越、品位高尚和品牌国际化的卫浴电器品牌"。

**(二)价格策略**

"奥普浴霸"采用了高价策略,奥普的高价策略是由它的品牌价值高、产品价值高、优质的服务支持的。没有合理的利润,企业对消费者的保证就是空话,也无法开发研制出新一代的产品。

**(三)销售渠道策略**

奥普的代理商制度是奥普公司能够在行业中领先的又一大法宝。奥普公司认为,代理商是奥普企业的自家人,市场的繁荣、品牌的知名是厂商共同努力的结果。奥普在与代理商合作时,不仅给了他们合理的利润空间,而且将他们视为企业的一员,建立了彼此信任、理解和同舟共济的关系。

**(四)广告策略**

奥普公司认为广告是企业与消费者沟通的方式之一,产品是与消费者沟通的载体,广告所传递的信息应该与产品所传递的信息相一致。奥普公司对自己的品牌进行了科学的规划和系统的整理,突出自己的卫浴电器专家的品牌形象,体现了"亲切、温暖、成熟、精致和安全"的品牌气质。

(资料来源:https://wenku.baidu.com/view/f2b33fb888eb172ded630b1c59eef8c75ebf9548.html,有改动)

通过对以上案例的分析,请回答:奥普企业运用了哪些营销策略?谈谈你对市场营销组合的理解。

# 一、市场营销组合的含义

市场营销是一种满足消费者需求和欲望的活动过程,消费者需求具有多变性和复杂性,这就要求市场营销人员灵活地运用营销技术。可以说市场营销工作是一门艺术,需要市场营销工作人员运用多种营销手段,这些营销手段组合在一起就是营销组合。市场营销组合也是一个不断发展的概念,纵观营销发展的历史,市场营销组合经历了4P、4C、4R、4V等几个阶段。

最先提出市场营销组合这一概念的是美国著名的营销学者尼尔·鲍顿。他认为市场需求或多或少地在某种程度上受到所谓营销变量或营销要素的影响。

## (一)传统的市场营销组合(4P理论)

1953年,美国著名的营销学大师尼尔·鲍登首次提出市场营销组合的概念,即企业在从事市场营销活动的过程中,需要运用多种要素实现营销目标,这些要素组合在一起就是市场营销组合。1960 年，美国著名的营销学家杰罗姆·麦卡锡在其《基础营销》一书中提出，市场营销活动是由产品、价格、分销和促销等四个要素组成的，这就是所谓的传统的市场营销组合。

1.产品(product)

产品是指企业根据自身的能力，确定给目标市场提供的商品或劳务的组合，包括产品的款式、包装、质量、品牌、服务、退货保证等。

2.价格(price)

价格是根据消费者的需求，结合产品自身的特点，制订不同的价格策略。价格是影响消费者产生购买行为的关键因素之一，因此价格的制定必须合理，还要采用一定的价格策略来吸引消费者产生购买的需求。

3.渠道(place)

渠道是指产品从供应商或销售商到消费者所经历的路线或环节。企业必须采用合理的销售渠道将产品以最快的速度和最少的支出送达给消费者。

4.促销(promotion)

促销是指企业采用一定的方式和手段让消费者知道该产品，向顾客提供产品的性能、质量和价格等信息，让其产生购买的欲望。

营销组合是一个动态的组合。每个因素都在不断变化，同时又相互影响、相互作用。企业需要综合考虑多种因素，为不同的消费者提供不同的营销组合，以取得最佳的经济效益。这些因素都是从企业的角度来进行分析的，因此，可以把这四个因素的组合称为传统的营销组合。

## (二)现代营销组合(4C 理论)

4C 是指消费者(consumer)、成本(cost)、便利(convenience)和沟通(communication)。随着市场经济的发展，企业之间的竞争越来越激烈，4P 理论越来越不适应企业的发展需求。到了 20 世纪 90 年代，美国的罗伯特·劳特朋提出了 4C 理论。4C 理论是与 4P 理论相对应的。

1.顾客

4C 理论强调先不要设计产品，在设计产品之前要了解顾客的需求和欲望，根据不同的需求提供不同的产品。

2.成本

4C 理论强调先不要制定产品的价格，要先考虑消费者购买的成本，这里的成本不仅包括货币支出，还包括消费者购买的时间成本、心理成本和体力成本。

3.便利

4C 理论强调先不要设计产品的销售渠道，在设计渠道的时候要考虑消费者购买的便利性，为顾客提供最大的购物和使用便利。

4.沟通

沟通取代了 4P 理论中的促销。4C 理论认为，企业应该与顾客进行沟通，建立共赢基础上的企业-顾客的新型合作关系。

4C 理论注重以消费者的需求为导向,给营销学提供了一个新型的范式,与传统的以企业为中心的营销组合完全相反,提供了以顾客满意为导向的营销新思维。

▶ 案例 1-12:"汉斯"牌番茄酱为什么能反败为胜

美国有一种"汉斯"牌番茄酱,其味道远比其他牌子的味道要浓。但是在番茄酱推向市场时,由于其流速太慢而引起了消费者的不满,人们纷纷抱怨番茄酱倾倒的流速太慢,没有其他番茄酱流速快,导致产品投向市场受阻。

公司的老板面对这种情况一时拿不定主意。是更改配方还是降低番茄酱的浓度?但无论哪种方法都将改变番茄酱的味道。公司的一名员工提出一个办法,既不改变配方也不降低番茄酱的浓度,而是改变广告宣传的重点。广告的诉求点是番茄酱的浓度和味道,正是因为其浓度和配方不同,所以其流速很慢,因此可以向消费者传达此种番茄酱具有浓度高、味道美的特色。这个广告一经推出,就收到了很好的效果,改变了消费者对该产品的看法。"汉斯"的市场占有率由原来的 19% 迅速上升到了 50%。

"汉斯"牌番茄酱之所以能够反败为胜,就是因为在沟通上下了功夫,从新的视角去阐述、传播产品的特点,使之成为独特的卖点,从而吸引了消费者。这就是沟通的效用所在。

企业要想获得营销的成功,首先要考虑到消费者的需求,多与消费者进行沟通,沟通的本质是传递信息。不单要与消费者沟通,还要与供应商、员工、股东及渠道合作伙伴进行沟通。

## (三)4R 理论

4R 理论以关系营销为核心,注重与顾客的长期互动,与顾客建立相互忠诚的关系。4R 理论是美国学者舒尔茨在 20 世纪 90 年代提出的,即关联、反应、关系和回报。

1. 关联(relevance)

关联指企业从事营销活动不是一次性的,而应该与顾客建立联系,与顾客保持联络,形成一种互助、互求、互需的关系。

2. 反应(reaction)

企业为了得到更多的顾客,必须对顾客的需求有快速的反应能力。这样才能最大限度地回应顾客的需求,稳定顾客群,减少顾客的流失。

课堂思考:如何提高反应能力?

3. 关系(relationship)

在从事市场营销活动时,谁拥有更多的顾客,谁就有制胜的法宝,要想获得更多的顾客,企业必须与顾客建立友好的关系。

4. 回报(reward)

回报是指企业在获取利润的同时,应该将部分利益回馈给顾客,让顾客从心理上得到安慰。回报不单纯是回报给消费者,也要回报给社会。企业不要认为回报给消费者或社会会损失很多利益,其实企业在回报的过程中也无形地树立了企业的良好形象,这样会赢得更多顾客的好感。

### （四）4V 理论

进入 21 世纪，随着信息技术的迅速发展，营销观念、营销手段、营销方式不断丰富和发展，并催生了新的营销组合理论，"4V"理论应运而生，"4V"是指差异化、功能化、附加价值和共鸣。

1. 差异化（variation）

在消费者需求多样化的时代，企业提供的产品必须与众不同。

2. 功能化（versatility）

功能是指产品或服务的便利性或有用性。消费者购买商品的目的是获得产品带来的功能和利益。

3. 附加价值（value）

现在企业之间的竞争已经不仅仅是产品的竞争，还包括可以向顾客提供的附加价值的竞争。

4. 共鸣（vibration）

共鸣，一指物体因共振而发声的现象，二指由别人的某种思想感情引起相同的思想感情。在这里，强调的是企业与消费者之间的相互联系、相互影响，并共同达到价值最大化。

## 项目小结

本项目主要介绍了市场的含义、市场营销的概念、市场营销观念的含义、市场营销观念的演变、市场营销组合的相关内容。

市场是指具有特定需要或欲望，并且愿意通过交换来满足这种需要或欲望的现实和潜在的顾客。

市场营销既是一种职能，又是组织为了自身及利益相关者的利益而创造、沟通、传播和传递客户价值，为顾客、客户、合作伙伴以及整个社会带来经济价值的活动、过程和体系，主要是指营销人员针对市场开展经营活动、销售行为的过程。

市场营销观念经历了生产观念、产品观念、推销观念、市场营销观念、社会市场营销观念的演变阶段。前三个是旧观念，后两个是新观念。传统营销观念和现代营销观念的立足点不同。

## 知识巩固

### 一、单选题

1. 市场营销学作为一门独立学科诞生于 20 世纪初的(　　)。

A. 英国 　　　　　　B. 日本 　　　　　　C. 美国 　　　　　　D. 法国

2. 许多冰箱生产厂家近年来高举"环保""健康"的旗帜,纷纷推出无氟冰箱,他们所奉行的市场营销观念是(　　)。

A. 推销观念 　　　B. 生产观念 　　　C. 市场营销观念 　　D. 社会市场营销观念

3. 如果你能比你的邻居制造出更好的捕鼠器,人们就会踏破你的门槛。这句话反映的营销观念是(　　)。

A. 生产观念 　　　B. 推销观念 　　　C. 产品观念 　　　D. 社会市场营销观念

4. 市场营销活动的核心是(　　)。

A. 生产 　　　　　B. 交换 　　　　　C. 销售 　　　　　D. 推广

5. 从市场营销学角度看,市场主要是指(　　)。

A. 生产者 　　　　B. 消费者 　　　　C. 竞争者 　　　　D. 政府

6. (　　)认为"只要产品质量好,销路就没有问题"。

A. 生产观念 　　　B. 产品观念 　　　C. 市场营销观念 　　D. 社会市场营销观念

7. 想得到食品和吃到烤鱿鱼分别是人的(　　)。

A. 需求和欲望 　　B. 欲望和需要 　　C. 需要和欲望 　　D. 需求和交换

8. 顾客购买产品时首先要考虑的是(　　),因为它是构成整体顾客成本的主要基本因素。

A. 时间成本 　　　B. 顾客价值 　　　C. 附加价值 　　　D. 货币成本

9. 市场营销观念的中心是(　　)。

A. 推销已经生产出来的产品 　　　　B. 制造物美价廉的产品

C. 发现并设法满足消费者的需求 　　D. 制造大量产品并设法销售出去

10. 市场营销管理的实质是(　　)。

A. 刺激消费者的需求 　B. 需求管理 　　C. 销售管理 　　D. 生产管理

### 二、多选题

1. 菲利普·科特勒在 1984 年针对市场营销理论提出了新的观念,在 4P 之外又添加 2P,这 2P 分别是(　　)。

A. 权力 　　　　　B. 压力 　　　　　C. 沟通 　　　　　D. 公共关系

2. 产品需求通常指针对特定产品的欲望即对某一产品或服务的"市场需求",它是建立在(　　)条件之上的。

A. 有支付能力 　　B. 有购买行动 　　C. 愿意购买 　　　D. 实际购买

3. 顾客总价值是指顾客所购买某一产品的价值,主要包括(　　)。

A. 产品价值 　　　B. 形象价值 　　　C. 服务价值 　　　D. 人员价值

4.生产观念是一种重生产、轻视场营销的商业哲学,这种观念的形成主要来源于( )。

A.供不应求,因而消费者更在乎得到产品而不是它的优点

B.产品质量差,因而消费者最喜欢高质量、多功能和具有某种特色的产品

C.成本太高,因而必须以提高劳动生产率来扩大市场

D.大规模生产,因而商品产量迅速增加、产品质量不断提高

5.市场营销学的研究对象是企业所实施的以( )为核心的营销活动及其规律性。

A.产品　　　　　　B.定价　　　　　　C.地点　　　　　　D.促销

E.广告

6.构成现实市场的要素是( )。

A.人口　　　　　　B.购买力　　　　　C.购买欲望　　　　D.购买行为

7.社会营销观念强调( )利益的协调一致。

A.竞争者　　　　　B.企业　　　　　　C.消费者　　　　　D.社会

8.组织市场可以划分为( )。

A.产业市场　　　　B.消费者市场　　　C.中间商市场　　　D.非营利组织市场

9.传统市场营销观念包括( )。

A.生产观念　　　　B.市场营销观念　　C.产品观念　　　　D.推销观念

E.大市场营销观念

10.顾客让渡价值的总成本包括( )。

A.时间成本　　　　B.机会成本　　　　C.货币成本　　　　D.精神成本

E.体力成本

### 三、论述题

1.简述市场营销新观念与旧观念的区别。

2.简述市场营销观念经历了哪些演变。

3.什么是市场营销?谈谈你对市场营销的理解。

4.恰当地运用市场营销组合对成功至关重要。

①你怎样理解"营销组合"这一术语?营销经理应如何应用它?

②以两种不用产品为例,运用4P策略,解释这两种产品的市场营销组合之间存在怎样的差异。

5.谈谈你对市场营销中的"市场"的理解。

### 四、案例分析题

#### 案例1-13:爱尔琴钟表公司的经营观念

美国爱尔琴钟表公司自1869年创立到20世纪50年代,一直被公认为是美国最好的钟表制造商之一。该公司在进行市场营销管理时强调生产优质产品,并通过由著名珠宝商店、大百货公司等构成的市场营销网络分销产品。1958年之前,该公司的销售额始终呈上升趋势。但在此之后,其销售额和市场占有率开始下降。造成这种状况的主要原因是市场

形势发生了变化：这一时期的许多消费者对名贵手表已经不感兴趣，而更乐于购买那些经济、方便、新颖的手表。许多制造商迎合消费者需要，已经开始生产低档产品，并通过廉价商店、超级市场等大众分销渠道积极推销，从而夺得了爱尔琴钟表公司的大部分市场份额。爱尔琴钟表公司竟没有注意到市场形势的变化，依然迷恋于生产精美的传统样式的手表，仍旧借助传统渠道销售，认为自己的产品质量好，顾客必然会找上门。结果，企业的经营遭受重大挫折。

**思考题：**
1. 爱尔琴钟表公司持有什么样的经营观念？
2. 该经营观念与市场营销观念有什么区别？

### 案例 1-14：日清智取美国快餐市场

在我国方便面市场上，品牌繁多，广告不绝于耳，但令消费者真正动心的却寥寥无几，于是许多方便面生产企业感叹道"消费者的口味越来越挑剔了，真是众口难调呀"。

可是，日本的一家食品产销企业集团——日清食品公司，却不信这个邪，它坚持"只要口味好，众口也能调"的独特经营宗旨，从人们的口感差异性出发，不惜人力、物力、财力，在食品的口味上下功夫，终于改变了美国人"不吃汤面"的饮食习惯，使日清公司的方便面成为美国人的首选快餐食品。

日本日清食品公司在准备将营销触角伸向美国食品市场之前，为了能够确定海外扩张的最佳切入点，曾不惜高薪聘请美国食品行业的权威市场调查机构，对方便面的市场前景和发展趋势进行全面细致的调查和预测。可是，调查机构所得出的结论却令日清食品公司大失所望——"美国人没有吃热汤面的饮食习惯，而是喜好干吃面条，单喝热汤，绝不会把面条和热汤混在一起食用，由此可以断定，汤面合一的方便面很难进入美国食品市场，更不会成为美国人一日三餐必不可少的快餐食品。"日清食品公司并没有盲目相信这一结论，而是抱着"求人不如求己"的自强自立的信念，派出自己的专家考查组前往美国进行实地调查。经过千辛万苦的商场问卷和家庭访问，专家考查组最后得出了与美国市场调查机构截然相反的调查结论，即美国人的饮食习惯虽呈现出"汤面分食，决不混用"的特点，但是随着世界各地不同种族的移民的大量增加，这种饮食习惯在悄悄地发生着变化。再者，美国人在饮食中越来越注重口感和营养，只要在口味上和营养上投其所好，方便面有可能迅速占领美国食品市场，成为美国人的饮食"新宠"。

日清食品公司基于自己的调查结论，从美国食品市场动态和消费者饮食需求出发，确定了"系列组合拳"的营销策略，全力以赴地向美国食品市场大举挺进。

"第一拳"——他们针对美国人热衷于减肥运动的生理需求和心理需求，巧妙地把自己生产的方便面定位为"最佳减肥食品"；在声势浩大的广告宣传中，渲染方便面"高蛋白、低热量、去脂肪、剔肥胖、价格廉、易食用"等种种特点；针对美国人好面子、重仪表的特点，精心制作出"每天一包方便面，轻轻松松把肥减""瘦身最佳绿色天然食品，非方便面莫属"等具有煽情色彩的广告语，挑起了美国人的购买欲望，获得了"四两拨千斤"的营销奇效。

"第二拳"——为了满足美国人以叉子用餐的习惯，果敢地将适合筷子夹食的长面条加工成短面条，为美国人提供饮食之便；从美国人爱吃硬面条的饮食习惯出发，一改方便面适合东方人口味的柔软特性，精心加工出稍硬又有劲道的美式方便面，以便吃起来更有嚼头。

"第三拳"———由于美国人"爱用杯不爱用碗"，日清公司别出心裁地把方便面命名为"杯面"，并给它起了一个地地道道的美国式副名——"装在杯子里的热牛奶"，期望"方便面"能像"牛奶"一样，成为美国人难以割舍的快餐食品。他们根据美国人"爱喝口味很重的浓汤"的独特饮食习惯，不仅在面条制作上精益求精，而且在汤味佐料上力调众口，使方便面成为"既能吃又能喝"的二合一方便食品。

"第四拳"———他们从美国人食用方便面时总是"把汤喝光而将面条剩下"的偏好中，灵敏地捕捉到了方便面制作工艺求变求新的着力点，一改方便面"面多汤少"的传统制作工艺，研制生产了"汤多面少"的美式方便面，从而使"杯面"迅速成为美国消费者人见人爱的"快餐汤"。

以此"系列组合拳"的营销策略，日清食品公司果敢挑战美国人的饮食习惯和就餐需求。它以"投其所好"为一切业务的出发点，不仅出奇制胜地突破了"众口难调"的产销瓶颈，而且轻而易举地打入了美国快餐食品市场，开拓出了一片新天地。

**问题：**

1. 日清食品公司采用了何种营销策略？有何特点？

2. 日清食品公司为何能成功地开拓美国快餐食品市场？

3. 日清食品公司如果进入中国市场，应如何调整其营销策略？

（资料来源：https://wenku.baidu.com/view/e2e8ac98f524ccbff021842a.html？fr=search-1-wk_sea_es-income2&fixfr=gRj6iGfryPvDo3rKJt7WWA%3D%3D.有改动）

### 案例 1-15：土著小岛的鞋市场

在太平洋上的一个小岛上，居住着 10 多万名的土著居民，这里风景秀丽，盛产菠萝、香蕉、椰子和杧果，部落酋长统治着这里。一家美国制鞋公司打算把自己的产品卖给这个小岛上的居民。该公司首先派出了自己的财务经理。几天以后，该经理发回电报："这里的人根本不穿鞋，此地不是我们的市场。"

为了证实这一点，该公司又把自己最好的推销员派到该岛上。一周之后，该推销员回报说："这里的居民没有一个人有鞋，这里是巨大的潜在市场。"

该公司又把自己的市场营销副经理派去考察。两周以后，他汇报说："这里的居民不穿鞋。但他们的脚上有许多伤病，穿鞋可以得到益处。我们必须取得部落酋长的支持与合作。他们没有钱，但可用水果与我们交换。我测算了三年内的销售收入及成本，回报率可达 30%。我建议公司开辟这个市场。"

**思考：**

1. 本案例中的三个人分别奉行何种经营观念？

2. 岛上居民对鞋子的需求状态属于市场需求的八种基本形态中的哪一种？如果你是这家公司的市场营销经理，你打算用什么策略来开辟这个市场？

## 五、技能题

走访企业——与企业的经营者交谈,了解企业的市场营销观念。

(一)实训目的

1.通过实训,了解企业的经营理念及营销运作。

2.增加同学们对市场营销观念的理解。

3.了解市场营销的活动过程。

(二)实训内容

1.通过实训,了解企业的营销运作模式及其奉行的营销观念。

2.撰写针对营销观念的分析报告。

(三)实训形式

1.五人组成一个小组,由组长负责企业的选择和工作的协调。

2.各组选择一个企业进行调查,并对企业营销人员进行访谈。

(四)实训成果

1.各组撰写调查分析报告,要求至少1500字。

2.小组以PPT的形式进行汇报。

3.教师点评。

# 掌握市场营销战略规划

## ◇ 项目学习指南 ◇

科特勒强调，所有的企业都必须有一个长期的战略目标，以适应本行业中不断变化的环境，市场营销活动也一样。在资源、条件、目标、机遇一定时，每个企业都必须找到适合自己的战略。从事市场营销活动必须有长远的战略眼光，不能只看到眼前利益，忽视长远的利益。本项目旨在让同学们了解市场营销战略规划及相关概念、了解营销战略规划的内容和步骤、了解竞争性营销战略，以便可以运用营销战略理论分析实践中遇到的问题。

1. 掌握营销战略规划及相关概念。
2. 了解营销战略规划的内容与步骤。
3. 了解竞争性营销战略。

# 任务一　市场营销战略的含义

## 知识目标

1. 掌握营销战略规划理论的观点，并能运用营销战略理论分析实际问题、制订企业的营销战略。

2. 掌握营销战略规划的内容和步骤，并能运用营销战略规划理论分析实际问题、制订营销方案。

## 岗位能力目标

1. 能够运用营销战略理论分析实际问题、制订营销战略。

2. 能够运用竞争性营销战略理论分析实际问题、制订竞争性营销方案。

## 思政目标

1. 培养学生的战略思维。

2. 促使学生形成战略规划的意识。

3. 培养学生的竞争意识，发扬工匠精神，养成社会主义核心价值观。

## 任务分析

### ▶ 案例 2-1：北京全聚德集团的发展战略

中华著名老字号"全聚德"创建于 1864 年(清同治三年)。在百余年的时间里，全聚德的菜品经过不断的创新发展，形成了以独具特色的全聚德烤鸭为龙头，集"全鸭席"和 400 多道特色菜品于一体的全聚德菜系，备受社会各界人士及国内外顾客的喜爱。1999 年 1 月，"全聚德"被国家工商总局认定为"驰名商标"，成为我国第一例服务类中国驰名商标。1993 年 5 月，中国北京全聚德集团成立。1994 年 6 月，由全聚德集团等 6 家企业发起并设立了北京全聚德烤鸭股份有限公司，现已形成拥有 70 余家全聚德品牌成员企业、年销售烤鸭 500 余万只、年接待宾客 500 多万人次、品牌价值近 110 亿元的餐饮集团。2005 年 8 月 6 日，世界品牌实验室宣布全聚德品牌的评估价值为 106.34 亿元人民币。2007 年 9 月，在第二届亚洲品牌盛典中，"全聚德"品牌荣获第 320 强，是我国餐饮行业中唯一进入亚洲 500 强品牌的企业。

一、辉煌的历史

1864 年，北京前门肉市街上一家经营干鲜果品的"德聚全"商号因经营不善濒临倒闭。以贩卖鸡鸭为生的精明的河北冀县商人杨全仁倾其所有，果断地盘下了这家店铺，在风水先生的建议下，改名为"全聚德"，取聚拢德行之意，"全"字则与其名字暗合。他请来一位擅长书法的秀才写下了遒劲有力的"全聚德"三个大字，制成牌匾并悬于门楣。杨全仁看准了烤鸭的买卖，在经营初期，主营烤鸭，兼做贩卖生鸡鸭的生意。杨全仁访得曾在清宫御膳房当厨的师傅，专营挂炉烤鸭，使全聚德逐渐在京城崭露头角。

1901 年，全聚德在原地翻建成了两层楼房，增添了各式炒菜。从此，全聚德由一个不甚完善的烤炉铺发展为以经营挂炉烤鸭为主的驰名餐馆。在讲究"买卖公平，童叟无欺"的商德的同时，全聚德几代人无不重视烤鸭的质量，并以鸭为原材料，不断创新菜式，形成了"全鸭菜"。至 20 世纪 30 年代后期，全聚德烤鸭的质量被公认为北平第一，生意十分兴隆。后因战乱，全聚德的经营疲软。1952 年 6 月 1 日，全聚德公私合营，公方注入资金16 800 元，使其元气得以恢复。

1949 年后，全聚德得到了政府的关心与支持。国家领导人经常把全聚德作为重要的国宴场所，其规模一再扩大，经营日臻成熟，菜品也日趋完善，形成了冷菜、烩菜、汤菜等400 余道以鸭为主辅料的冷热菜肴，鸭舌、心、肝、胗、肠、脯、膀、掌等皆尽入菜，美味绝伦，在"全鸭菜"的基础上又演绎出了"全鸭席"，在中华餐饮大家庭中占据了一席之地。人们由衷地称赞全聚德的精品烤鸭——"不到万里长城非好汉，不吃全聚德烤鸭真遗憾"。

为迎接市场的挑战，发展中国的民族品牌，1993 年 5 月，经北京市委、市政府批准，成立了中国北京全聚德集团(1998 年改制为中国北京全聚德集团有限责任公司)，并在此基础上，集全国 50 余家联营企业，组成了大型的餐饮服务集团——中国北京全聚德集团，从此走上了集约化发展的道路。经评估，以 1994 年 1 月 1 日为基准日，"全聚德"牌号的无形资产社会公允价值为 2.694 6 亿元。经第二次评估，以 1998 年 12 月 31 日为基准日的"全聚德"牌号的无形资产社会公允价值为 7.085 8 亿元，比 1994 年增长了 2.63 倍。1999年 1 月 5 日，经国家工商总局商标局的认定，全聚德荣获"中国驰名商标"称号，成为中国第一例，也是目前全国 87 个中国驰名商标中唯一的服务类中国驰名商标。

二、机遇与挑战

到了 21 世纪，全聚德品牌的发展同中国整体的餐饮业乃至中国的商业服务业一样，面临着严峻的挑战和良好的机遇。

全球经济一体化进程加快，中国加入世界贸易组织后，洋餐饮将更加没有障碍地长驱直入，对包括全聚德在内的本土餐饮业的生存与发展造成更大压力。随着餐饮业的持续发展，即使是仅经营烤鸭类食品的餐饮单位(单北京市就有以"北京烤鸭"为名的大小餐厅400 多家)之间的竞争也是更加激烈。在知识经济时代，信息产业发展，要求全聚德集团所属的国内外直营、连锁企业的生产、经营和服务中的文化、科技含量必须大幅度增加。随着人民生活质量的提高和生活方式的改变，人们对全聚德的品位将提出更高的要求。集团公司在品牌运作、规模经营和提高品牌的科技含量等方面业绩卓著，但也存在"前三脚好踢，持续发展不易"的难题。

中国国有企业的改革已取得了突破性进展，国有企业改革的推进、现代企业制度的确立、企业经营机制的完善，给全聚德品牌的经营创造了良好的内外环境。中国经济和国际接轨，知识经济和信息网络的发展，"科教兴国"方针的落实，使全聚德更便于学习和引进发达国家餐饮业的先进管理、服务、生产的理念和经验。国际交往更加频繁，国内外旅游业进一步发展，全聚德潜在的顾客群体将不断扩大。随着市场经济的发展和人们消费水平的提高，名牌效应日益明显，使用名牌、享受名牌将逐步成为一种时尚。久负盛名的全聚德将进一步得到社会与消费者的推崇与青睐。全聚德集团经过调研，借助"外脑"进行分析，对全聚德产业的发展战略有了理性认识，通过实践积累了规模发展的经验，同时不断引进与培养人才，使品牌发展有了一定的人力资源保证。集团积蓄了一定的经济实力，特别是股份公司的建立，股票上市融资，将为全聚德的品牌发展奠定必要的经济基础。全聚德的全体员工对"全聚德"具有深厚的感情，对弘扬品牌、发展品牌具有崇高的历史责任感，具有为全聚德这一金字招牌做奉献的思想基础。

三、拟定"三大发展战略"

面对新时期的机遇与挑战，确定进一步的发展目标，是全聚德必须认真思考和冷静对待的战略问题。为此，集团的决策层进行了反复的讨论，并于1998、1999年分别邀请中国人民大学、首都经济贸易大学、北京工业大学、北京工商大学等高校的30多位专家学者对全聚德集团的整体经营状况进行调研和诊断，对全聚德的未来发展进行系统的研究和论证。

首先，专家学者对全聚德品牌给予了充分的肯定，大家一致认为，以全聚德品牌烤鸭为代表的全聚德品牌具有个性特征，具体表现在以下几个方面。

历史悠久：全聚德品牌有着一百多年的历史，积淀了深厚的文化底蕴，这是多数中国餐饮业品牌及"洋快餐"所无法比拟的。

特色鲜明：全聚德品牌具有中国特色、京味儿特色。其烹制技艺色、香、味、形俱全，其经营、服务、生产的理念、方法、工艺独具特色，不可替代。

雅俗共赏：全聚德品牌餐饮既有能满足贵宾高消费、高品位需要的精品，又有大众菜肴，上至国家首脑，下至平民百姓都一致推崇，这是其他品牌难以做到的。

驰名中外：全聚德品牌在国内外享有很高的美誉度，1999年更被国家工商总局正式认定为服务业内的第一家"中国驰名商标"。其品牌所蕴含的巨大的无形资产价值是一般品牌所不具备的。

事业领域宽广：全聚德品牌的主体属商业服务业，但其品牌涉及食品加工业以及食品科研、养殖、种植业等，使得全聚德跨越多种行业，形成了科工贸一体化。

受到法律保护：全聚德品牌已经在国内外注册了商标，并以"中国驰名商标"的身份享有知识产权法律的保护，具有不可仿冒性、不可侵犯性。

根据对全聚德的品牌内涵及特征的认识，专家认为，全聚德集团发展的战略目标应该是：以全聚德烤鸭为龙头、以精品餐饮为基业，通过有效的资本运营，积极审慎地向相关产业领域进行延伸，创造具有中国文化底蕴、实力雄厚、品质超凡、市场表现卓越、享誉全球的餐饮业世界级名牌。

为了实现上述目标，部分专家认为全聚德品牌的主要物质载体是全聚德烤鸭正餐，要充分挖掘它的特色和优势，强化社会认知度，继续发展正餐全聚德烤鸭店，在全国乃至国际上仍有较大的发展空间和市场潜力。全聚德独有的个性和魅力，是"顺峰""烧鹅仔"等后起之秀所没有的。但是，单一的全聚德烤鸭正餐对于一个追求成为世界级名牌的企业来讲，显得过于窄小了，因此必须谋求品牌的合理延伸。即全聚德应该选择全面的事业发展战略——"正餐精品战略""快餐发展战略""食品加工业战略"。在三大事业发展战略中，"正餐精品战略"是全聚德集团产业发展战略的中心环节，要采取各种必要措施，使全聚德烤鸭在北京烤鸭中独树一帜，形成产业优势、经营服务特色和文化壁垒，这是全聚德面临的最紧迫的任务。实施"快餐发展战略"是全聚德扩大产业规模和提升市场占有率的必由之路，它具有可能性和广阔的市场前景。在研究出符合工薪阶层的消费者需求的品种、营销方式和就餐环境的同时，还要保持全聚德烤鸭及相关食品的独特口味，解决标准化产品、工厂化生产、连锁化经营、个性化服务等技术、管理方面的难题，只有这样，快餐才有可能成为全聚德未来的主导产业。"食品加工业战略"可以使集团的事业领域由单纯的餐饮业扩展到食品加工业，因为小包装熟食品可以直接进入家庭之中。中国人口众多，熟食品是一个巨大的市场。全聚德必须激活食品加工业，只要市场营销到位，便会给老字号带来新的经济增长点。三大产业发展战略相互补充、相互渗透，将共同推动全聚德品牌的升华。

三大发展战略的思路一出台，各路专家便一致认同了"精品正餐战略"和"食品加工业战略"，但对于"快餐发展战略"却意见不一，并且争论异常激烈。

主张实施"快餐发展战略"的专家的主要观点如下。

(1)快餐业的发展是一种世界性的潮流。

(2)我国有750亿元的快餐大市场。来自国内贸易局的一份报告表明，1999年，中国快餐业发展迅猛，营业额近750亿元，较上年增长20%以上。自从快餐业在1994年被列入国家"八五"计划以来，一项新兴产业在中国已然形成。经过多年的发展，中国的快餐市场已颇具规模。其从业人员及营业收入都呈现出逐年递增的态势。

(3)开发快餐经营，可以迅速扩大市场份额。全聚德精品烤鸭的价位在一定程度上限制了顾客群。遍布京城的"北京烤鸭"每天都有着巨大的消费人群。

(4)目前，中式快餐竞争不过西式快餐，主要是没有形成品牌优势。而在这方面，全聚德独特的品牌优势将是巨大的和得天独厚的，不充分利用这一优势，是对全聚德资源的一种浪费。

(5)制约中式快餐发展的一个重要原因是资金力量薄弱。目前，中式快餐业多属个体、私营或合作企业，资金力量薄弱，能发展到2~3个连锁店已是不错了，很难发展为全国乃至世界知名的企业。依据全聚德集团的经营经验和资金实力，在这方面进行投入，相信可以取得成功。

(6)标准化生产是快餐业发展的又一重要要求，而全聚德集团在过去若干年的努力下，已经初步形成了作业程序的专业化和标准化，这在全国范围内都是比较有名的。如果进一步发展全聚德的快餐业，会更进一步地促进全聚德集团专业化、标准化程度的提高。

(7)中式快餐在中国拥有广阔的天地，因为它是土生土长的事物，对本地人具有很强的亲和力。一份调查表明，66%的中学生喜欢吃西式快餐，但他们的父辈中的65%却偏爱中式快餐。通过父辈的影响，中式快餐是有可能争取到年轻消费者的。

(8)目前，中式快餐多以米饭、面条、饺子、包子等传统品种为主，适时地推出烤鸭快餐，不仅可以丰富中式快餐的品种，也将对中式快餐的发展提供一种新型的思路。而且，在今后的实践过程中，可考虑将中式快餐的传统品种与烤鸭快餐结合在一起，充分发挥中式快餐的优势。

对此，另一部分专家则提出了针锋相对的意见。他们认为：

(1)品牌延伸既是机遇，也是陷阱，多元化既带来机会，更会带来风险。从目前全聚德所处的内外环境分析，倾力发展全聚德正餐精品为其当务之急和重中之重。全聚德有百余年的历史，如果仅为占据一定的市场份额而盲目走发展快餐之路，极有可能对全聚德的精品烤鸭形象造成直接的损害与威胁，实为"丢西瓜而捡芝麻"之举。

(2)烤鸭历来是"阳春白雪"，绝非一日三餐之食。吃烤鸭实则是吃中餐文化。全聚德集团近年来努力实践的精品之路，目的即是在市场上寻求一种独特的定位。一味强调发展快餐，从大的方面讲对于保留和弘扬中国传统饮食文化不利，具体地讲，也极有可能使全聚德的品牌变得不伦不类、形象模糊。

(3)由自身的某些特征所决定，中式快餐的普及和流行确实存在诸如观念、食用方式、食用习惯等方面的困难。一旦全聚德走发展快餐之路失败，除了财务损失之外，更大的损失将是品牌声誉上的损失。

(4)发展快餐，连锁经营，对企业形象及 CI 体系有较高的要求，而且连锁的前提是统一和规范。在此方面，全聚德尽管已经有了一定的经验，但距准备充分尚有相当长的距离，因此切不可盲目行事。

在充分听取各派意见的基础上，全聚德集团的决策层经过反复研讨、分析与调查，决定综合两派专家的意见，采取下述行动：

(1)巩固发展"正餐精品战略"。集团要下力气进一步在产品质量、服务质量、营销质量等方面做出努力，在全体员工中牢固树立"精品"意识，从"弘扬中国传统饮食文化、促进全聚德发展"的战略高度认识"精品战略"的意义。

(2)发展食品加工业，走集约化、规模化之路。为采用"一体化"发展战略，建立生鸭养殖基地、大葱种植基地，建立食品加工企业。

(3)在北京以试验性质开办一家快餐店，以此来投石问路。具体做法如下：

①由集团出资，统一选派人员经营该快餐店。

②低调地开业、运营。不做广告，不做大规模宣传，但要确保产品质量，以此检验快餐产品对顾客的吸引力。

③为避免快餐形象对正餐精品形象的影响，采取品牌战略中的"副品牌策略"，取名"阿德鸭"并专门定制品牌形象，陈设于店堂入口。

④店铺地址选在居民区。

⑤快餐形式为"一人份套餐"，包括烤鸭、饼、葱、酱、鸭架汤等，保证数量与质量。

⑥店堂形象由专业公司统一制作，CI 体系总体与集团本部保持一致。

(资料来源：张海青.胜鉴[M].北京：机械工业出版社，2006.有改动)

> **思考：**
> 1.专家在制订"全聚德"的发展战略时，分析了哪些与公司战略相关的环境因素？
> 2.你怎样认识和评价"全聚德"实验性的快餐战略？如果该战略不是很成功，可能是因为什么原因？你能提出一个新的快餐战略设想吗？
> 3.对"全聚德"食品加工战略的发展前景进行分析与评价，评价正餐战略在公司整体战略中的地位和作用。

**🌀 知识精讲**

## 一、市场营销战略规划的相关含义

### （一）市场营销战略规划产生的背景

自从 1965 年美国的管理学家安索夫出版《企业战略》一书以来，"企业战略"一词获得了越来越多的认可和应用。市场营销这门学科产生于 20 世纪 50 年代，此时卖方市场在逐渐向买方市场过渡。到了 20 世纪 70 年代，企业面临着经济全球化的巨大冲击，客观环境要求企业的经营管理有长远的战略眼光。任何企业想在动态的背景下生存，就必须建立持久的竞争优势。1976 年，美国的战略学家迈克尔·波特出版了《企业竞争战略》一书，提出了企业竞争优势这一概念，从此之后很多企业都非常重视战略的制订。对于企业战略，没有统一的定义。美国的安德鲁斯认为，战略是一种决策模式，决定和揭示了企业的目标，并提出了实现目标的重大计划和方针。奎因认为：战略是一种模式或计划，它将一个组织的主要目的、政策与活动按一定的顺序结合成一个有机整体。我们认为企业战略是指对企业的全局做出的谋划。

战略管理能够为企业指明发展的方向和目标。环境的变化、竞争的加剧，使得企业为了能够很好地生存，必须有长远的战略眼光和思维。大量的事实表明，无论是对于组织还是个人，成功的一个重要因素是始终如一地坚持一个目标，并为此付出不懈的努力。

战略管理不仅能够为企业指明发展的方向，而且强调进行合理的资源配置，这有助于协调不同部门和个人之间的活动。资源是非常稀缺的，企业必须对有限的资源进行协调和配置。战略管理对企业的生存和发展起着决定性的作用。一个好的企业战略能够指引企业的发展。

战略管理的实质是帮助企业建立和维持持久的竞争优势。任何一个企业要想在激烈的环境中生存，都必须重视自己核心能力的构建。核心能力是不能轻易被竞争者模仿的，能够轻易被模仿的就不是核心能力。核心能力是一种对资源整合的能力，它不表现在企业的某个方面，而具有集成性。为了能够在日益动荡的复杂环境中生存和发展，企业应该未雨绸缪，主动迎接和适应环境的挑战。战略管理体现的是一种主动适应环境的过程。

### （二）市场营销战略规划的含义

美国著名的管理学家彼得·德鲁克在其《管理：任务、责任与实践》一书中提到，战略不是计划，而是规划。战略规划要系统地进行当前业务的决策，尽可能地了解这些业务决策的性质，深入地思考这些要素，从而能够有效地实现企业既定的目标。市场营销战略规划是指组织的市场营销活动的目标、技能与各种变化的环境之间建立与保持一种可行的适应性管理过程。

### （三）市场营销战略规划的特点

市场营销战略规划具有长远性、宏观性、竞争性、纲领性等特点。市场营销战略规划一般都是企业的高层管理者做的，考虑的是资源的配置以及各方面工作的安排，对企业的经营活动产生直接而又深远的影响。

1. 长远性

市场营销战略规划是企业为其长远的发展而制订的总体规划，又是企业对其未来较长时期如何发展而做的通盘考虑。

2. 宏观性

市场营销战略规划是企业制订的总体营销战略规划。它对企业的发展起着决定性的作用。

3. 竞争性

企业制订营销战略规划目的是获得持续的竞争优势、战胜对手，保证自己的生存与发展。

4. 纲领性

市场营销战略规划是企业的整体谋划。与营销战术不同，它具有纲领性，确定了企业的发展方向，也规定了企业具体的营销活动的基调。

市场营销战略关注的是企业的竞争优势。竞争优势来源于企业对资源的整合能力。另外，企业战略关注的是企业的战略决策、目标与环境的适应性，强调资源与其所生成的环境的匹配性。

### （四）企业战略与战术的区别

市场营销战略是长远、全局性、根本性的重大决策。而战术针对的是具体的细节性的问题。战略与战术之间是全局与局部的关系，是整体与部分的关系。战略是指企业为了达到长期的经营目标而制订的总体谋划，战术是指为了达到战略目标所采取的具体执行方案。战略高于战术、统领战术，战略决定战术，战术反过来会影响战略目标的实现。战略管理注重全局性、整体性，重视组织与社会环境的关系，强调组织与环境的适应性；战术管理较多地关心管理的某个方面或环节。前者讲究谋略，后者强调方法的运用。

# 任务二　市场营销战略的类型

**知识目标**

1. 掌握营销战略的类型，并能运用营销战略理论分析实际问题、制订企业营销战略。

2. 掌握公司战略、经营单位战略和职能战略的含义，并能运用战略理论分析实际问题、制订营销战略方案。

**岗位能力目标**

1. 能够掌握战略类型、制订企业战略。

2. 能够运用战略理论分析实际问题、制订战略方案。

**思政目标**

1. 培养学生战略规划的意识。

2. 培养学生能够运用战略思维解决日常生活中的问题。

## 任务分析

根据不同的分类标准，企业战略具有不同的战略类型。根据管理的层级和在组织中的作用，战略分为公司战略、经营单位战略和职能战略。

## 一、公司战略

公司战略又称为企业总体战略，是企业的最高领导层制订的、用来指导和控制企业的一切行为的最高行动纲领。公司战略的主要内容包括制订公司的发展方向、协调公司各个部门的配合及资源的分配、建立公司的企业文化和价值观等。公司战略主要回答了企业应该经营哪些领域的问题。从公司的发展情况来看，公司战略主要有发展型战略、稳定型战略和收缩型战略。从公司的业务角度来看，公司战略又有多元化经营战略和单一的集中战略类型。

### （一）发展型战略

发展型战略又称增长型战略、扩张型战略，是指企业在原有的战略基础上向更高一级目标发展的战略。它以发展为导向，企业要不断地开发新的产品、进入新的领域、开拓新的市场、采用新的生产方式和管理技术，以便扩大企业的产销规模，保持企业的竞争优势。

发展型战略充分强调利用外部环境的有利因素，不断扩大企业的经营规模，努力挖掘和寻求利用各种资源，以此求得企业的发展。

根据企业的发展规模、速度和方向的不同，企业的发展型战略又有不同的类型，有密集型成长战略、一体化发展战略和多元化发展战略。

### 1. 密集型成长战略

密集型成长战略是指企业在原有的业务范围内，充分利用现有的资源和条件，寻求在多个领域的发展。如下表所示，我们根据产品和市场两个维度，将企业的密集型成长战略分为四种战略：市场渗透战略、市场开发战略、产品开发战略和多元化战略。市场渗透战略是指企业在原有的市场基础上增加产品的销量，以此增加产品的市场份额。市场开发战略是指开发新的市场，用原有的产品进入新的市场，占领新的领域的战略。比如，空调产品在城市之内已经趋于饱和，空调企业为了增加产品的销量，逐渐向农村开发市场，这就属于市场开发战略。产品开发战略是指企业开发新的产品或改进产品的某些功能的战略。

**密集型成长战略的分类**

| 产品<br>市场 | 现有产品 | 新产品 |
|---|---|---|
| 现有市场 | 市场渗透 | 产品开发 |
| 新市场 | 市场开发 | 多元化 |

### 2. 一体化发展战略

一体化发展战略是指企业充分利用自己的产品在生产、技术和市场等方面的优势，向经营领域的深度和广度发展的一种战略，具体可分为前向一体化战略、后向一体化战略和水平一体化战略。

前向一体化战略就是企业通过收购或兼并若干商业企业，或者拥有和控制其分销系统，实行产销一体化。前向一体化是指获得分销商或零售商的所有权或加强对它们的控制，即企业根据市场的需要和生产技术的可能条件，利用自己的优势，把成品进行深加工的战略。

后向一体化是指企业通过收购或兼并若干原材料供应商，拥有或控制其供应系统，实行供产一体化。后向一体化战略是指企业利用自己在产品上的优势，把原来要外购的原材料或零件，改为自行生产的战略。

一体化战略是指企业充分利用自己在产品、技术、市场上的优势，根据物资流动的方向，使企业不断向深度和广度发展的一种战略。

英国著名的研究管理思维的大师德·波诺说：企业的经营就像挖金子一样，当你挖了20英尺还没发现金子时，你的战略可能是再挖2倍的深度。但是，如果金子横向上距离你20英尺，那么不管你挖多深，你都是挖不到金子的。这说明企业的战略方向有了问题。

### 3. 多化发展战略

多元化战略是指企业新生产的产品跨越了并不一定相关的多种行业，且生产的多为系列化的产品。多元化战略又称多角化战略。采用多元化战略的目的是规避经营风险，经营多个领域。但如果运用不好多元化战略，可能给企业带来不利的影响。多元化战略适合技术密度不高、市场营销能力较强的企业。

科特勒从产品和市场这两个纬度，提出了以下四步走的战略。

第一步，市场渗透战略是指在现有市场，思考如何积极地提高销量。

第二步，市场开发战略是指通过开发新的市场提高销量。

第三步，产品开发战略是指在市场上推出新的产品或改良产品。

第四步，多样化战略是指开发相关联的或不相关联的产品，以满足顾客多样化的需求。

> **课外作业：** 选择一家你熟悉的公司，看看该公司是如何不断地开拓新市场的。

### 案例 2-2：龚文祥先生的家教中心

有"中国品牌先生"之称的营销专家龚文祥先生曾经讲过他在大学时代利用"产品-市场"四步走的战略经营家教中心的真实案例。

当时，龚文祥先生通过竞选，成功地成为武汉大学管理学院学生会下设的一个家教中心的主任。他为了把这个家教中心真正地做起来，就用上了"产品-市场"扩张的战略，做到了在不投入资金的前提下扩展业务、实现营利。

**第一，市场渗透战略。**

通常，大学生找家教工作的方法就是做一个小广告，然后在人流量大的地方蹲守，吸引有需求的家长们的注意。那时，这样的蹲守摆点随处可见。怎样才能在现有服务、现有市场的条件下获得更多的家教工作呢？龚文祥的方案是这样的。

首先，利用"明星效应"。当时，武汉大学有好几个省的文理科高考状元，龚文祥请他们现身说法来拉家教业务，海报上打出鲜明的标语："省文科状元做你孩子的家教"。冲着"状元"两字，望子成龙的家长纷纷涌了过来。

其次，利用家长的心理。当时，武汉有报纸开始关注和报道贫困大学生的问题。龚文祥在联系了一批品学兼优的贫困学生后，在家教海报上加上了一条："品牌大学贫困生做家教"。很多家长更倾向于请一个家庭确实有困难的大学生做家教，因为这样的学生有生活上的困难，在辅导孩子时会更尽心。

最后，直接争夺竞争对手的客户。凡是在其他摊点咨询过的家长都是有意向请家教的。在他们咨询过其他摊点后，龚文祥会上前拉他们到自己的摊点谈话。凭借武汉大学在武汉的名气，该家教中心的业务量又大大地提高了。

**第二，市场开发战略。**

龚文祥想到，同样是做家教业务，除了将业务在地理位置上从武昌扩大到汉口外，还可以拓宽几条销售渠道，以此大大增加业务量。传统的家教业务大都在商场门口摆摊设点，而龚文祥则在同学的帮助下，到其他的目标集中的地方摆摊设点拉业务：在家长接小孩放学时，在学校门口摆摊的效果最好，还可以在大型的农贸市场门口、住宅小区门口、公司门口等地点摆摊。

**第三，产品开发战略。**

传统的家教就是为中小学生请一个大学生来家里教课。当时在龚文祥所负责的家教中心登记的大学生有几百个，而有家教需要的家长有限。于是，他思考着扩大家教的服务范围来增加业务。他是这么做的：

首先，开设钢琴、舞蹈、书法、绘画等兴趣特长类的专业家教项目。除了艺术系的大学生可以做以上专业方面的家教之外，校园里其他获得了各种等级证书的学生大有人在。特长专业方面的家教确实一直都是家长关心的热点。只需将这些大学生的证书复印件在摆摊时拿出来，就能吸引很多家长。

其次，开发"周日校园家教"项目。开发新的家教服务项目，需要潜心关注市场的需求。比如龚文祥碰到的一个家长说他的小孩学习成绩很好，而他只是想让小孩从小多感受一下名牌大学的气氛。于是龚文祥就推出了"周日校园家教"项目，改变了大学生上门服务的传统，将孩子们带到武汉大学来上家教课，顺便可以接受名校的熏陶，这个点子一推出就大受大家的欢迎。

最后，开发奥林匹克竞赛等高端的家教项目。一般家长只有孩子成绩不好时才请家教，但也有部分家长为了让孩子的成绩好上加好，或者为了备战奥赛而请家教。武大恰恰有很多在奥赛中拿过全国前几名的大学生，他们是最好的奥赛老师。这一类需求虽然不大，但是属于高端层次，其收费标准是普通家教的好几倍。这个业务开展之后，几乎是供不应求。

**第四，多样化战略。**

家教多样化经营的关键是能跳出中小学生家教的限制，吸引成年人。成年人市场有着很大的商业价值。可以开发 TOEFL、GRE 等高端家教业务，可以开发小语种家教业务，还可以开发自考、考研家教业务等。

通过一系列的革新与拓展，龚文祥将家教中心做得风生水起，本人也因此成了当时武汉最大的家教中间商。

（资料来源：陈娇.科特勒营销全书[M].北京：中国华侨出版社，2013.有改动）

## （二）稳定型战略

稳定型战略是指企业经营维持现有的水平和保持现状的一种战略，企业目前的经营方向、业务领域、市场规模、竞争地位及生产规模大体不变。企业实施稳定型战略的原因可能是外部环境比较稳定，也有可能是企业当前处于最佳水平，要保存实力，等待时机寻求最好的发展。采用稳定型战略的前提是企业的前期战略是非常成功的，企业此时想避开威胁、寻求机会，使企业获得稳步的发展。从企业成长的角度来看，采用稳定型战略是企业最好的选择。但是如果一味地采用稳定型战略也不是长久之计，因为消费者的需求是不断变化的。当消费者的需求和外部环境相对稳定时，采取稳定型战略是可以的，否则，企业将很难获得长期的发展。

## （三）收缩型战略

收缩型战略又叫撤退型战略，是指企业从目前的经营领域和基础上撤退或收缩的一种战略。它是企业缩小现有的业务领域、减少经营规模或取消某些产品时的一种战略。采用收缩型战略的原因可能是原有的产品在销售时遇到困难，或消费者的需求发生了变化，企业现有的资源有限，无法应付外部环境的变化，只有收缩才能避开环境变化的威胁，以便保持实力。

收缩型战略主要有以下一些类型。

1.转移战略

转移战略是企业为了维持现有的规模，转移市场、寻求新的领域、开辟新的道路所实行的战略，有市场转移、产品转移等类型。

2.放弃战略

放弃战略是指放弃某些产品的经营或生产，把资源集中于核心产品或业务上，以此积聚力量。

3.清算战略

清算战略是指企业受到很大的威胁、濒临破产时，转让、卖掉资产或停止运行的一种战略。当企业面临着危险的环境时，企业应该顺应时代的发展，适时地采用清算战略，这样可以尽早地收回资金，以便减少损失。

### ▶ 案例2-3：苹果公司的业务战略

乔布斯曾说："我们所需的只是四大产品平台，如果能够成功构建这些平台的话，我们就能够将A级团队投入每一个项目中，而不需要使用B级或者C级团队。也就是说，我们可以更加迅速地完成任务。这样的组织结构非常流畅、简单，容易看明白，而且责任非常明确。"当其他公司在追求把产品做全的时候，乔布斯却一直在做着减法，规划着苹果的最佳业务组合。

当年乔布斯重返苹果公司，他看到的是一家产品种类繁杂、庞大的公司，苹果销售的产品大概有40种，涉及喷墨打印机、掌上电脑等各种产品，而所有的产品中很少有占领市场主导地位的。而且这些产品又有多个系列，每个系列又有十几种型号，不同型号的产品之间的差别很小，名称也让人困惑。乔布斯对此感到不可思议，他说："我看到的是数目繁多的产品。这太不可思议了。"

于是，乔布斯提出，如果公司要生存，就必须砍掉很多项目。从他重掌苹果至他生重病离任时，苹果公司最多只设计了六大产品：台式电脑、笔记本电脑、显示器、iPod以及iTunes，后来又增加了迷你Mac、iPhone、Apple TV以及一些附件。

在乔布斯逝世之后，李开复在接受采访时曾经这样说过："乔布斯最狠的地方是他去苹果之后，砍了公司杂七杂八的项目。他看到当时的苹果内部非常混乱，于是就非常简单地说：'我们只需要四个产品。'针对不同的用户，用四个产品规划了一个二乘二的矩阵。这是一个经典例子。"

（资料来源：陈娇.科特勒营销全书[M].北京：中国华侨出版社，2013.有改动）

## 二、经营单位战略

经营单位是战略经营单位的简称，指公司内部产品和服务有别于其他部分的单位。一个战略经营单位要有自己的产品，能够独立地开展工作，对资源的配置有一定的权限。为了保证企业的竞争优势，各经营单位也要有效地控制和使用资源。同时，各经营单位还要协调各职能层的战略，使之成为一个统一的整体。

总体战略是涉及企业的全局发展、整体性的长期发展战略计划，而经营单位战略则着眼于企业的某个部门或子公司的发展战略，是局部性的战略决策。

## 三、职能战略

所谓的职能指承担某项具体的工作。职能战略是指为了贯彻、实施和支持总体战略与经营单位战略而在企业的特定的职能管理领域制订的战略。根据工作任务的不同性质，职能战略可以分为市场营销战略、人力资源管理战略、财务管理战略、生产战略等。

▶ 案例 2-4：中国知名企业的营销失败案例

"巨人"倒下、"太阳神"下山、"飞龙"落地、"标王"破产，一大批知名企业被营销危机和营销失败笼罩着，过去曾是领导市场潮流的风云企业，而现在却陷入了亏损甚至破产的困境。

山东的秦池、三株，广东的爱多、健力宝、万家乐、白云山、科龙、巨人、康佳，重庆的奥妮，河南的亚细亚、春都，东北的延生护宝，四川的长虹，陕西的 505、长岭等，无一不是盛极一时的知名企业，如今都纷纷因各种营销危机而陷于困境。纵观中国营销市场，大有营销失败的企业。

（1）价格大战中的牺牲者

从 1989 年长虹发动第一次彩电价格战开始，价格大战就成了许多企业的唯一营销工具。彩电价格大战、空调价格大战、出境旅游价格大战、机票打折大战等价格战五花八门。

据中国市场研究专家卢泰宏等人的调查，卷入价格大战的行业有家电业、服装业、零售业、民航业、运输业、旅游业、汽车业、通信业、餐饮业、出版业以及生产资料业等 11 个领域。在这些价格大战中，有一些是使不正常的价格归于合理的正常降价，如汽车价格战，而更多的则是恶性价格战。彩电价格战导致的是全行业的亏损；出境旅游价格战甚至打到了"零团费"，不仅引发了大量的争端，而且严重破坏了市场秩序。仅以彩电为例，就可看出恶性价格战的危害。中国彩电行业当之无愧的民族英雄四川长虹，曾是中国家电王国的领袖和股票市场的龙头，但是一连串的价格战使长虹陷入了营销危机之中，一时难于自拔，如今不得不把中国电子百强的头把交椅拱手让给了联想，把家电品牌价值第一的位置让给了海尔。长虹不仅让出了中国家电市场的领导权，其股票利润也下降了不少，让人感到长虹大势已去。2001 年 6 月 7 日，复出后的长虹总裁倪润峰公开对媒体宣称："长虹病得不轻！"他说："长虹高速发展的背后，忽视了不少问题，使得长虹近两年走入了低谷。"长虹病在何处？长虹高速度发展的背后究竟忽视了什么问题，使长虹近两年走入了低谷？倪润峰可能有自己的答案，但盲目的价格战不能不说是重要的原因。康佳也是价格大战的输家。2001 年上半年，康佳亏损 1.91 亿元，全年亏损则达 7 亿多元，还出现了严重的产品积压。彩电价格大战的结果是全行业的亏损，几大彩电巨头企业都陷入了危机之中。受价格战之累的不仅是长虹、康佳，科龙也大受其害。科龙曾是中国制冷业的销售九连冠。但经过一连串价格大战的洗礼，科龙2000年的业绩是亏损6.78亿元，净资产收益率为-16.4%，每股亏损0.68元。在科龙的两个主营产品中，冰箱的销售额为24.47亿元，比1999年下跌30%，空调的销售额为17.19亿元，比1999年下跌21%。而2001年就更是惨不忍睹了，年度亏损高达15.55亿元，以至于科龙不得不向外出售股权以渡难关。格林柯尔入主科龙，成为科龙的第一大股东，科龙落得个"改朝换代"的局面。

**（2）广告大战中的牺牲者**

广告大战也是近几年市场中出现的消极的营销现象。从孔府家、孔府宴的中央台黄金广告引发的"标王"大战开始。先有秦池3.2亿元天价夺标，后有爱多1.2亿元荣获新"标王"称号。在"标王"们沉沙折戟之后，又涌现了一批"无冕标王"，如旭日升、汾煌可乐、脑白金、哈药等。秦池3.2亿元天价广告的结果是企业陷入破产的境地，爱多1.2亿当"标王"的背后是严重的亏损。旭日升斥巨资在中国市场打造"冰茶"饮料，创了年销30亿元、占茶饮料市场33%的份额的佳绩。与前几年的风头十足相比，现在的旭日升似乎突然从市场上蒸发了。旭日升在茶饮料市场的王者地位已经丢失了，不得不大量裁员、换血。正如卢泰宏在其《行销中国》中所言："旭日升要重现辉煌面临重重困难。"另一个广告的无冕之王是汾煌可乐。1997年，汾煌可乐仅在电视广告上的投放量就超过了1.5亿元，占当年饮料广告的23%，超过可口可乐近6个百分点。可是，2001年后，在市场上已难觅到汾煌可乐的踪迹。汾煌可乐在一阵广告大战后，就烟消云散了，其中原因不言而喻。

**（3）品牌延伸大战中的牺牲者**

自五粮液从品牌延伸中尝到甜头之后，中国市场上上演了一浪又一浪的品牌延伸热潮。在白酒行业，茅台、泸州老窖、剑南春、汾酒、种子酒、沱牌等上百个品牌都开启了品牌延伸战略。五粮液延伸出了五粮春、五粮醇、五湖液、浏阳河、金六福等百余个品牌。剑南春延伸出了剑南豪、剑南醇、剑南福、剑南娇子、剑南老窖、剑南御酒、剑南香酒等一大批品牌。种子酒延伸出了金种子、种子玉宴酒、种子宴酒、种子佳酿、种子大帝酒、皇冠金种子等一批品牌。汾酒则延伸出了老白汾酒、白玉汾酒、杏花村酒。泸州老窖延伸出了泸州老窖国窖酒、泸州老窖宝酒。就连茅台也延伸出了一系列子品牌。这一股品牌延伸的热潮席卷了全国，也形成了一轮全国性的市场危机。我们可以预计，几年之后，许多企业将为此付出惨重的代价。目前的事实已经表明，许多企业的延伸品牌已经死亡或正在死亡。这些死亡品牌的"亡灵"会拖垮许多著名的企业，许多企业正在或即将面临严重的品牌延伸危机。品牌延伸问题还远不止出现在白酒领域，许多领域受白酒领域的影响，正在步其后尘，上演一轮又一轮的品牌延伸大战。品牌延伸本是一个优秀的营销战略，但盲目滥用会引发市场灾难，导致企业的营销失败。

**（4）多元化大战中的牺牲者**

走市场多元化之路，是企业发展壮大的良好选择。但多元化是有条件的，不是所有企业都有能力和条件从事多元化经营。但目前企业界内的多元化之风越演越烈，许多企业正在陷入盲目多元化的陷阱之中。海尔打入保健品市场，推出了针对所谓"亚健康"的保健品"采力"，结果是自己患上了"亚健康"，不仅不成功，还影响了海尔的成功形象。巨人集团在汉卡领域居于国内领先地位，又转而开发保健品脑黄金，在脑黄金刚取得成功时，又跨入了房地产市场。多条战线同时作战，最终拖垮了巨人集团。春都是中国的火腿肠之王，1987年诞生，到1992年已占领中国火腿肠市场70%的份额，销售额突破20亿元。但到 2001 年时，春都的上百条生产线全线告停，企业亏损高达 6.7 亿元，并欠下了 13 亿元巨债，春都 A 股在深交所停牌。春都的悲剧便源于它的盲目多元化。春都火腿肠成功后，春都先后兼并了当地的制革厂、饮料厂、药厂、木材厂等一大批企业，开始了多条战线上的作战，其结果是资源分散，不仅未能在各条战线上高奏凯歌，甚至连主业都跟着牺牲了。

号称"不落的太阳"的太阳神，在保健品领域成功后，也开始了盲目扩张，涉及食品、药品、房地产等众多领域，使太阳神由盛转衰。这些林林总总的营销怪现象告诉我们，中国企业在营销上还没有安全意识，中国企业的营销成功经常建立在高风险的基础上，中国企业的营销扩张经常是建立在盲目行动的基础上的。有那么多企业出师未捷身先死，又有那么多企业好不容易取得了成功却又被失误打败，还有那么多企业好不容易还维持着成功的局面却又在不知不觉中为自己挖掘着陷阱。

飞龙、三株、秦池曾经是中国企业界灿烂的明星，在 20 世纪 90 年代辉煌一时。然而现在，它们相继黯淡隐去，给人们留下无尽的思索。

回顾飞龙、三株、秦池的历史，我们可以发现一些共同特点：第一，抓住了好的契机。飞龙、三株迅速兴起的大背景是人们社会观念的转变和对身体健康、生活质量的关注。而且，秦池还夺取了央视广告的"标王"，抓住了全国人民的"眼球"。第二，利用电视等大众传媒广泛宣传，迅速成名，飞速扩张。飞龙的广告投入巨大，1991 年为 120 万元，1992 年为 1 000 万元，1993 年为 8 000 万元。其产出则更为惊人，从 1990 年注册资金仅为 75 万元的小企业，飞速发展到 1995 年累计销售收入 20 亿，利润达 4.2 亿元。三株强有力的媒体宣传攻势，使得三株口服液一夜成名，在农村甚至被称为延年益寿的灵丹妙药，销售额急剧飙升，公司成立仅三年，销售额就达到 80 亿元，资产达 48 亿元。而秦池在夺标后的第二年，销售额就高达 9.5 亿元，此盛况至今仍被人们津津乐道。

飞龙、三株、秦池在迅速崛起之前都是规模很小、名不见经传的小企业，它们的飞速发展羡煞了许多同行，但是也为自己埋下了日后覆亡的祸根。第一，没有明确的战略意图。德鲁克认为，企业战略就是企业的发展蓝图，没有战略的组织就好像没有舵的小船，会在原地打转。尽管看起来三株似乎提出了自己的战略，吴炳辉在新华社年会上曾经宣称，三株到 20 世纪末会完成 900 亿到 1 000 亿元的利税，成为中国第一纳税人，言犹在耳，三株却已轰然倒下。第二，没有形成独特的、不易复制、难以替代竞争优势。三家企业的产品单一、科技含量低，舍得花大钱打广告，却舍不得做产品研发，形不成核心竞争力。这不仅是飞龙、三株和秦池的弊病，更是中国众多流星企业的痛疽。飞龙、三株、秦池的竞争手段何其相似：建立起庞大的营销队伍，不遗余力地打广告，短时间声名鹊起，销售量和销售收入大增。从长期来看，这种竞争手段毫无秘密可言，极易被竞争对手模仿和超越。第三，没有危机管理意识，缺乏危机管理机制。表面上看，飞龙、三株和秦池的猝败是由极偶然的因素引发的：公司上市运作暴露了飞龙的弊病，一场人命官司击倒了三株，秦池则源于新闻单位揭秘秦池酒勾兑的流程。但从深层次分析，偶然事件打倒一个庞大企业，则反映出该企业内部管理体制不健全，没有危机管理意识和危机处理机制。

从以上三家企业的兴衰之中我们可以看到，企业间的竞争犹如越野赛跑，一个企业要想在长期的竞争过程中立于不败之地，必须制订一个长远的发展思路，制订一个适合本企业的、迥异于他人的发展战略。

张瑞敏认为，一个企业没有发展战略就是没有发展思路，没有思路也就没有出路。企业的发展战略就像是茫茫大海中的灯塔，为企业指明了前进的方向。德鲁克认为，对发展战略不再是"是否需要"重视，而是"如何重视"及"重视程度"的问题。企业战略要被提升到前所未有的高度。就中国企业的现状来说，战略在企业运营中似乎是可有可无的东西。1998 年，700 家上市公司，仅 20% 有战略规划部，15% 为其他部门代替，55% 的公司根本就没有战略，战略仅是偶然从公司决策层中产生的，而战略规划在众多的非上市公司中更是少之又少。

战略的重要性不言而喻。那么是否存在一个普遍适用的战略呢？管理方法、领导方式具有情境性，战略也必须因环境而异。无论一个战略制订得多么完善，它未必适用所有公司，也不会在一个公司的任一时期都适用。波特说过，每个公司都从不同的起点开始，在不同的背景下经营，并且拥有基本上是不同种类的资源，没有适用于所有多种业务公司的最佳战略。

只有在分析具体企业的环境(包括宏观环境和行业背景)和企业内部资源拥有状况及利用能力的基础上制订出来的战略才是切实可行的。另一方面，战略的制订过程也不是文字游戏或简单模仿，战略必须与众不同，以此区别于其他企业，并为企业员工注入凝聚力、向心力、自尊心和自豪感。这意味着企业必须仔细选择具有自己特色的经营活动来传达一套独特的、与企业战略相配套的公司理念和价值观念，形成企业难以被模仿的核心竞争力。没有战略，或者战略和公司经营行为两张皮，轻微的会造成企业平庸的业绩表现，严重的可能把企业拖向破产的泥沼。

前车之鉴，后事之师。许多企业认识到了战略的重要性，纷纷聘请"外脑"为企业把脉，有的甚至重金聘请国外的咨询公司来制订战略，但真正的实施效果却不尽如人意。有人分析，这是由于国外公司不了解中国国情，制订出的战略水土不服。这只是部分原因，更主要的原因则是战略实施过程中的问题。一个战略的制订、实施和评估不能一蹴而就，也不是一朝一夕之功，往往是需要十年八年的时间，牵涉到的人、事广泛而复杂。因此，战略的成功并非是做好一件事或者几件事就行了，而是要做好链条上的每一件事。

有了好的战略及战略执行能力之后，成为企业界内常驻的恒星，也并非难事。

(资料来源：https://wenku.baidu.com/view/ce822fc6524de51896467d79.html. 有改动)

**思考：**
你认为导致以上企业失败的原因是什么？谈谈你对营销战略的看法。

# 任务三 市场营销战略的实施

**知识目标**

1. 掌握营销战略制订的步骤，并能运用营销战略理论分析实际问题、制订企业营销战略。

2. 掌握营销战略目标的 SMART 原则，并能运用 SMART 原则分析实际问题、制订具体的营销战略目标。

3. 掌握营销战略业务组合的分析模型。

4. 掌握营销战略的实施方法。

**岗位能力目标**

1. 能够运用营销战略理论分析实际问题、制订营销战略方案。

2. 能够运用 SMART 原则制定营销战略目标。

**思政目标**

1. 培养学生战略规划的意识，并将其运用于自己的整个职业生涯之中。

2. 让学生意识到职业道德修养需要不断的培养，需要用一生的精力不断加强。

## 任务分析

## 一、如何制订企业的营销战略

### (一)树立企业的愿景

企业愿景是企业对其未来前景和发展所进行的前瞻性和综合性的设想，即要成为一个什么样的企业。愿景能够激发员工的工作热情、鼓舞员工的士气，它是用文字描述的企业未来的图景，能够使人们产生对未来的向往和追求。愿景只是描述了企业未来的宏图，并没有表示出实现这些展望的途径和方法。愿景能够增强企业的凝聚力，可以改变成员与组织之间的关系。

企业愿景由核心价值观和未来的蓝图组成。核心价值观表达了企业对社会、对人、对事物的看法和评价。它是企业的灵魂，也是企业精神的体现，是激发员工不断进取的、永恒的东西。未来的蓝图展示的是企业远大的目标。一个有效的蓝图必须能够振奋人心，具有强大的吸引力，它必须非常明确，能够鼓舞人心，应该简洁明了，几乎不需要任何解释。通用电器公司的前总裁杰克·韦尔奇说，公司的第一步，也是最重要的一步，就是用概括性的、明确的语言表达公司的目标。福特的目标是使一般人拥有自己的汽车。丰田公司的目标是有路必有丰田车。这些愿景都比较简单，但概括了企业长远的目标。

企业愿景最简单的说法是"我们创造什么"。正如一个人要有自己的意象和景象，企业愿景是企业所有员工所向往的景象。愿景应该具有宏伟、振奋人心、清晰的特点，而且必须是可以达到的。

## （二）确定企业的使命

使命是企业在愿景的引领下该做的事情。企业使命是对企业的经营范围、目标等的概括性描述。企业使命比愿景更加清晰地指明了企业的发展方向和企业的性质。它主要回答这样一些问题：我们是什么样的企业？我们的业务范围是什么？我们要成为什么样的企业？谁是我们的客户？我们应该为客户提供什么样的产品？

企业使命不仅为企业指明了未来的经营方向，而且阐述了为什么要完成这些任务，以及完成这些任务的规范是什么。企业使命主要是从社会责任感的角度来设计的。一般的企业使命主要包括企业哲学和企业宗旨两个方面。企业哲学是企业经营的价值观。价值观能够指导企业的经营行为，价值观阐述的是企业经营的方向问题。企业宗旨表达了企业是做什么的，以及准备为什么样的顾客服务。比如，艾维斯汽车租赁公司的企业宗旨是："我们希望能够成为汽车租赁业发展最快、最有利润的公司。"这一宗旨就规范了企业的发展方向为租赁业。高露洁公司的企业使命是："在全球树立统一的形象。"松下幸之助为松下公司确定了"培养人的公司"这一神圣的使命。迪士尼公司的使命为"使人人都快乐幸福"。海尔公司的使命是"敬业报国、追求卓越"。创维的使命为"创中国籍的世界名牌"。

▶ **案例 2-5：安踏公司的发展战略规划**

安踏集团是一家专门从事设计、生产、销售运动鞋服、配饰等运动装备的综合性体育用品公司。目前，安踏集团已经成为中国领先的体育用品集团，2020 年荣登国内体育用品品牌排行榜第一，年销售额超过 355 亿元，成为全球品牌价值增长最快的十大品牌之一。

安踏公司成立于 1991 年，经过了 30 年的发展，已经成为中国体育运动品牌的领导者。其成立之初的经管理念为"安心创业、踏实做人"。2004 年安踏正式提出"永不止步"的品牌理念。安踏公司的发展历程经历了四个阶段：

创业 1.0 阶段。工厂起家，逐步实现规模化生产，以生产管理为导向，从 50 万元起家，做到了 10 亿元的规模。

创品牌的 2.0 阶段。开创了 CCTV5+体育明星代言的营销模式，品牌认知度快速形成，从 10 亿元做到将近 100 亿元。

零售转型的 3.0 阶段。品牌批发向品牌零售转型，一切以消费者为导向，创造最好的品牌体验，2015 年营业收入破百亿元，成为国内首家过百亿元的体育运动品牌公司。

多品牌的 4.0 阶段。采用集中化战略，专注运动鞋服行业，另外采用多品牌组合满足不同细分市场的需求，开展全渠道零售，关注消费者体验，从一家传统的民营企业转型为具有国际竞争力和现代治理结构的公司。

安踏公司的战略目标是到 2025 年实现销售总流水千亿元,超越所有竞争对手,成为中国运动鞋服市场上规模最大的集团公司,占据中国运动鞋服市场 25% 的份额。

目前,安踏旗下有安踏、斐乐、迪桑特、斯潘迪、可隆、小笑牛等子品牌。

## (三)制定企业的战略目标

企业使命为企业明确了前进的方向,但比较笼统,它往往并不是企业在一个战略时间段内可以完成的。战略目标把企业使命在某个战略时间段内的任务具体化,以便于执行和衡量。战略目标是否可行,通常需要运用 SMART 原则来检验。

### 1. S——specific(具体的)

目标必须明确,不能含糊。比如,"在行业中处于领先地位"或"成为行业中的佼佼者",这些都不是目标。目标必须单一明确、可拓展,要将这些目标细化为具体的行动执行方案。

### 2. M——measurable(可测量的)

目标应该能够衡量,方便人们检验,要有具体的量化指标。比如,要完成多少销售额,这就是具体的数据指标。

### 3. A——attainable(可达到的)

设立的目标应该是能够通过努力来实现的,如果能够轻易地实现,说明目标设立得太低了。同样,目标设立得也不能太高,太高了很难实现,容易挫伤人们的积极性,目标要有挑战性。具有挑战性的目标是指经过艰苦努力才能够达到的目标。

### 4. R——realistic(现实性)

目标的现实性是指目标是否可行、可操作。目标的制定要符合实际情况,如果超出了实际情况,制定的目标便会浪费企业的资源,制定的目标也就没什么价值。比如,一位餐厅经理定的目标是早餐时段的销售额在上月早餐销售额的基础上提升 10%。如果依据这个目标算出利润,这是一个相当低的数字。但为完成这个目标,要投入多少费用呢?这个投入可能比利润更高。

### 5. T——timed(时限性)

目标的完成要有具体的时限。例如,我将在某年某月某日之前完成某事。某年某月某日就是一个确定的时间限制。没有时间限制的目标没有办法考核,也可能带来考核中的不公。

## (四)规划出最佳的业务组合

科特勒强调,所有的企业都必须有一个清晰的长期战略,以适应本行业中不断变化的环境。企业在规划最佳业务组合的时候,先要分析现有的业务组合,并决定增加哪些业务,删减哪些业务,对新增加的业务也要进行评估,看看其增长能力如何,对增长能力比较差的业务可以采用删减或放弃战略。很多大型公司都同时经营着不同的业务,每个业务都需要有独特的战略。

企业的资源是有限的,如果什么都想做,最后将什么都做不好,更不用说构建企业的核心竞争力了。耐克公司以前原材料采购、生产、销售什么都做,后来把采购和生产等业务外包给了其他企业，而自己专注于专长的研发和营销，最终成为运动鞋行业的领头羊。

战略业务单位具有以下几个特征：战略业务单位的业务是一项独立的业务；有自己的竞争对手；有专门的业务经理负责。

设计业务组合时，最为大家所熟悉的模型当属"波士顿矩阵"，如下图所示。

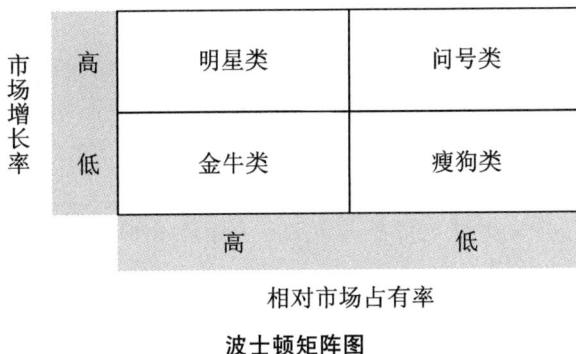

波士顿矩阵图

波士顿矩阵以纵轴的市场增长率和横轴的相对市场占有率来划分出四个象限，以此得出取舍企业业务的决策。其中，市场增长率指的是市场吸引力，而相对市场占有率即该公司某产品的市场占有率与同行中最大竞争者的市场占有率之比。

1. 问号类业务

问号类业务指高增长率、相对市场占有率低的业务，大多数的"战略业务单位"最初是从这类业务开始的。该类业务刚进入市场，市场份额比较低，但增长率比较高，需要投入大量的资金。企业的决策者需要慎重考虑这类业务，以免决策失误。

2. 明星类业务

明星类业务是指市场增长率高、相对市场占有率也高的业务。问号类业务如果发展好的话会转为明星类业务。明星类业务是发展最好的业务，但由于任何一个产品都有生命周期，所以明星类业务有可能向金牛类业务转变。

3. 金牛类

金牛类业务是指增长率低、相对市场份额高的业务。这类业务的相对市场份额高、营利多、收入多，可以为企业创造很多的现金流。企业可以用这些现金来支持其他业务的发展。

4. 瘦狗类

瘦狗类业务是指相对市场占有率低、市场增长率也低的业务。这类业务的营利能力弱，处于亏损状态。

企业在进行业务组合分析时，可以利用业务组合模型来分析自己的业务目前处于哪个阶段，对于发展势头好的明星类业务可以重点投入，对于瘦狗类业务可以采用收缩或放弃的战略。企业要找准自己的关键业务，在考虑业务的投资组合时还要考虑行业的吸引力，同时要考虑战略业务单位的核心能力，以便甄选出最值得投入的战略业务单位。企业应该适当地对某些业务做减法，摒弃弱项，甩掉包袱，保留强项，这样才能使之变得更强大。

案例 2-6：

2016 年 3 月 5 日，李克强总理在第十二届全国人民代表大会第四次会议上做政府工作报告时提道："要鼓励企业开展定制化、柔性化生产，培育精益求精的工匠精神。"

这是"工匠精神"首次在政府工作报告中出现。

为什么总理如此重视工匠精神？

原因很简单，就是中国的企业和商家普遍缺乏工匠精神。相关数据显示，截至 2012 年，寿命超过 200 年的企业，日本有 3146 家，居全球首位，德国有 837 家，荷兰有 222 家，法国有 196 家。它们的寿命为什么这么长？其秘诀在于他们在长期的经营过程中秉承着严谨的工匠精神，而我们的企业缺少这种精神。

日本实体商业给人印象最深刻的就是专注，一家小小的寿司店可以经营长达 150 年，甚至 250 年，这在日本很常见。

日本的店铺经营者以传承久远和精益求精为傲，在他们心目中没有做大生意和小生意的区别，他们能在持续不断的专注中获得满足感，所以心平气和。开店，不是多多益善，而是要好到让自己满意，支撑他们的正是工匠精神和匠心精神。

（资料来源：袁亮.小而美——新零售爆品法则[M].广东经济出版社，2018：95.有改动）

**思考**：你觉得工匠精神与企业发展战略有什么联系？如何发扬工匠精神？

## 二、营销战略规划的实施

营销战略规划重在解决"做什么"和"为什么做"的问题，而"怎么去做""谁来做""在哪里做"是战略规划实施的问题。菲利普·科特勒曾说过，一个优秀企业杰出的原因并不在于"它做什么"，而在于"它做成了什么"。如果执行不利、实施不到位，一份出色的营销战略计划也就毫无价值了。在战略规划实施的过程中，每一个环节、每一个阶段都要做到一丝不苟，否则就会影响整个规划的实现。曾经有个工厂在破产后被另一家企业收购。厂里的人们希望新的企业管理者能够带来新的管理方法，使企业的面目焕然一新。但出人意料的是，新的管理者并没有采取什么新的措施，而是立了一项新的规章制度：把先前制订的制度坚定不移地执行下去。结果不到一年，该厂起死回生。这是为什么呢？最关键的因素就是执行力发生了变化。营销战略规划的实施可以从以下几个方面去做。

### （一）做好长期、中期、短期规划的相互衔接

任何一个企业要想获得长远的发展，必须有长期、中期、短期的计划。计划是未来的行动指南，只有制订了计划，行动才会有方向。科特勒指出，在常态时期，很多企业都能做好长期、中期、短期规划，但当环境发生变化时，很多企业可能变得惊慌失措。明智的企业会协调三者之间的关系。管理者首先要为企业制订长远的营销战略规划，在长远的战略规划的指导下，要为各个部门制订中期和短期的营销计划。

### （二）必须关注所有相关利益者的诉求

科特勒认为，企业的成功是所有利益相关者共赢的结果。如果企业能够满足所有利益

相关者的利益诉求，那么就可以让企业拥有更长久的营利能力。企业在经营过程中，不应该仅仅局限于满足股东的利益，还要关注顾客、供应商、员工、社会的利益，忽视任何一方的利益，都有可能给企业的运营带来非常严重的不利影响。

### （三）重视企业的内部营销

科特勒在全面营销管理的理念中提到了企业要重视内部营销。内部营销是指把员工视为客户，要让顾客满意，首先要让员工满意。要想有满意的顾客，就要有满意的员工。企业只有让员工热爱公司，才有可能让员工去感染顾客。内部营销的实质是企业要将员工放在管理的重要位置上，使员工认同公司的文化观念和价值观念。内部营销有两大任务：一是向员工宣传公司的文化观念和价值观念，让员工热爱自己的公司；二是向员工宣传公司的产品，让员工熟悉公司的产品，这样才能更好地向顾客进行宣传和推广。

海底捞取得成功的一个关键因素就是其有着周到热情的服务与良好的精神面貌。海底捞非常关心员工的生活：公司解决员工小孩的入学问题；非常重视员工的宿舍管理，致力于为员工营造一个舒适的环境；为员工创办培训学校，重视员工的培训，让员工从心底里喜欢自己的企业。

▶ **案例 2-7：雅芳与飞利浦的营销战略规划**

雅芳最令人瞩目的女性 CEO 钟琳娴在接管雅芳公司时，这家公司正遭遇着巨大的危机，业绩极度下滑，股票一落千丈，公司很不景气。钟琳娴接手雅芳后，展开了一系列的以营销为核心的变革。她亲自主导，大刀阔斧地重新创建雅芳的营销体系，除了雅芳的原则、价值、诚信，钟琳娴几乎改造了一切，用她的话说："这个品牌，它的形象、生产技术、销售渠道、激励体制、价值链，以及企业更高效的运作方式、营利方式都变化了，现金流也变化了。"从营销入手的这一场大变革，使得雅芳这个百年公司重新焕发了生机，它不仅走出了低谷，而且股价上涨了 23%，2003 年的营业额超过 60 亿美元，还被《商业周刊》评为全球"最有价值的品牌"百强之一。

飞利浦公司也是如此。飞利浦旗下的事业部都有一个首席市场官（CMO）。公司规定，所有业务部门的主管都要有市场营销的背景。在中国市场，飞利浦专门成立了"飞利浦中国市场营销委员会"，由各个事业部总经理组成，高度重视市场。所以，在新技术革命的浪潮冲击每一个生产领域的时候，飞利浦能够抢先向市场提供新设备、新材料、新的消费品，并因此赢得了顾客、赢得市场。在实施技术创新时，飞利浦坚持将技术与市场的需求与顾客的要求相结合。不管是意见、建议，还是抱怨或投诉，飞利浦都会真诚地听取顾客的声音。他们坚信，顾客所反映的正是公司需要寻找和解决的不足之处，搜集顾客的抱怨和意见来改进产品正是产品适应市场的过程。飞利浦会以最快的速度、最先进的技术来满足用户的需求。

（资料来源：陈娇.科特勒营销全书[M].北京：中国华侨出版社，2013：78-79.有改动）

# 任务四　竞争性市场营销战略

**知识目标**

1. 掌握竞争性营销战略理论的观点，并能运用竞争性战略理论分析实际问题、制订企业竞争战略。

2. 掌握竞争性营销战略中的成本领先战略、集中化战略和差异化战略。

**岗位能力目标**

能够运用竞争性营销战略理论分析实际问题、制订竞争性营销战略方案。

**思政目标**

培养学生的职业道德和职业修养。

## 任务分析

### 案例 2-8：三九一梦：创业与崛起

赵新先，1964 年毕业于沈阳药学院，随后进入解放军第一军医大学南方医院工作。1985 年，赵新先带着他参与研制的"胃泰"等三个科研成果和 500 万元借款，以及几个年轻人，在一片荒芜的笔架山上，创办了深圳南方制药厂。创业之初，赵新先就表现出了卓越的创业能力，高速度高效率地建设了厂房，建成了工艺先进的中药自动化生产线，推出了拳头产品"三九胃泰"。

创业初期，赵新先亲自率领团队在全国的各大城市召开学术研讨推介会，所到之处都刮起了"三九旋风"。赵新先还开启了聘请名人代言产品的先河，在中央一套的黄金时间播放的由著名演员李默然代言的三九胃泰广告，使三九胃泰在全国一炮打响，成为公认的名牌产品。在随后的发展过程中，三九逐步开发了以"三九胃泰""三九感冒灵""三九皮炎平软膏"等为代表的国家名优产品。在国家经贸委公布的"年度全国制药工业 100 强"的三项经济指标排序中，三九的销售收入、利润、利税三项指标都列在行业的第一位。

1991 年，解放军原总后勤部出资一亿元从解放军第一军医大学买下了南方制药厂，然后把总后下属的位于深圳的酒店、物业、贸易公司等资产与南方制药厂组合在一起，正式创建了三九企业集团，仍由赵新先担任负责人。当时，在原总后勤部下发的《组建三九集团纪要》中，三九集团的发展方向被描述为"跨行业、多功能、外向型"。这为三九此后的多元化扩张埋下了伏笔。

### 多元化和兼并扩展战略

三九的多元化最早可以追溯到 1989 年，当时南方制药厂为了解决产品包装的印刷问题，决定与香港越秀公司合资创建九星印刷厂。1990 年 6 月，九星印刷厂正式投产，当年实现产值 3 000 多万元，第二年就实现年产值 6 000 多万元。九星印刷厂后来成为三九多元化扩张的母体之一，并取得了很好的经济效益。20 世纪 90 年代前半期，三九进行的一些收购兼并基本上是在医药行业内进行的。比如，1991 年，三九以 70%的股权控股了广东惠州中药厂，把该厂改名为九惠制药厂。

三九早期的多元化和购并更多地表现为半推半就。作为原总后勤部直属的企业，三九不得不承担起一系列兼并注资、扶持总后系统内其他企业的责任。在三九集团成立后的几年时间里，仅仅因为原总后勤部的"拉郎配"，三九就在很短的时间里收编了一大批来自不同行业的企业。早期的多元化也让三九尝到了甜头。首先，三九集团得以用非常低的成本兼并原总后勤部下属的很多医药企业，使三九在医药行业的资产实力不断壮大。

20 世纪 90 年代中期，赵新先开始认真考虑多元化和兼并战略了。1995 年，赵新先正式提出了"第二次创业"的口号，其中心思想是大张旗鼓地通过兼并实施多元化扩张的战略。当时，国家出台了一系列优惠政策，鼓励国有企业之间进行整合。这为三九的低成本扩张提供了绝好的机会。事实上，有不少地方政府由于仰慕三九的大名而愿意将企业白白奉送。徐明天撰写的《三九陷落》中曾这样描述：1996 年在一次战略动员会上，赵新先提出不要盲目上新项目，而要通过兼并收购、盘活存量壮大自己。还说社会上的这么多资产闲置，是三九下山摘桃子的大好机会，千万不要错过，过了这个村，就没这个店了。

在实施多元化和并购扩张战略的初期，三九还把兼并锁定在与食用相关的行业之内，可是不久就变成"市场需要什么产品，就兼并生产这些产品的企业"。1998 年，三九甚至决定把汽车项目作为未来投资和发展的一个新重点，其扩张的多元化程度可见一斑。从 1996 年到 1999 年，三九以承债方式收购了近 60 家企业，迅速成为一个跨多个行业多个地区的大型企业集团。当时的三九集团俨然是盘活国有资产的先头部队，一时间赢得了政府和媒体的广泛赞誉。

1999 年，赵新先有了一次与美国通用电气 CEO 韦尔奇先生对话的机会。对话后，他明确地提出了让三九成为"500 强"的愿景。一时间，"韦尔奇怎样，我们也要怎样"的句式成了三九内部的口头语。当了解到通用电气旗下的金融机构对通用电气的多元化战略发展起了关键作用之后，赵新先很快就与光大银行、深圳中行等金融机构达成联合协议，出资 1.55 亿元控股了深圳租赁公司，并将其改名为深圳金融租赁有限公司，意图通过该公司为三九集团的多元化战略继续融资。

2000 年，三九集中了集团的医药部分的优质资产在深圳证券交易所以"三九医药"的名字挂牌登陆 A 股市场，首发融资 17 亿元。资本市场的强大力量让赵新先眼睛一亮。从此，三九开始通过资本市场的运作来为集团的产业扩张助力。

2001 年，为了给汽车项目等多元化的后续活动注资，三九集团累计占用下属上市公司资产资金高达 25 亿元，其中三九医药的大股东占款竟然达到了上市公司净资产的 96%。大股东占款事件遭到了证监会的通报批评和立案稽查。当年审计署在对三九集团的审计中发现，三九集团的银行负债初步估计已经高达 50 亿元，而这一数字在 2003 年则扩大到了 100 亿元。

尽管当时三九的扩张策略已经受到了质疑，其负债情况也被广为关注，但三九依然没有停下扩张的步伐。就在 2003 年，三九还收购了一家日本企业，作为实现赵新先"中药国际化"的重要战略步骤。与此同时，三九还在连锁药店领域大举投资，并且宣称要在五年内将全国的三九连锁药店数目提高到 1 万个(2003 年三九的连锁药店还只有 1 000 个)。

2003 年底，三九集团已经开始受到由 21 家债权银行组织的追债。此后，三九的形势急转直下：2004 年三九遭遇四大主要债权银行起诉，许多资产被冻结；同年 5 月，身兼四职的赵新先突然因年龄原因被免职；三九旗下的上市公司股票纷纷跌停。好像只在一瞬间，三九这个多年来一直是中国公认的最有影响力的医药综合集团，大厦将倾。

2005 年底，赵新先被拘押，并进而以渎职罪被检察机关起诉。

结局还是开始？

2004 年以来，国资委一直寻找拯救三九的办法。2007 年 3 月 16 日，国资委发布通告，华润集团被最后选定为三九集团重组的战略投资者，这意味着对三九集团的债务清偿和全面重组开始启动。对于三九集团的员工来说，这既是一个好消息，也可能是一个坏消息。

(资料来源：徐明天. 三九陷落[M]. 北京：企业管理出版社，2006. 有改动)

**思考题：**

1. 从三九的案例中能得出多元化战略是一种危险的战略的结论吗？
2. 请跟踪最新的发展情况，评价华润对三九的整合战略与效果。

企业确定了自己的公司战略类型，选择了所要从事的业务经营领域之后，接下来应该考虑如何在该领域内应对其他企业的竞争，这时就需要了解企业的竞争战略。美国哈佛大学商学院著名的管理学家迈克尔·波特在其著作《竞争战略》中指出，企业竞争战略有三种类型：成本领先战略、差异化战略和集中化战略。企业确定竞争战略是为了获得持续的竞争优势。

## 一、成本领先战略

成本领先战略是指企业尽可能地以低于竞争对手的成本进入某个市场，以低价格来获得竞争优势。迈克尔·波特认为，成本是相对于竞争对手而言的，这里的低成本不是短期的成本优势，而是可持续性的长期的低成本。成本领先战略可以形成和提高其他产品的进入障碍，使得那些生产技术不成熟、缺乏规模经济的企业很难进入该行业。采取成本领先战略的一般都是大企业，存在规模经济效应，可以跟供应商讨价还价，降低供应的成本，增强企业的价格优势。企业可以通过以下途径来获得成本优势。

### (一)培养企业节约成本的文化

企业可以让员工树立成本节约的意识，让员工主动参与成本控制，制订各种降低成本的方案。沃尔玛以"天天低价"作为自己的经营理念，非常重视员工勤俭风气的培养，从管理层到员工，都要关心公司的经营状况，杜绝浪费，从细微处做起。

### (二)注重供应链成本的降低

供应链能对相关的企业个体及流程加以整合，以减少浪费与重复，并通过各相关企业紧密的合作，提高经营绩效与服务水平。

### （三）发展连锁经营，形成规模经济

规模经济是指技术水平不变时，通过规模的扩大而出现的单位产品生产成本降低的经济效应。连锁经营是经营同类商品或服务的若干个企业在同一总部的管理下，按照统一的经营方式进行共同的经营活动，以求得规模优势和共享规模效益的经营形式和组织形态。连锁经营使企业可以统一采购、统一加工，降低进货成本和生产成本，从而具有天然的成本优势。而且，连锁经营的企业形象一致，可以降低企业的广告宣传成本。因此，企业可以尽可能地通过发展连锁经营来降低成本，形成竞争优势。

## 二、差异化战略

差异化战略是指企业提供与众不同的产品或服务，用以满足特殊顾客的需求，从而形成独特的竞争优势的一种战略。差异化战略能够提高其他企业进入该市场的壁垒，给企业带来额外的收益，增强企业讨价还价的能力。差异化竞争战略可以来源于产品的质量差异化、人员差异化、生产技术水平差异化、形象差异化、产品包装差异化等多种途径。

差异化竞争优势带来的风险是容易被竞争对手模仿，所以企业要永远保持差异化，就需要不断地开发新的功能、新的产品。一般来说，差异化战略的成本比较高，只有资金雄厚的大企业可以采用这种战略。

▶ **案例 2-9：特步的养异化营销**

特步将经营重点从海外市场转向国内市场的时候，国内市场竞争非常激烈，高端品牌有阿迪达斯、耐克、锐步等国际品牌，特步、双星属于第二集团的挑战者，还有李宁、双星等大众品牌。同时，在三、四线品牌阵营中，又有数不清的地域品牌。为了进一步发展，特步选择了差异化生存之道。

特步改变了运动产品的专有属性和冷冰冰的品牌形象，根据运动鞋的穿着特点，独家引进国外技术，让每一双鞋都有一股淡淡的香水味，起到去味除臭的作用。在保证产品品质的前提下，特步还在产品用色、设计上大胆突破，每季均推出自己的主题概念商品，如风火、冷血豪情、刀锋、圣火、先锋等，款款个性、时尚，其第一代风火鞋更是创下了 120 万双的单鞋销售奇迹。特步将时尚元素融入产品设计当中，在给顾客带去优良产品的同时，又满足了消费者对时尚、个性的精神渴求。

特步还是国内第一个采用娱乐营销手段的体育品牌，这也非常符合特步时尚运动品牌的特征。例如，特步请谢霆锋担任品牌代言人和形象大使。谢霆锋在年轻一代中有非凡的号召力，其个性、时尚的特质集中体现了特步的品牌特征。

特步从品牌诞生之日起就占据了传播通路的制高点，集中在中央电视台进行品牌推广，抢占了强势媒介的话语权，并在招商方面获得了成功。随后，特步形成了全国销售网络，吸引了大批分销商的加入。特步专卖店在全国范围内也迅速地由城市辐射到乡镇。在市场网络开发成功后，特步降低了在央视上的广告投放力度，开始有针对性地做区域性的媒体投放。

在网站营销方面，特步再一次显示了特立独行的品牌主张。整个网站与使用图片、文字堆砌的网站不同，用 Flash 制作，让消费者耳目一新。特步每年用于网络媒介的预算达300 万元，而且时时更新网站内容、引进新游戏，其网站浏览量在运动品牌中位居前列。

特步通过差异化营销手段，取得了不俗的成绩，2004 年时，仅用三年时间就做到了年销售收入 6 亿元，第四年的销售收入达 8 亿元。如今，特步在本土市场上牢牢占据了一席之地，成为蕴含着时尚气息的知名运动品牌。

（资料来源：陈娇.科特勒营销全书[M].北京：中国华侨出版社，2013.有改动）

## 三、集中化战略

集中化战略是指企业把经营战略的重点放在某个特定的市场上，并为该市场提供特定的产品或服务。企业如果由于自身资源或资金条件的限制，无力与大企业相竞争，可以选择某个特定的市场，服务某一细分市场，等到规模扩大之后再采用差异化战略。集中化战略可以集中有限的资源，避免在大范围内与对手竞争。对于还不足以与大企业竞争的中小企业来说，这是一种很好的战略选择。

例如，宝洁公司是日化行业的老大，高露洁公司为了避开与宝洁公司的正面竞争，专门从事医用化妆品和运动化妆品的生产。到了 1976 年，高露洁四分之三的业务赶超了宝洁公司，扩大了市场占有率，由此提高了企业的市场竞争力。集中化战略可以集中生产某单一产品或专门服务某些特定的顾客群体，也可以专门针对某一特定的地区组织生产。

▶ 案例 2-10：顾客差异化——索芙特的成功秘诀

和日化行业的巨无霸宝洁争地盘，索芙特靠的就是实施顾客差异化。1993 年，索芙特推出了海藻减肥肥皂，在对消费者减肥心理的把握上可谓驾轻就熟；1997 年索芙特推出木瓜香肤肥皂，大受市场欢迎；2000 年，索芙特洗面奶开始全面进入市场，其推出的十大美女洗面奶更是轰动一时，独特的产品、独特的广告令消费者耳目一新；同年，索芙特开始进军洗发水行业，索芙特推出的负离子洗发露与防脱洗发露同样引起了市场上的轰动，并且在功能洗发水市场中占据了重要的位置。

（资料来源：方欣.企业战略管理[M].北京：科学出版社，2008.有改动）

实施集中化战略有可能因为消费者需求的变化而发生变化，从而使企业失去赖以生存的集中化战略的基础。这就要求企业时刻关注消费者的需求变化，根据需求的不同改变自己的竞争战略。

以上三种竞争战略都有其存在的实施条件，也有它们的竞争优势，同时有一定的风险，企业要根据自身的条件和资源采用不同的竞争战略。

## 🌀 项目小结

本项目主要介绍了市场营销战略规划产生的背景、含义、特点，以及战略与战术的区别；市场营销战略的类型主要有公司战略、经营单位战略和职能战略；营销战略的制订主要从树立企业的愿景、企业的使命、企业的战略目标和规划出发；营销战略规划的实施要做好长期、中期、短期规划的相互衔接，必须关注企业所有相关利益者的诉求，重视企业的内部营销；竞争性的市场营销战略主要有成本领先战略、差异化战略和集中化战略。

## 知识巩固

### 一、单选题

1. 在现有市场扩大现有产品销售的做法，称为（　　）。

A. 市场开发　　　B. 产品开发　　　C. 规模经营　　　D. 市场渗透

2. 企业兼并原材料供应企业的做法是（　　）。

A. 产销联营　　　B. 前向一体化　　　C. 水平一体化　　　D. 后向一体化

3. 企业面向过去市场，采用不同技术开发新产品，这就是（　　）。

A. 产品开发　　　B. 市场开发　　　C. 市场渗透　　　D. 水平多角化

4. 一家化妆品企业在规定企业任务时，为了体现市场导向，比较可行的提法是（　　）。

A. 本企业制造化妆品

B. 本企业是化学工业企业

C. 本企业的任务是创造利润

D. 本化妆品企业的任务是满足顾客的美容需要

5. 可以为企业提供大量现金收入的战略业务单位是（　　）。

A. 问号类　　　B. 金牛类　　　C. 明星类　　　D. 瘦狗类

6. 某企业在生产冰箱的同时，还生产空调，这种战略称为（　　）。

A. 水平一体化　　　B. 同心多角化　　　C. 复合多角化　　　D. 前向一体化

7. 把企业现有的产品投放到新市场上进行销售，这种战略称为（　　）。

A. 产品发展　　　B. 市场发展　　　C. 市场渗透　　　D. 多角化经营

8. 青岛啤酒股份有限公司通过兼并或收购山东省很多县市的啤酒厂，兼并扬州、西安和武汉的啤酒厂，把啤酒的生产规模由年产40万吨迅速扩大到年产100万吨。该公司实施的这种战略叫（　　）。

A. 同心多角化　　　B. 水平一体化　　　C. 水平多角化　　　D. 综合多角化

9. 某牙膏公司原来一直生产牙膏，现决定生产牙刷，这种战略称为（　　）。

A. 水平多角化　　　B. 同心多角化　　　C. 综合多角化　　　D. 前向一体化

10. 对问号类和明星类的业务单位，可供选择的投资战略应是（　　）。

A. 发展策略　　　B. 维持策略　　　C. 收缩策略　　　D. 放弃策略

### 二、多项选择题

1. 以下哪些属于企业战略的特点（　　）？

A. 长远性　　　B. 不可控性　　　C. 全局性　　　D. 指导性

E. 抗争性

2. 企业的任务一般具备的特征是( )。

A. 具有可行性　　　　B. 体现市场导向　　　C. 富有激励性　　　　D. 具有一定弹性

E. 具体明确

3. 企业实行市场渗透策略可用的措施有( )。

A. 提高现有顾客的购买量　　　　　　B. 争取新顾客

C. 吸引竞争者的顾客　　　　　　　　D. 进入新的细分市场

E. 增加产品的花色品种

4. 对问号类业务单位，适用的投资战略有( )。

A. 发展策略　　　　B. 维持策略　　　　C. 收缩策略　　　　D. 放弃策略

E. 渗透策略

5. 组成多因素业务矩阵的两大类型因素是( )。

A. 市场增长率　　　B. 市场吸引力　　　C. 相对市场占有率　　D. 竞争强度

E. 市场能力

6. 某企业经营多年，但发现尚未能完全开发潜伏在现有产品和市场中的机会，这时企业可考虑采取的增长策略是( )。

A. 市场渗透　　　　B. 产品发展　　　　C. 市场发展　　　　D. 市场细分

E. 一体化经营

7. 企业竞争战略有哪些类型？( )

A. 成本领先战略　　B. 集中化战略　　　C. 多元化战略　　　D. 差异化战略

8. 通常检验战略目标的 SMART 原则是什么？( )

A. 具体的　　　　　B. 可测量的　　　　C. 可达到的　　　　D. 现实性

E. 时限性

9. 一个企业的使命包括( )。

A. 企业精神　　　　B. 企业哲学　　　　C. 企业目标　　　　D. 企业宗旨

E. 企业价值

10. 企业哲学的主要内容通常由处理企业经营过程中各种关系的( )所构成。

A. 企业任务　　　　B. 指导思想　　　　C. 基本观点　　　　D. 企业环境

E. 行为准则

## 三、论述题

1. 企业采用多元化战略的原因是什么？
2. 论述企业战略产生的原因是什么。
3. 论述多元化战略有什么风险。
4. 论述经营单位战略、职能战略与总体战略的区别。

## 四、案例分析题

▶ 案例 2-11：牛排包装行业

在牛排包装行业中，传统的生产价值链为：在各个农庄，将活牛运到劳动密集型的屠宰场，然后将整块牛排送到零售处，其屠宰部再把牛排砍得小一些，包装起来卖给购物者。美国俄亥俄州的牛排包装公司采用了一个完全不同的战略，改造了传统的价值链，建立了大型的自动化屠宰场，并将屠宰场建在便于运输牛群的地方，在加工厂将部分牛肉砍成更小的牛肉块，装盒后再装运到零售商那里。该公司的入厂牛群运输费用在传统价值链下是一个主要的成本项目，但现在因减少了长途运输而大大减少了。同时，不用再整块运送牛肉，减少了大量的牛肉废弃，大大地减少了出厂成本。该公司采取的战略非常成功，从而成了美国最大的牛肉包装公司，一举超越了先前的行业领先者。

根据该例分析：

(1)该公司采取的是何种竞争战略？

(2)该公司从哪些方面保证了这种战略的实施？

### ▶ 案例2-12：中国平安保险集团

中国平安保险集团股份有限公司是一家以保险业为主，融证券、信托、投资为一体的综合性金融服务集团，是我国第一家国有控股的股份制保险公司，也是我国第一家有外资参股的全国性保险公司。在21世纪之初，平安保险将争创"世界500强400优"视为自己的目标。平安吸收了中国优秀的传统文化和西方现代管理思想的精华，形成了广为外界赞誉的企业文化。

平安的企业使命是对客户负责，服务至上，诚信保障；对员工负责，保证生涯规划，安居乐业；对社会负责，回馈社会，建设国家。平安以价值最大化为导向，以追求卓越为过程，倡导做品德高尚和有价值的人，形成了"诚实、信任、进取、成就"的个人价值观和"团结、活力、学习、创新"的团队价值观。平安为员工描绘的远景是成为中国企业改革的先锋和金融服务业学习的楷模，建设国际一流的综合性金融服务集团。

请回答以下问题：

1.哪些话描述了平安的企业目的？你认为平安的企业目的是否有值得改进的地方？如果有，请用一句话来为平安描述其企业目的。

2.在平安的企业使命中，哪些内容勾画了企业的经营哲学？

3.哪些话是对平安愿景未来展望的描述？

4.平安的战略目标是什么？

# 熟悉市场营销环境的内容

## ◇ 项目学习指南 ◇

市场营销环境也称市场经营环境。市场营销环境是指处在营销管理职能外部，影响市场营销活动的所有不可控制因素的总和。企业营销活动与其营销环境密不可分。根据企业对环境因素的可控度，企业营销环境可分为市场宏观环境和市场微观环境。市场宏观环境由人口环境、经济环境、自然环境、技术环境、政治环境(政策环境)和社会文化环境六个因素组成。市场微观环境因素包括企业、供应者、营销中介、顾客、竞争者和公众。营销环境的变化给企业带来了机遇及威胁，所以营销人员需要掌握营销环境的含义和分析方法，并能根据企业的实际情况进行营销环境分析。

1. 熟知市场营销环境的含义及宏观环境分析、微观环境分析和营销环境分析的方法。

2. 掌握营销环境对营销活动的影响，能说出宏观环境和微观环境的具体内容，能进行综合环境分析。

# 任务一 市场营销环境的含义

**知识目标**

1. 能说出市场营销环境的内涵、特征、作用。

2. 能解释营销环境对企业营销活动的影响。

**岗位能力目标**

1. 能运用市场营销环境的知识分析、评估、解决企业营销活动中的典型问题。

2. 能分析企业市场营销环境的各种因素。

**思政目标**

1. 关注影响企业的外部社会环境，关注国内经济政策对于企业营销活动的影响，培养政治上的敏感性。

2. 考虑各种市场营销环境因素对不同类型企业的影响，养成综合分析的能力。

## 情景描述

小王大二的时候与他的朋友商量一起创业。他们决定在大学的周边开一家主营炸鸡与汉堡的西式快餐店。现在很多学生都在手机上点餐，于是小王他们决定与目前最大的外卖企业美团进行合作，以线上线下两种销售方式来经营店铺。然而在经营了一个月后，他们发现大学周边既有麦当劳、德克士等大型连锁品牌，也有麦肯基、华莱士等中小型品牌，他们的西式快餐店的同质化现象严重，经营很惨淡。请帮助小王分析一下西式快餐店的营销环境。另外，你觉得小王应该如何应对竞争对手呢？

## 任务分析

很多人在开展营销活动的时候往往会忽略市场营销环境的影响，纯粹依靠主观判断来处理经营过程中遇到的问题。然而结果在很大程度上会不如人意，即使有短暂的获利，也很难在竞争激烈的商战中存活下来。针对企业所面临的市场营销环境进行有效、系统的分析是非常有必要的，要挖掘企业所面对的市场机会和威胁，并制订合理、及时的企业营销战略。

很多人并不了解什么是市场营销环境，市场营销环境具有什么特征，市场营销环境可以分为哪几个类型，市场营销环境会给企业的经营活动带来什么影响。通过学习，你将了解市场营销环境的构成要素、特征、作用。

### 案例3-1：从一个公众话题看市场营销环境

女性吸烟的心理因素形形色色，归纳起来主要有以下三个方面：第一，寻求男女平等，争取社会地位；第二，展示个人风采，树立前卫形象；第三，缓解工作压力，释放紧张情绪。欧美的烟草企业一直都围绕这三个方面向女性消费者开展营销活动，成效卓著。

**点燃"自由火炬"**

20世纪之前，欧美的妇女一般不吸烟，吸烟的女性总是与堕落、放纵联系在一起。到了20世纪初，女烟民开始增加，女性吸烟渐渐被社会认可，主要原因有两点：第一，卷烟制造技术的发展，使机制卷烟替代了手工卷烟，香烟变得越来越卫生、便宜、易用，对女性消费者有很强的吸引力。第二，随着第一次世界大战的爆发，女权主义运动开始萌芽，妇女不再甘心做男人的附属品和家庭的牺牲品。不少妇女尝试从事男人做的工作，而且开始穿长裤、剪短发和抽香烟。

面对新兴的女性香烟市场，各大烟草公司费尽心机，开展了大量的营销活动。他们紧紧抓住妇女社会经济地位的变化趋势，极力宣扬女性吸烟不是见不得人的事，而是妇女解放的象征，他们将香烟喻为"自由火炬"，为女权主义运动推波助澜。1929年，美国烟草公司聘请几名年轻女郎在纽约街头的复活节游行队伍里公开吸"好彩"牌香烟，以此号召妇女对抗不平等的社会待遇。菲利普·莫里斯公司的"维珍妮"牌女士香烟的宣传口号从1968年的"宝贝，你辛苦了"，到1990年代中期的"这是女人的事"，再到后来的"找到你的声音"，都巧妙地将吸烟与妇女的自由和解放联系在一起。

"自由火炬"的概念一直为烟草企业所使用，特别是在那些经历了巨大社会变革的国家。1975年，在西班牙，Kim牌香烟针对女性消费者的口号是"真自我"，而West牌香烟的广告则对从事男性工作的妇女赞美有加。在"自由火炬"的指引之下，西班牙妇女的吸烟率从1978年的17%上升到1997年的27%。在东欧国家，烟草企业更是将香烟当成自由的象征向女性消费者进行传播。Kim牌香烟在匈牙利的传播主旨是"女士优先"。在一则广告中，West牌香烟还号召妇女捍卫她们的"吸烟权"。"维珍妮"牌女士香烟在日本宣扬"做回自己"，而在香港的口号是"走自己的路"。

**别吃糖了，抽"好彩"吧**

在1920年代的美国，妇女追求短发、短裙和苗条的身材。美国烟草公司抓住这个时尚潮流，紧紧地将他们的产品与苗条身材联系在一起。他们宣传旗下的"好彩"牌香烟可以帮助妇女减肥，并在广告中号召女士们"别吃糖了，抽'好彩'吧"。这一招真灵，"好彩"香烟的销量在广告发布的第一年就翻了三番。在这方面，菲利普·莫里斯公司做得更绝。他们将旗下的"维珍妮"牌女士香烟设计得细细的、长长的、白白的，为的是让女性消费者产生联想，希望自己的身体也能像"维珍妮"香烟一样苗条。

**巡回讲座**

欧美烟草企业还常常将女性吸烟定位成"时尚的""新潮的""有个性的""交际需要的""有女人味的"事。为了让女性消费者能够在交际活动中自信地抽烟，菲利普·莫里斯公司甚至举办了巡回讲座，专门教授妇女吸烟的指法与姿势。

**准确定位**

针对女性消费者，欧美烟草企业除了将传播关键词定位为"独立""时尚""减肥""成熟"以外，还对女性香烟市场进行细分，然后准确聚焦自己的消费群体。1990 年，雷诺公司推出了 Dakota 牌女士香烟，将其消费群体定位为 18 至 24 岁的"有男子气"的女子。这类女子没接受过大学教育、社会地位较低、爱看肥皂剧，她们大多从事体力劳动，工作压力大，吸烟率也最高。

（资料来源：https://m.baidu.com/sf_edu_wenku/view/42b32662783e0912a216zaa5. 有改动）

**提醒：**
吸烟有害身体健康，同学们切不可吸烟！
**分析与决策：**
1. 如何看待香烟营销过程中存在的道德问题？
2. 你认为什么是市场营销环境？
3. 与女性香烟市场相关的营销环境有哪些？

## 知识精讲

## 一、市场营销环境

2012 年 1 月 19 日，有着 130 多年历史的美国柯达公司因为负债 68 亿美元申请破产。该公司曾经占有全球三分之二的市场份额，拥有 310 亿美元的市值，有近 15 万名员工，还有一万多项专利技术，但在顷刻之间就谢幕了。柯达公司的失败让人们深刻意识到环境的重要性，企业要时时刻刻关注环境的变化，只有紧跟环境的变化，不断调整营销战略，找到自己的发展方向，才能活得长久。柯达公司的失败可以说是因为"数码技术"的出现。但柯达公司早在 20 世纪 70 年代便已经发明了数码技术，其应用电子中心的工程师史蒂夫·塞尚发明了第一台数码照相机。但柯达公司一直认为自己在胶卷行业是市场领导者，而且胶卷市场有着丰厚的利润，所以柯达在数码市场中一直处于观望状态。而当竞争者使用了数码技术的时候，对柯达公司来说已经为时过晚。数码技术的首创者却败于数码技术，这不得不让我们深思市场环境的变幻莫测。

市场营销环境是企业营销活动及其目标实现所面临的所有直接或者间接的影响因素。营销环境对于企业的创立、运营与生存都会产生重要的影响。每一种营销环境的因素对企业的经营管理行为都会有不同的影响。菲利普·科特勒在其《营销管理》一书中，将市场营销环境分为宏观环境与微观环境。

宏观环境指的是影响企业营销管理方向或造成企业经营管理危机的相关因素。它包括人口、经济、政治（政策）、科学技术、社会文化及自然生态等因素。这些环境因素对企业的营销活动起着间接的影响。

微观环境指的是对于企业营销管理能力产生直接或必然联系的因素的总和。它与企业之间的联系非常紧密，主要包括企业自身、供应商、营销中介、消费者、竞争者及社会公众。

微观环境对于企业的市场营销活动起着直接促进或制约的作用，而宏观环境主要借助微观营销环境对企业的市场营销活动间接地产生影响。因此，微观环境可称为直接营销环境，宏观环境可称为间接营销环境。两者之间不是并列关系，而是主从关系。微观市场营销环境受制于宏观市场营销环境，微观市场营销环境中的所有因素均受到宏观市场营销环境中的各种力量和因素的影响。

企业往往在特定的营销环境中进行各类经济活动。所以，分析与研究企业所面临的市场营销环境是大多数企业制订营销策略、开展营销活动的基础。这样有利于企业根据环境的变化制订实事求是的市场营销策略，使企业处于更有利的位置。

## （一）信息化为市场营销带来的影响

传统的营销模式以实体销售为主，因此主要的营销对象是进入店面的消费者。随着信息化的到来，截至 2020 年 12 月，中国的互联网上网人数为 9.89 亿人，其中手机上网人数达 9.86 亿人，众多消费者选择在电子商务平台，特别是移动电商平台上选购商品，这使得企业的营销模式发生了明显变化。处于信息化时代，企业如果不能针对新的信息化营销环境做出改变与创新，将会受到严重的冲击。这也是目前传统企业急需优化和调整的方向。在信息化时代，人们获取信息与资源的模式产生了变化，更多的人通过微信、微博、今日头条、抖音、"B 站"等多媒体软件获取企业和商品的信息。对于企业而言，要运用大数据工具及时、精准、合法且不滥用数据地分析当前的顾客"甜点"，不断更新营销理念、营销技术，从而适应市场信息与资源获取模式的变化。

▶ **案例 3-2：中国互联网络发展状况统计报告**

根据 2021 年 2 月 3 日中国互联网络信息中心（CNNIC）发布的第 47 次《中国互联网络发展状况统计报告》，截至 2020 年 12 月，我国网民规模达 9.89 亿，手机网民规模达 9.86 亿，互联网普及率达 70.4%。其中，40 岁以下网民超过 50%，学生网民最多，占比为 21.0%。通过报告可以看出中国互联网发展趋势的八大特点：

一、"健康码"助 9 亿人通畅出行，互联网为抗疫赋能赋智。

二、网民规模接近 10 亿，网络扶贫成效显著。截至 2020 年 12 月，农村网民规模为 3.09 亿，较 2020 年 3 月增长 5471 万。农村地区互联网普及率为 55.9%，较 2020 年 3 月提升 9.7 个百分点。

三、我国的网络零售连续八年全球第一，有力地推动了消费"双循环"。自 2013 年起，我国已连续八年成为全球最大的网络零售市场。2020 年，我国网上的零售额达 11.76 万亿元，较 2019 年增长 10.9%。其中，实物商品网上零售额 9.76 万亿元，占社会消费品零售总额的 24.9%。截至 2020 年 12 月，我国网络购物用户规模达 7.82 亿，较 2020 年 3 月增长 7215 万，占网民整体的 79.1%。

四、网络支付使用率近九成，数字货币试点进程全球领先。截至 2020 年 12 月，我国网络支付用户的规模达 8.54 亿，较 2020 年 3 月增长 8636 万，占网民整体的 86.4%。2020 年，央行数字货币已在深圳、苏州等多个试点城市开展数字人民币红包测试，取得阶段性成果。未来，数字货币将进一步优化功能，覆盖更多消费场景，为网民提供更多数字化生活便利。

五、短视频用户规模增长超 1 亿，节目质量有着飞跃提升。截至 2020 年 12 月，我国网络视频用户规模达 9.27 亿，较 2020 年 3 月增长 7633 万，占网民整体的 93.7%。其中短视频用户规模为 8.73 亿，较 2020 年 3 月增长 1.00 亿，占网民整体的 88.3%。

六、高新技术不断发展，释放了行业的发展动能。2020 年，我国在量子科技、区块链、人工智能等前沿技术领域不断取得突破，应用成果丰硕。量子科技政策布局和配套扶持力度不断加强，技术标准化研究快速发展，研发与应用逐渐深入。在区块链领域，政策支撑不断强化，技术研发不断创新，产业规模与企业数量快速增长，实践应用取得实际进展。在人工智能领域，多样化应用推动技术层产业步入快速增长期，产业智能化升级带动应用层产业发展势头强劲。

七、上市企业市值再创新高，集群化发展态势明显。截至 2020 年 12 月，我国互联网上市企业在境内外的总市值达 16.80 万亿人民币，较 2019 年底增长 51.2%，再创历史新高。我国网信"独角兽"企业总数为 207 家，较 2019 年底增加 20 家。互联网企业集群化发展态势初步形成。

八、数字政府建设扎实推进，在线服务水平全球领先。2020 年，党中央、国务院大力推进数字政府建设，切实提升群众与企业的满意度、幸福感和获得感，为扎实做好"六稳"工作，全面落实"六保"任务提供服务支撑。截至 2020 年 12 月，我国互联网政务服务用户规模达 8.43 亿，较 2020 年 3 月增长 1.50 亿，占网民整体的 85.3%。

（资料来源：http://cnnic.cn/gywm/xwzx/rdxw/20172017_7084/202102/t20210203_71364.htm. 有改动）

**思考：**随着中国互联网络的飞速发展，信息化的生活给人们带来了很多便利，人们更加倾向于在互联网上购物，同时倾向于通过短视频获取信息，这对于众多的中国企业意味着什么？根据以上资料，列举一家你熟悉的企业，谈谈如何针对信息化环境开发市场营销机会。

## 二、研究营销环境的目的

通过对环境的观察，把握其趋势，以发现企业发展的新机会，避免这些变化所带来的威胁。营销者的职责在于正确识别市场环境所带来的机会和威胁，从而调整企业的营销策略，以适应环境的变化。

### 案例 3-3：从吉利看营销环境

从 2016 年重返高位，到 2017 年持续下行，中国汽车市场这一年间的风云变幻，已不是数字演算所能推演的了。发问、反思、寻觅、重构……对汽车营销人而言，机遇仍在闪烁，而体系必须革新。当所有目光聚焦于创新，基于历史的传承也显得更为重要。

"酒香也怕巷子深"，对汽车来说，有良好的产品是根本，但在此基础上也需要卓越的营销能力来展现产品。在营销方面，吉利做得风生水起。

**（1）帝豪 GS 周年音乐庆典**

2017 年五一假期，在吉利帝豪 GS 一周年生日之际，恰逢上海草莓音乐节。4 月 18 日吉利便发布"告白信"——"种下一颗草莓"，宣告将在草莓音乐节现场举办帝豪 GS 周年音乐庆典，之后以两天一海报的频率持续预告。帝豪 GS 为跨界车型，吉利给它的标签是"活出动静"，与草莓音乐节不谋而合。这次营销活动既通过草莓音乐节的热度为帝豪 GS 带来了曝光度，又加深了潜在消费人群对吉利品牌和帝豪 GS 的认知度。

**（2）为"向上马拉松中国公开赛"提供赞助**

"向上马拉松中国公开赛"是由国家体育总局社会体育指导中心主办，吉利汽车与时尚集团联合举办的全民跨界赛事，于 2017 年 3 月 19 日启动，陆续在六大城市举办。它的持续时间长、规模大、明星阵容强，可以说是同时抢下了体育、娱乐和汽车版的头条。吉利通过官方海报上的"自胜者强、活出动静、只为向上、中国品牌销冠、冲击百万辆、军团齐发力、家族向上"等核心关键词，给品牌打上了"向上"的标签，向消费者宣告，正如向上马拉松一样，吉利秉持着"不断向上"的产品理念和品牌精神，力争成为中国品牌的领军者，为品牌形象加分不少。

**（3）博越 100℃温差挑战**

2017 年 2 月 24 日，吉利博越在漠河发车，并成功完成零下 35℃冰封 48 小时挑战，随后一路南下，沿途经受了各种复杂路况和极端气温环境的考验，并于 6 月 10 日在海南博鳌完成 70℃高温暴晒挑战，随后前往三沙市完成温差 100℃的挑战。这次挑战被誉为"中国汽车界的马拉松"，它历时几个月，足迹横跨中国南北，向消费者展示的不仅是吉利对博越产品质量的信心，更展示了吉利不畏艰难、勇往直前的信念。

**分析与决策：**

1. 根据材料分析，吉利面临的营销环境包括哪些？请举例说明。
2. 你认为对于营销环境的分析对于吉利的经营管理有那么重要吗？
3. 根据材料，简述吉利面临的新机会与威胁。

# 三、市场营销环境的特点

## （一）客观性

企业总是在特定的社会经济和其他外界环境条件下生存和发展的。环境作为企业外在的不以企业经营者的意志为转移的因素，对企业营销活动的影响具有不可控性的特征。

## （二）差异性

市场营销环境的差异性不仅表现在不同的企业受不同环境的影响，而且同样一种环境因素的变化对不同企业的影响也不相同。正因为有着营销环境的差异，企业为适应不同的环境及变化，必须采用符合自身发展水平和具有针对性的营销策略。

## （三）相关性

市场营销环境是一个系统，在这个系统中，各个影响因素是相互依存、相互作用和相互制约的。因此，在讨论市场营销环境时，企业往往会分析市场营销环境的多个构成要素来判断企业经营的现状。

## （四）动态性

市场营销环境是一个动态的系统。营销环境是企业营销活动的基础和条件，这并不意味着营销环境是一成不变的、静止的。营销活动必须适应环境的变化，不断地调整和修正自己的营销策略，否则将丧失市场机会。

### 案例3-4：安踏的里约奥运会

策划小组35小时不眠不休，准备了600个事件营销。

在里约奥运会上，安踏通过对热点事件的把控，利用具有冲击力的视觉要素和文字，在社交媒体上创造了一个又一个热门话题。

关于奥运营销创意的具体执行，安踏品牌中心高级总监朱敏捷介绍道："为了大胆做模式的创新和革新，我们为奥运营销组织了一个特别行动小组，我指派了团队的核心成员，在上海设立了一个暂时指挥室，在现场负责监测赛果、形成概念、执行创意、媒体平台信息的发布，以及跟媒体的内容合作。这些人在上海待了一个月，锁在一个办公室里面，每一天平均每个人都是工作15个小时以上，最长的是整个组35个小时无眠无休。现在营销工作确实折磨人，我也没有特别好的方法，只有努力结合各种手段才能在第一时间打动消费者。"

他介绍，里约奥运会是安踏牵手中国奥委会后的第四届奥运会。在里约奥运会之前，安踏做了长达15个月的准备，做了很多有突破性的尝试。"安踏这次奥运营销，我们称之为'秒发'，在事件发生的第一秒我们就要做出反应。我们可以确定地说，比市场上任何一个品牌做得都好。大家不知道，我们在奥运之前几个月对内容的规划、对可能发生的事件的评估，做了非常详尽的准备。我们准备的项目有600多项，这是充分准备的结果，不是偶然得来的。"

（资料来源：https://zhuanlan.zhihu.com/p/97249953.有改动）

**思考：**

1.为什么安踏的奥运营销特别行动小组要准备多达600个的事件营销？

2.根据案例分析，在动态市场营销环境下，企业的营销思维需要如何转变？

## （五）不可控性

影响市场营销环境的因素是多方面的，也是复杂的，是不可控的。

## （六）可影响性

企业可以通过对内部环境要素的调整与控制，来对外部环境施加一定的影响，最终促使某些环境要素向预期的方向转化。如美团通过黄色的骑手服、黄色的头盔、黄色的袋鼠标识占领了用户的视觉。黄色成了满大街流动的颜色，甚至很多人把黄色作为外卖的标志。

"适者生存"既是自然界的法则，也是企业营销活动的法则。企业应从从积极主动的角度出发，能动地适应营销环境，运用自己的资源去影响和改变营销环境，为企业创造一个更有利的经营环境,然后使营销活动与营销环境相适应。

## 四、市场营销环境的分类

### (一)按对企业营销活动影响时间的长短分类

按对企业营销活动影响时间的长短,市场营销环境可以分为长期环境与短期环境。长期环境是指影响超过一年的环境因素;短期环境是指影响在一年内的环境因素。对此,我们要区分三个要素:

(1)流行:流行是不可预见的、短期的、没有社会经济和政治意义的。

(2)趋势:趋势能被预见且持续时间较长,而且能揭示未来。

(3)大趋势:大趋势是社会、经济、政治和技术的大变化。大趋势不会在短期内形成,但一旦形成便会对人们的生活产生较长时间的影响。

### (二)按对企业营销活动影响范围的长短分类

按对企业营销活动影响范围的长短,市场营销环境可以分为微观环境和宏观环境。

(1)微观环境:微观环境是直接营销环境(作业环境),指与企业紧密相连、直接影响企业营销能力的各种要素,包括企业本身、市场营销渠道内的企业、顾客、竞争者及社会公众。

(2)宏观环境:宏观环境是间接营销环境,指影响企业营销活动的一系列巨大的社会力量和因素,主要是人口、经济、政治(政策)、科学技术、社会文化及自然生态等。

▶ **案例3-5:柳州螺蛳粉的百亿产业之路**

有人说,吃螺蛳粉只有0次和无数次。凭借独特的味道和口感,如今螺蛳粉成了无数消费者们的"心头好"。事实上,螺蛳粉走红早已不是新鲜事,而自带热搜体质的螺蛳粉的背后是百亿级的大产业。

从2014年底第一家袋装螺蛳粉企业诞生,至2020年螺蛳粉市产值超百亿元,仅用了6年时间。据有关报道,2019年,柳州市袋装螺蛳粉的产值突破60亿元,2020年上半年达到49.8亿元。截至2020年底,螺蛳粉已远销海外20多个国家和地区,在全产业链各个环节创造约25万个就业岗位。

此外,螺蛳粉市场的快速发展吸引了各大领域巨头的纷纷入局,无论是李子柒、自嗨锅、良品铺子、三只松鼠等品牌的加入,还是肯德基、融创地产的跨界入局,均证明螺蛳粉已步入规模化发展阶段。而随着行业发展赛道的逐渐拥挤、发展速度的加快,螺蛳粉的百亿市场还在持续扩大。

螺蛳粉独特的口味和方便速食等特点,契合了新生代的消费特征,其社交属性也获得了广泛关注。微博上的数据显示,在"90后""00后"的美食榜单中,螺蛳粉分别是第一名和第三名。口感独特的螺蛳粉深得重口味年轻人的喜欢,成了年轻消费人群中当之无愧的新"社交货币",约上三五好友嗦碗粉成为越来越多年轻人最简单的快乐。由此可见,多元化的消费场景不仅推动了产业的发展,也使得螺蛳粉逐渐成为凸显社交属性的"社交货币"的重要组成部分。

此外，螺蛳粉能够催生线上和线下结合的消费场景，它不仅可以被线下的大量门店所销售，而且通过包装、加工和产业化形成了可覆盖线上的产品。艾媒咨询数据显示，家庭是中国螺蛳粉消费者的主流消费场景。2020年，在中国螺蛳粉消费场景中，家庭超越餐馆及美食街，跃居第一，占比为51.50%。作为对比，餐馆占比42.49%，美食街占比37.89%。根据艾媒咨询的数据，2020年10月对1130位速食螺蛳粉的消费者进行了调查，有60.45%的人选择了袋装螺蛳粉，44.03%的人选择了自热螺蛳粉，39.55%的人选择了微波炉可加热螺蛳粉，从数据中可以看出，螺蛳粉市场的发展与大众快节奏的生活方式密不可分。

以网红品牌三只松鼠为例，2020年8月21日，三只松鼠属下的铁功基再次回到罗永浩的直播间，3盒装的自煮螺蛳粉销量超七千，销售额破28万，下单转化率48.81%。艾媒咨询分析师认为，三只松鼠的IP定位与罗永浩的红人属性相符，消费人群一致，所以此次带货成绩亮眼，扩大了三只松鼠在方便速食领域的影响力。

目前，柳州螺蛳粉产业已带动包括竹笋、豆角、木耳等在内的50万亩原材料基地的建设，覆盖了农业、餐饮服务、食品加工、电子商务、快递物流等多个领域，带动了柳州市的旅游和文创产品等行业的发展，真正实现了一二三产业的融合发展。

随着螺蛳粉逐渐被全世界所熟知，螺蛳粉也成了源远流长的中华饮食文化的传播介质。而作为广西的特产，螺蛳粉多次以非物质文化遗产的身份进入多个知名电视节目，这不仅进一步增强了螺蛳粉的"吸粉"能力，也使得柳州加快形成了特色产业集群，催生出了更多元的产业新业态。

（资料来源：https://www.iimedia.cn/c800/78356.html. 有改动）

**分析与决策：**

1. 以小组为单位，分析"速食螺蛳粉"行业在我国的市场营销环境，包括人口环境、自然环境、政治（政策）环境、经济环境和社会文化环境。

2. 请你找出现在螺蛳粉行业的著名品牌，分小组讨论分析各品牌的发展现状。

# 任务二　熟悉宏观环境分析的内容

**知识目标**

1. 能说出宏观环境分析的内涵与构成要素。
2. 能解释宏观营销环境对营销行为的影响。

**岗位能力目标**

1. 灵活运用人口环境、经济环境、自然环境、科技环境、政治与法律环境、社会文化环境等宏观营销环境要素，评估一家企业的优劣势、市场机会与威胁。
2. 分析一家企业的宏观营销环境，结合 SWOT 分析模式，制订企业在不同阶段的营销策略。

**思政目标**

1. 分析企业的宏观营销环境时，能做到实事求是，具有制订合理、有针对性的营销策略的素养。
2. 制订市场营销策略或方案时，时刻注意传递健康向上的信息。

## 任务学习指南

宏观市场营销环境的变化对企业产生的影响可以从两个方面进行分析。一是宏观市场营销环境的变化对企业的市场营销活动产生有利的影响，这对企业来说是一种环境机会；二是宏观市场营销环境的变化对企业的市场营销活动产生不利的影响，这对企业来说是一种环境威胁。面对市场机会和威胁程度各不相同的营销环境，需要通过环境分析来进行评估，进而提出相应的对策。

## 情景描述

小王学习了市场营销战略的相关知识之后，对他们西式快餐店的市场营销环境有了一定的认识。小王的快餐店所在的学校为一所国家级重点高职院校。学校位于该城市的中心城区，拥有将近 20 000 名大学生。该校的大学生多数是 00 后群体，平时主要的爱好是追星、体育运动、动漫、电子竞技等。他们中的大部分人的日常花销都是由父母来承担的。于是他决定改变原先的经营策略。经过了几个月的努力，小王的西式快餐店转危为安，逐渐在学校里形成了固定的客源。小王营造的动漫主题气氛使得快餐店很受 00 后的欢迎。

小王的西式快餐店为什么能够"转危为安"？请运用宏观营销环境知识分析小王的西式快餐店的变化。

## 任务分析

一个企业、一家商店经营成功并非是偶然的，它与企业、商店所面临的市场营销宏观环境是息息相关的。同样，一个企业如果将其在某一个国家、某一个区域的成功不假思索地照搬到另外一个国家或区域，那么它面临的将很可能是灾难性的后果。一个企业面临的宏观营销环境是由人口环境、经济环境、自然环境、科技环境、政治（政策）环境、社会文化环境所组成的。如果想收获成功的果实，就必须重视企业所面临的营销环境，并根据宏观营销环境进行有针对性的调整。小王的创业从失败到逐渐向着成功迈进，正是抓住了市场的特殊性，追求细节营销、避免同质化经营的结果。有效地"入乡随俗"对于每一个企业而言都是任重而道远的首要任务。

### 案例 3-6：不要小看"入乡随俗"的重要性：肯德基

商海沉浮，世事难料。1973 年 9 月，在中国香港的肯德基公司突然宣布多间家乡鸡快餐店停业，只剩下四家还在勉强支持。肯德基家乡鸡采用当地鸡种，但其喂养方式仍是美国式的，用鱼肉喂养出来的鸡破坏了中国鸡的特有口味。另外，家乡鸡的价格对于一般市民来说有点承受不了。

在美国，顾客一般是驾车到快餐店，买了食物回家吃。因此，店内通常不设座位。在中国香港的肯德基公司仍然采取不设座位的服务方式。为了取得肯德基家乡鸡首次在香港的成功，肯德基公司配合了声势浩大的宣传攻势，在新闻媒体上大做广告，采用该公司的世界性宣传口号"好味到舔手指"。

凭着广告攻势和新鲜劲儿，肯德基还是红火了一阵子，很多人都乐于一试，一时间门庭若市。可惜好景不长，3 个月后，就"门前冷落鞍马稀"了。首批进入中国香港的美国肯德基连锁店全军覆没。在世界各地拥有数千家连锁店的肯德基为什么唯独在中国香港遭受如此厄运呢？经过认真总结经验和教训，肯德基发现是中国人固有的文化观念决定了自己的惨败。10 年后，肯德基带着对中国文化的一定了解卷土重来，并大幅度地调整了营销策略。广告宣传方面十分低调，市场定价符合当地消费水平，目标消费者定位为 16 至 39 岁的人。1986 年，肯德基新老分店的总数在中国香港为 716 家，占世界各地分店总数的十分之一，在中国香港的快餐业中，肯德基与麦当劳、汉堡王、必胜客并称四大快餐连锁店。

（资料来源：https://wenku.baidu.com/view/ba878d452b160b4e767fcfe5.html. 有改动）

**分析与决策：**

1. 肯德基公司 20 世纪 70 年代为什么会在中国香港大量停业？

2. 20 世纪 80 年代，肯德基公司为什么能取得辉煌的成绩？

## 知识精讲

### 一、宏观营销环境

对于成功的公司或者领导者而言，要能够从瞬息万变的宏观营销环境中辨识出尚未满足的顾客需要以及行业趋势，并能够评估其中的市场机会与环境威胁，从而做出相应的决策。

优秀的公司总是会不断地通过创新来满足其消费者没有被满足的需求。共享单车满足了使用公共交通的上班族与在校大学生的需要。滴滴出行改变了人们传统的打车出行的方式。我们需要精确地把握顾客的需要以及行业的发展趋势，而不是依靠不可预测的运气与时机。

是什么影响着顾客、竞争者、中间商、公众呢？所有的顾客、竞争者、中间商、公众，包括公司本身都在一个不断变化且"不可控制"的宏观环境中。有求胜心的公司必须对宏观环境中的因素进行监控，以清楚地认识这些因素在全球范围内制造的市场机会及市场威胁。

随着全球化、信息化的发展，一个公司需要掌控六种主要的环境因素：人口环境、经济环境、自然环境、政治(政策)环境、科学技术环境和社会文化环境因素。六种环境因素虽然是各自独立的，但营销工作人员必须将它们看成一个整体，因为它们会共同影响新的机会与威胁。这些环境对于企业的营销活动起着间接影响的作用，因此也被称为间接营销环境。根据以上的观点，本书将宏观营销环境定义为：企业"不可控制"的社会因素，它间接地影响着顾客、竞争者、中间商、公众，甚至改变着行业的趋势，它包括了人口、经济、自然、政治(政策)、科学技术、社会文化等六种因素。

▶ 案例3-7：欧莱雅的数字化营销变革

2015年，对于很多消费品牌来说似乎都是不大容易的一年，发展放缓、份额减缩、品牌老化、传统销售渠道遇冷、年轻用户流失，这些几乎成了圈内的通病，然而全球第一大化妆品品牌欧莱雅却是一番昂扬的姿态。

现今的年轻人是数字化的一代，他们生来就接触到了手机等移动终端，而且时刻保持着数字化的连接状态，不停地社交，不管是通过微博、微信还是其他，他们将自己的生活大方地展示在网上，还在网络上进行消费。自然而然的，我们也必须随之做出一些改变。"消费者在哪里，我们就在哪里"这一营销界广为奉行的真理正被欧莱雅很好地践行着，欧莱雅的数字化变革究竟做了哪些事情呢？变化主要表现在以下三个方面。

其一，欧莱雅的产品与服务必须数字化。

例如，在拉斯维加斯举办的CES大会上，欧莱雅发布了一款皮肤感应贴片——My UV Patch，以帮助用户实时了解紫外线的照射情况。此外，欧莱雅还曾推出一款名为千妆魔镜的App，可以帮助用户找到自己适合的妆容。大多数的中国人比较腼腆羞涩，他们不太敢尝试夸张的妆容。通过这款App，用户能尝试上百种妆容，并能在各个社交平台上进行分享。今后，欧莱雅还会推出更多的服务型App。

其二，将数字化渗透到了消费者决策的每一步中。

消费者的购买决策过程可以被分解为知晓品牌、考虑购买品牌、完成购买行为、分享所购买的产品使用体验等环节，而欧莱雅想让每一个环节都有自己的身影。在品牌知悉层面，欧莱雅在各平台上推出了视频广告，还在优酷上发布了一系列的美妆教程视频；在决策阶段，欧莱雅有美妆视频，并通过电商将购买过程数字化，还借用社交媒体分享购买后的评价。因此，整个消费决策过程都被数字化了。

2015年戛纳电影节上，欧莱雅推出了朋友圈视频广告：欧莱雅女星以"我在戛纳，你来吗？"配上照片、语音，以"朋友圈模式"呈现，并附加了电商的链接。这个活动吸收了大量的粉丝，品牌的社会影响力也因此被数字化了。

其三，全品牌全平台的数字化。

基于前两点，欧莱雅集团的兰蔻、美宝莲、巴黎欧莱雅等旗下品牌，都在尽可能地使它们的身影出现在各个数字化平台上，从而使得欧莱雅品牌变得更加数字化。

（资料来源：https://www.huxiu.com/article/139980/1.html. 有改动）

**分析与决策：**

1. 欧莱雅公司为什么要进行数字化营销变革？
2. 导致欧莱雅公司管理层决定开展数字化营销变革的主要宏观环境因素是什么？

# 二、人口环境

人是营销人员最为感兴趣的因素。人口的多少直接决定着市场的潜在容量，人口越多，市场规模相对越大。而人口的年龄结构、地理分布、婚姻状况、流动性、文化教育水平、人口密度等特性会对市场格局产生深刻的影响，并直接影响着企业的市场营销活动。特别是在国内，人口红利曾经是企业营销的增长动力。营销人员要立体化地挖掘用户的兴趣、情绪变化等信息，建立特有的"用户画像"，这是每一个品牌"破圈"的基础。对于人口环境的分析包括以下几方面的内容。

## （一）人口总量

随着经济文化的发展、现代文化与生活方式的改变，许多国家，特别是发达国家的人口增长速度已经大幅度减缓，北欧一些国家甚至出现了负增长的情况。

根据国家统计局的数据，截至2019年年末，中国大陆总人口为140005万人，人口自然增长率为3.34‰。

不可忽视的是，根据联合国给出的数据，全球的人口总量在未来仍然将是一个庞大的数字，这对于人们的生活水平、教育水平以及环境的影响非常严重。同时，由于人类寿命的延长和生育率的下降，世界人口正迈向老龄化。

人口数量的增长意味着在有限的资源条件下，人们的购买力被稀释了。然而，想要更进一步拓展市场的公司如果能够细分市场的需求，还是可以找到巨大的市场空间与机会的。

## （二）人口年龄结构

一个国家的人口红利变化很大程度地体现在其年龄结构上。当老年人占据了全国总人口的大多数时，政府需要将更多的财政收入用作养老金。相对而言，老年人的消费意愿与能力低于年轻人与中年人，这使得消费，特别是衣食住行等方面的消费减少。

营销工作人员一般将人口按年龄结构分成为 6 个群体：学龄前儿童、学龄儿童、青少年、20~40 岁的年轻人、40~65 岁的中年人和 65 岁以上的老年人。每个年龄阶段的价值观、消费偏好和购买行为都具有不同的特征。

Modigliani 和 Brumberg 提出的生命周期假说认为处于不同年龄阶段的消费者拥有不同的消费特征。理性的消费者会根据其一生的收入，合理安排自身的储蓄与消费。

## （三）地理分布

由于消费者的区域性差异，其消费行为会受到诸如气候、物产特点、风土人情等的影响。从气候上来说，南宁、广州的气候较为湿热，对于厚衣服的需求程度肯定比北京、郑州要低，穿着消费的种类会显得更为单一。而北京、郑州比较干燥，人们对于皮肤补水的需求远高于南宁、广州，所以补水类化妆品的消费比例相对更高。

即使是在同一城市内，人们的消费行为也会有差别。在市中心，人口密度高，各种娱乐设施与项目繁多，更多的人会选择在闲暇时间外出消费，市中心的细分消费市场非常多样。在郊区，人们的消费选择较少，人们选择外出消费的频率也大大低于市中心的人群。

以汽车企业为例，它们往往通过大数据手段收集用户经常去的区域，包括住宅区、消费区等，并分析住宅区的房价、消费区的人均消费水平，以此形成建议，提供给当地的经销商，帮助品牌经销商选择进行品牌商品推广的区域及相应的活动方案。

▶ 案例 3-8：汽车的区域化营销

**1. 中小城市与大型城市间汽车消费观念的差异**

通过比较不同大小的城市的车主价值观可以发现，大型城市的车主强调个性，中型城市的车主看重汽车对于身份、地位的彰显，而中小型城市的车主在意汽车的全面成本和社会归属感。同时，调查结果显示，大城市中购车 1 年内的车主更看重彰显个性，购车 1~2 年内的车主看重身份地位和社会归属感，而购车 3~5 年的车主则在意社会归属感和性价比。

大城市的汽车市场相对成熟，车主在购车过程中光顾的经销店更少，与大城市相比，中小城市车主的购车行为更为慎重。2007 年的调查结果显示，中小城市车主在购车过程中平均光顾经销店 2.4 个，大型城市车主平均光顾经销店 1.7 个。

大中城市的消费者首先考虑价格，而中小城市的消费者首先考虑品牌。这说明，大中城市的消费者更加注重汽车的实际价值，而中小城市的消费者更看重汽车彰显的社会地位和社会归属感。

**2. 不同的地域文化背景对汽车消费观念的影响**

上海是中国经济最发达的城市之一，是时尚之都，是中国与国际潮流最接近的地方。而北京作为首都，是国家的象征，因而具有很大的包容性。上海的领先地位让当地居民有很强的优越感，"什么都是上海的好"，所以上海人购车时基本都选择本地车，如上海大众或上海通用。而北京的汽车消费则没有这种地方特色，无论是自主品牌还是合资品牌，无论是低端的夏利还是高端的奥迪，只要有口碑，都能卖得火。可见，城市的发展水平和人文特征能深刻地影响当地居民的消费观念。

广东作为改革开放的先锋，深受外来文化的影响。广东人购车时深信品牌，所以雅阁和凯美瑞能一炮而红，这得益于它们在广东及华南地区深厚的品牌底蕴。广东经济发展最为开放，在二十世纪八九十年代就接触国外的进口商品，使得广东人对进口商品推崇备至。广东的例子说明了沿海城市与内陆城市在汽车消费上的地域差异。

**3. 不同地域之间的汽车消费存在品牌、车系上的偏好**

在我国，不同的历史文化因素形成了地域之间的消费偏好的不同，经济发展的不均衡也造成了不同地域之间的汽车消费上的差异。如大众系的优势区域为北方的大部分地区。大众的两大生产厂家上海大众和一汽大众分别在上海和吉林长春，大众系在上海和吉林表现出了明显的优势。除了两个产地所在的区域外，北京一直是大众系最具优势的市场。但是，大众系汽车在受到北方人普遍认同的同时，在广东、浙江和福建等省份却遭到了一定程度的冷遇。广东省占据了全国乘用车市场的 11.4%，而大众在广东省的销售量只占到其全部销量的 5%，在浙江和福建的份额也明显偏低。

丰田系的优势区域是经济发展的前沿地区。丰田系每 4 辆车就有 1 辆是销售到广东的。丰田车系的优势区域虽然不多，但是这些区域占据了全国乘用车市场的 30%，对丰田的销量贡献度超过 50%。河北、山东和四川三省则是丰田系相对弱势的区域，对丰田的市场贡献度明显低于对全国乘用车市场的贡献度。

（资料来源：马春阳.汽车区域化营销策略[J].汽车工业研究，2011(3)：45-46.有改动）

**分析与决策：**

1. 不同城市的消费者在购买汽车时有什么不同？
2. 如何利用不同城市的消费群体的特点进行营销？

## （四）家庭结构

人们传统观念中的家庭应包括丈夫、妻子、孩子以及祖父母、外祖父母。一个新的家庭组成之后，个体在一定程度上会改变之前的消费习惯。而且，如果有了孩子，家庭的支出会逐渐向孩子转移。当家庭成员的年龄逐渐变大时，家庭支出将更多地向老年家庭成员的医疗方面倾斜。不同类型的家庭都有自己的消费需求及价值观。营销人员发展新用户时，需要了解不涉及用户隐私的家庭情况，以更加深入地了解客户的消费需求。需要说明的是，营销人员不能在客户不知情或不同意的情况下获取客户的家庭信息。

▶ **营销视野：家庭结构对消费行为的影响**

消费者的购买活动一般以家庭为单位，但是购买的决策者通常不是家庭这个集体，而是家庭中的某一成员或某几个成员。不同的家庭成员对购买商品具有不同的实际影响力。在一般家庭做出购买决策的过程中，通常有五种主要角色：

（1）提议者：促使家庭其他成员对商品发生兴趣的人。

（2）影响者：提供商品信息和购买建议，影响挑选商品或服务的人。

（3）决策者：有权单独或与家庭其他成员一起做出买与不买决定的人。

（4）购买者：购买商品的人；

（5）使用者：使用所购商品或服务的人。

至于家庭中有多少人充当这些角色，什么人充当哪些角色，则要根据家庭的不同和他们所买商品的不同而定。

对于不同的商品，家庭成员在购买时发挥的作用也不同。如家庭食品、日用杂品、儿童用品、装饰用品等，女性的影响作用大；五金工具、家用电器、家具用具等，男性的影响大；价格高昂、全家受益的大件耐用消费品，文娱、旅游方面的支出，往往会全家共同协商。孩子可以在家庭购买特定类型的产品时产生某些影响，如点心、糖果、玩具、文体用品等。在我国的城市家庭中，妻子与丈夫有着平等的经济收入，她们既要工作又承担了更多的家务，家庭经济也多为她们支配，家庭的大部分日用品及耐用消费品大多在她们的影响下购买。

消费者任何消费动机的实现，或是生理、心理需要的满足，都要有经济收入作为基础。因此，家庭的经济收入制约着家庭与个人的购买能力、购买方式、消费结构和生活习惯等。如果经济收入十分有限，那么家庭成员的高层次需要和心理性动机就要受到抑制，就要让位于低层次需要或生理性动机。收入高的家庭求新、求美、求名，而收入低的家庭求廉、求实、求利。

（资料来源：https://wenku.baidu.com/view/ebab73f5dd3383c4ba4cd220.html. 有改动）

**思考：**

1. 根据自身的经历，举例说明家庭成员在消费行为中所扮演的角色。

2. 针对不同的家庭结构，营销人员如何对单人家庭、空巢家庭、丁克家庭、留守家庭和流动家庭进行区别营销？

## 三、经济环境

经济环境是指企业在进行生产、经营、市场营销活动时所面临的外部社会经济条件，它会直接或间接地影响市场的规模、市场的吸引力及企业的生产和营销活动。因此，营销工作人员需要评估与企业的生产、经营、市场营销活动相关的消费者的收入分配情况，消费者的支出模式，储蓄、信贷与债务情况，并以此为基础在营销理念、营销内容与方式等层面做出决策。

### （一）收入水平

收入水平会通过影响消费和供给作用于产业结构。南开大学中国财富经济研究院院长陈宗胜认为，中国的城乡收入差别是中国居民收入差别的主要部分，低层居民的收入绝对量和相对比例都有上升，经济发展中的绝对差别扩大而相对差别缩小。低层居民收入增加后，表现出获得更优质的产品和服务的需求，这是企业可以通过营销活动影响并争夺的领地。

## （二）消费者的支出模式

消费者的支出模式，是指消费者收入变动与需求结构之间的对应关系，也就是常说的支出结构。在收入一定的情况下，消费者会根据消费的急需程度对消费项目进行排序，一般要先满足排序在前的主要消费，如温饱和治病肯定是第一位的消费，其次是住、行和教育，再次是舒适型、提高型的消费，如保健、娱乐等。

## （三）储蓄、信贷与债务

消费者的储蓄、信贷与债务情况会影响消费者的支出。有资料表明中国是居民储蓄最高的国家。中国人储蓄的目的倾向于日常开支、紧急情况、儿童和投资，而美国人的储蓄动机则更倾向于购买重大商品和为退休存钱。

信贷与债务是人们有了信用以后的产物，这三者之间为链条关系。当信用成为一种社会资源的时候，信贷就随之产生了。对于贷款人而言，信贷成了他的债务；而对于放款人而言，信贷则是资产。一方面，信用使一个人在他弱小时可以获得飞速发展的机会；另一方面，一个人资不抵债的时候，消费对于他来说便是奢侈品。

▶ **案例3-9：苹果不改变定价策略，将很难在印度市场取得进展**

苹果面对在印度智能手机市场进展不顺的情况，正做出新一轮的努力。

**1.苹果在印度市场屡屡受挫**

印度智能手机市场与中国市场有很大的不同。印度的人均 GDP 不到中国的四分之一，这导致印度的消费水平较低。即使是在中国，购买苹果的用户也只占中国手机用户的不到10%，2018 年苹果在中国智能手机市场的份额只有 9%，出货量更较上年同期下滑 17%。所以，在消费水平更低的印度市场，自然更是难以接受价格昂贵的苹果手机。

苹果为提升在印度智能手机市场的份额，曾做出多番努力。此前苹果曾希望在印度市场出售翻新机。在美国市场，翻新机比原装新机便宜 15%，通过这种方式可以接近印度消费者的消费水平，不过随后即被印度市场拒绝。

随后，苹果在印度市场推售旧款的 iPhone，一如它在全球市场的做法一样。旧款 iPhone 的售价往往较新款 iPhone 便宜许多。

为降低关税的影响，2017 年初，苹果与代工厂商纬创合作，在印度制造 iPhone。印度对于在本地制造的手机给予了许多优惠。当时在印度制造的 iPhone SE 在市场上的售价低至 2899 元人民币，苹果希望借此进一步杀入印度的中端手机市场。

不过现实并未能如苹果所愿。印度市场上更受欢迎的是 2000 元人民币以内的手机，在印度智能手机市场中位居销售榜前两名的小米、三星主要依靠的是千元人民币以下的手机。在印度的高端手机市场，三星、一加凭借它们最新款的高性价比手机也占据了远超苹果的市场份额。

**2.不改变定价策略难在印度市场取得进展**

近年来，苹果为了提升业务收入，将 iPhone 的定价不断提高。但是考虑到欧美市场和中国市场都趋于饱和，智能手机已进入存量阶段，苹果继续依靠这几个市场拉动 iPhone 的出货量增长并不现实。

iPhone 的高定价正日益远离印度用户的消费水平，这是苹果在印度智能手机市场中的份额日益下滑的原因。苹果希望在印度智能手机市场取得出货量的增长与它的定价策略是矛盾的。

（资料来源：https://new.qq.com/omn/20181114/20181114A07L9I.html?pgv_ref=aio2015&ptlang=2052.有改动）

**案例分析：**

你认为苹果手机在印度市场屡屡受挫的原因是什么？

## 四、自然环境

市场营销中的自然环境，主要是指自然环境，即自然界提供给人类的物质资源，如矿产资源、森林资源、土地资源、水力资源等。自然环境也处于发展变化之中。现在，自然资源日益短缺，能源成本提高，环境污染日益严重，政府对自然资源的管理和干预不断加强。这些情况都会直接或间接地给企业带来威胁或机会。因此，企业必须积极研究、开发，尽量寻求新的资源或代用品。

同时，企业要有高度的环保责任感，善于抓住环保方面出现的机会，推出"绿色产品"，进行"绿色营销"，以适应环保的潮流。

**案例 3-10：霍尼韦尔利用环保技术帮助中国企业建设"美丽中国"**

在 2017 年召开的党的第十九次全国代表大会上，提出了建设"美丽中国"的愿景，承诺以前所未有的决心解决环境问题。霍尼韦尔以"端到端"的方式开发了一系列与环境相关的技术。此外，十多年前霍尼韦尔就提出了"东方服务于东方"的中国战略，立足于中国国情和中国客户的需求来开发技术和产品，并已在这个市场上投放了众多保护大众健康、助力企业节能减排的优质解决方案。

**环保解决方案本土化研发、生产、服务**

以霍尼韦尔凯勒特的低氮氧化物燃烧技术为例，早在 2006 年，凯勒特就在上海成立了独资工厂，已完成超过 300 个项目的制造和供货。2017 年，凯勒特在河南洛阳成立了中国首家火炬 VOC 排放测试中心，该中心的成立填补了中国火炬 VOC 排放测试的空白。同年，霍尼韦尔 UOP 中国研发及工程技术中心在张家港成立。该中心将为霍尼韦尔 UOP 工艺技术的交付、项目调试、技术支持和维护更新提供支持。凯勒特依托霍尼韦尔 UOP 强大的全球化研发能力，利用本土化的资源，致力于促进中国炼油石化行业低排放、高能效的燃烧技术的发展。

**环保白皮书获环保领域专家认可**

2018 年 5 月，霍尼韦尔发布首份针对中国大气质量的相关研究报告——《霍尼韦尔产业绿色升级报告之大气环境治理篇》。报告获得了包括国家气候战略中心首任主任及学术委员会主任李俊峰、江苏省环境经济技术国际合作中心书记陈秀平在内的环保领域专家的认可。

**环保白皮书数字化传播和营销**

配合环保白皮书的发布，霍尼韦尔制作了小程序，同时在公司微信公众号、公司网站等平台上进行宣传，并同行业 KOL 公众号合作，浏览次数、报告下载量、问卷填写人数以及潜在客户开发数量均创公司的新高，堪称成功的线上传播营销。

（资料来源：http://www.17pr.com/news/detail/203117.html. 有改动）

**思考：**

1. 霍尼韦尔为市场提供的保护大众健康、助力企业节能减排的优质解决方案给企业带来了什么影响？

2. 简述霍尼韦尔是如何应用"自然环境"因素实现线上的传播营销的。

## 五、政治及法律环境

政治因素像一只有形之手，调节着企业营销活动的方向，法律规定了企业营销活动所必须遵循的准则。

### （一）政治环境

政治环境是指企业进行市场营销活动的外部政治形势、国家的方针和与产业相关的政策。企业必须分析政治环境的变化给企业的市场营销活动带来的或可能带来的影响。

### （二）法律环境

法律环境是指国家或地方政府颁布的各项法规、法令和条例等。法律环境对消费需求的形成和实现具有一定的调节作用。

## 六、科学技术环境

科学技术是社会生产力中最新且最活跃的因素。科学技术不仅直接影响着企业的生产和经营，而且与其他环境因素互相依赖、相互作用，既给企业的市场营销创造了机会，也带来了威胁。科学技术主要在新产品研发、体系管理与控制等关键环节影响着企业。

▶ **案例 3-11：大数据营销：追踪到行为，却抓不住心**

曾几何时，大数据和大数据营销风靡全球。大数据的火爆带动了国内外学术界、企业界和政府的热情，各类相关的研究机构如雨后春笋般涌现。有人说，大数据的热潮触发了一场思想启蒙运动，使得"大数据是资产，不是包袱""要拿数据说话"等观念逐步深入人心，改变了以往不重视数据积累、不相信数据分析等观念。然而，在大数据热火朝天的时候，有人开始用冷静的眼光进行反思和批判。

例如，2014 年 3 月，英国的《财经时报》刊发了《例如，2014 年 3 月》的文章；2014 年 4 月，《纽约时报》发表题为《大数据带来的八个（不，是九个！）问题》的文章。与此呼应的是，在企业的实践中，大数据营销应用中的乱象丛生，遭到了网友的调侃。

豆瓣网友："我买了俩馒头，他问我，你要不要来碗米饭？"

淘宝网友："我吃完俩馒头，他问我，你要不要来俩馒头？"

百度网友："'老板,给我俩馒头。'湖南株洲馒头机制造厂供应优质馒头机。'"

腾讯网友："正当我要买馒头时,他在后面拍了拍我:'同学,来我这买,一模一样,还有豆沙馅。'"

360网友："让我摸一下,免费送馒头。"

类似简单粗暴的产品推介在营销实践中频频出现。有位消费者在一家网络平台上购物之后,这家网络平台就不停地给她推荐相关产品,于是她就发了一条经典的评论,说这家网站虽然能够追踪到她的行为,但却抓不住她的心。这一语道破了大数据营销目前的局限性。

(资料来源:https://www.sohu.com/a/224130957_100116573.有改动)

**思考:**

1.大数据营销为什么抓不住消费者的心?

2.大数据营销怎样改变才能成为一只"看不见的手"?

# 七、社会文化环境

文化环境所蕴含的因素主要有社会阶层、家庭结构、风俗习惯、宗教信仰、价值观念、消费习俗和审美观念等。

在企业所处的各种环境中,社会文化环境是较为特殊的。它不像其他环境因素那样显而易见,却又每时每刻地深刻影响着企业的每次营销活动。无数事例说明,无视社会文化环境的企业营销活动必然会陷于被动或归于失败。

对于企业营销来说,文化主要是指那些在一定文明的基础上,在一个社会、一个群体的不同成员中一再重复的情感模式、思维模式和行为模式,包括人们的价值观念、信仰、态度、道德规范和民风习俗等。这些无形的文化因素影响了人们的欲望(包括消费需求方面的欲望)、行为(包括消费行为、购买行为)。

任何人都在一定的社会文化环境中生活,其认识事物的方式、行为准则和价值观等都会异于生活在其他社会文化环境中的人们。因此,无论在国内还是在国际上开展市场营销活动时,企业必须全面了解、认真分析所处市场的社会文化环境,以准确把握消费者的需要、欲望和购买行为,制订切实可行的营销方案。

▶ **案例3-12:"天堂里的婚姻"**

1988年11月,德国戴姆勒-奔驰汽车公司并购美国三大汽车公司之一的克莱斯勒公司,被全球誉为"天堂里的婚姻"。戴姆勒-奔驰汽车公司是德国实力最强的企业,是扬名世界的"梅赛德斯"品牌的所有者。克莱斯勒则是美国三大汽车制造商中营利能力最强、效率最高的公司。人们认为,这宗跨越大西洋的强强联合定会造就一个驰骋世界汽车市场、所向无敌的巨无霸。然而谁会想到,这桩"婚姻"并不美满,并购并没有实现公司预期的目标。到2001年,公司的亏损额达到20亿美元,股价也一路下滑,并且不断裁减员工。

业内人士认为,大西洋两岸不同的文化是这场"婚姻"危机的根本原因。戴姆勒-奔驰汽车公司的CEO施伦普一开始没有意识到两家企业无论在组织结构、薪酬制度、还是企业文化上都相差非常大，他采取德国的管理方式，把克莱斯勒当成一个部门来看待。在公司管理方面，董事会成员以德国人为主。他却在媒体上说"这是一次平等的合并"，这使得克莱斯勒的美国员工无所适从。而且，施伦普在企业合并不久之后就解雇了作为并购整合经理的克莱斯勒总裁，导致克莱斯勒员工产生了敌对情绪。许多优秀的美国设计师、高级管理人员纷纷投奔了福特、通用汽车等竞争对手。公司从高层管理人员到普通员工在沟通上的严重障碍，大大制约了公司的整体运作。这样，也就不难理解为什么这次一开始被称为"天堂里的婚姻"会如此失败。

（资料来源：https://wenku.baidu.com/view/b0C695C9f424ccbff121dd36a32dT375a517cb1f.html.有改动）

**思考：**

1. 为什么奔驰与戴姆勒公司的"天堂里的婚姻"以失败告终？

2. 请查阅资料，谈谈中国文化中影响汽车营销的要素有哪些。

# 任务三　熟悉微观市场营销环境

**知识目标**

1. 能说出微观营销环境的内涵与构成要素。
2. 能解释微观营销环境对营销行为的影响。

**岗位能力目标**

1. 能够灵活运用微观营销环境的相关知识，评估一家企业的优劣势、市场机会与威胁。
2. 分析一家企业的微观营销环境，结合 SWOT 进行分析，总结并制订企业不同阶段的营销策略。

**思政目标**

对比不同的企业营销策略时，能做到客观分析，摈弃"拿来主义"的习惯。

## 任务学习指南

微观市场营销环境是指与企业紧密相连、直接影响企业营销能力和效率的各种因素的总和，主要包括企业自身、供应商、营销中介、顾客、竞争者及社会公众。这些因素与企业有着双向的运作关系，在一定程度上，企业可以对其施加影响。

## 情景描述

随着小王经营的西式快餐店越来越红火，原先到店的顾客只要等三五分钟就能拿到热腾腾的汉堡，现在往往要排队二三十分钟。小王和他店里的服务员超负荷运转都忙不过来。前不久，有一名来了不久的服务员决定离职。小王心想自己给的薪水已经是周围餐饮店里的最高工资了，却还是留不住人。而每次进来新人，因为对业务不熟悉，往往会在供餐的过程中问题不断，顾客也对这一情况颇为抱怨。小王为此感到非常犯难，请分析一下目前快餐店的现状，为什么明明快餐店经营得很好，却有上面的问题，并帮助小王解决目前遇到的棘手问题。

## 任务分析

企业不断地发展，原先看起来不起眼的内部问题往往会演变成为难以解决的影响经营的大问题。面对市场中的竞争，企业需要依赖内部各部门的通力合作才能达到营销效果。如果处理不善，往往会造成"一颗老鼠屎坏了一锅粥"的结果。企业的内部问题是企业的定时炸弹，它往往会因为企业符合市场需求、经营状况良好而被忽略。而当企业的管理者想要拆除这一定时炸弹的时候，经常会遇到"该剪哪一条引线"的难题，稍有不慎便会影响企业的未来发展。所以我们应该对企业的微观营销环境予以足够的重视，保持"温水煮青蛙"的意识。而当企业遇到内部存在的问题时，应充分地分析自身、顾客、供应商、竞争者的情况，果断地做出决策来应对危机。

▶ **案例 3-13：京东商城和阿里巴巴的"恩怨史"**

2013 年 3 月 30 日晚间，京东商城推出了新的吉祥物——名为"Joy"的 3D 金属狗。这一举动成功地让人想到了其竞争对手"天猫"，"猫狗大战"的故事开始流传。

事实上，京东和阿里巴巴的"交恶"由来已久，虽然京东在体量上和阿里还不可同日而语，但在各个业务线上的步步紧逼策略和营销方式，让大家不免将二者想成竞争对手。

（1）支付：京东与支付宝"决裂"

2011 年 5 月，京东商城停止支持阿里旗下的支付宝。第二年 10 月，京东收购第三方支付网银在线，自己布局支付环节。

（2）金融：京东紧跟阿里，涉水"小微贷款"

2012 年 11 月 19 日，京东商城开始向供应商推介旗下的供应链金融服务。此时，阿里的小额贷款已经搞得风生水起。

（3）数据和入口：京东、一淘微博口水战

2011 年 10 月，刘强东发布微博，称"一家网站未经我们允许，直接抓取我们所有的产品评价，这些产品评价是京东花费了价值过亿的积分，激励用户写出来的，怎么也要打声招呼吧？实在难以相信这是一家整日倡导'新商业文明、诚信'的公司所为，这和鸡鸣狗盗行为有何分别？"一淘官方微博随即反击，两方在微博上展开口水战。随后，京东屏蔽了"一淘"的抓取。在这场交战的背后，实际上是双方对"流量入口"和"数据"的抢夺和重视。

（4）价格战：618 价格战围剿京东店庆日

6 月 18 日是京东店庆日，京东照例展开促销活动。在 2012 年的这一天，天猫、苏宁、国美等纷纷展开低价促销活动，围剿京东。这场价格战也被称为国内电商界"最惨烈"的一场价格战。

（5）开放平台：京东发力 POP 平台 PK 天猫

京东于 2013 年着重发力的 POP 平台业务直指天猫。刘强东称京东"后端的所有的功能，卖家的各种工具，不低于天猫和淘宝的后台"。更有传言称，京东将效仿"淘品牌"，扶植 POP 卖家打造"京品牌"。

（6）内部文化：一个要"修身"，一个要养息

2012 年 2 月，马云在公司内部邮件中指出"2012 年将是阿里巴巴集团实施'修身养性'战略的第一年"。

2013 年 1 月，刘强东在公司的内部讲话上表明 2012 年是公司的"休养生息"之年。

（7）B2B：京东进军 B2B，攻阿里"老巢"

2013 年 3 月，刘强东称京东将选择性地进军 B2B 业务，而 B2B 则是阿里的起家业务。

（8）品牌推广：广告词暗讽

2012 年 6 月，京东的电视广告词"叫你亲，不如质量精"直指阿里系电商的"亲文化"和淘宝一直被诟病的假货问题。

（9）吉祥物"猫狗大战"

2013 年 3 月 30 日，京东发布吉祥物"狗"。在一年前的这一天，阿里旗下的天猫商城刚刚发布了"猫"形象作为吉祥物。

（资料来源：http://tech.163.com/13/0401/07/8RC1EB8E000915BF.html.有改动）

**分析与决策：**

1. 盘点京东商城与阿里巴巴分别在哪些领域"结下了梁子"。

2. 为什么京东商城要与阿里巴巴开展"猫狗大战"呢？

3. 简述这场"猫狗大战"对于京东商城或阿里巴巴的营销方式、营销策略、营销效果产生的影响。

## 知识精讲

## 一、企业自身的内部环境

企业自身的内部环境包括市场营销管理部门、其他职能部门和最高管理层。企业为开展营销活动，必须依赖各部门的配合和支持，即必须结合制造、采购、研究与开发、财务、市场营销等业务活动。而市场营销部门一般由市场营销经理、销售经理、推销人员、广告经理、营销研究经理、营销计划经理、定价专家等组成。

### 案例 3-14：华为：我们为世界带来了什么？

华为是全球领先的 ICT（信息、通信和技术）基础设施和智能终端提供商，致力于把数字世界带给每个人、每个家庭、每个组织，构建万物互联的智能世界。华为在通信网络、IT、智能终端和云服务等领域为客户提供有竞争力、安全可信赖的产品，解决方案与服务，与生态伙伴开放合作，持续为客户创造价值，释放个人潜能，丰富家庭生活，激发组织创新。华为坚持围绕客户需求持续创新，加大基础研究投入，厚积薄发，推动世界进步。华为成立于 1987 年，是一家由员工持有全部股份的民营企业，目前有 18 万名员工，业务遍及 170 多个国家和地区。

华为为世界带来了什么？

**1. 为客户创造价值**

华为和运营商一起，在全球建设了 1500 多张网络，帮助世界超过三分之一的人口实现了连接。华为携手合作伙伴，为政府及公共事业机构，金融、能源、交通、制造等企业客户，提供开放、灵活、安全的端管云协同 ICT 基础设施平台，推动行业数字化转型；为云服务客户提供稳定可靠、安全可信和可持续演进的云服务。华为智能终端和智能手机，正在帮助人们享受高品质的数字工作、生活和娱乐体验。

**2.推动产业良性发展**

华为主张开放、合作、共赢，与客户合作伙伴及友商合作创新、扩大产业价值，形成健康良性的产业生态系统。华为加入了360多个标准组织、产业联盟和开源社区，积极参与和支持主流标准的制订，构建共赢的生态圈。华为面向云计算、NFV/SDN、5G等新兴热点领域，与产业伙伴分工协作，推动产业的持续良性发展。

**3.促进经济增长**

华为不仅为所在国家带来直接的税收贡献，促进当地就业，形成产业链带动效应，更重要的是通过创新的ICT解决方案打造数字化引擎，推动各行各业数字化转型，促进经济增长，提升人们的生活质量。

**4.推动社会可持续发展**

作为负责任的企业，华为致力于消除全球数字鸿沟：在珠峰南坡和北极圈内，在西非埃博拉疫区、日本海啸核泄漏、中国汶川大地震等重大灾难现场，都有华为人的身影；推进绿色、低碳的环保理念，从产品规划、设计、研发、制造、交付以及运维，华为向客户提供领先的节能环保产品和解决方案；华为"未来种子"项目已经覆盖108个国家和地区，帮助培养本地ICT人才，推动知识迁移，提升人们对于ICT行业的了解和兴趣，并鼓励各国家和地区参与到建设数字化社区的工作中。

**5.为奋斗者提供舞台**

华为坚持"以奋斗者为本"，以责任贡献来评价员工和选拔干部，为员工提供了全球化发展平台、与世界对话的机会，使大量年轻人有机会担当重任，快速成长，也使得十几万名员工通过个人的努力，收获了合理的回报与值得回味的人生经历。

（资料来源：https://www.huawei.com/cn/about-huawei. 有改动）

**分析与决策：**
1.华为公司为什么可以成为全球领先的民营公司？
2.华为公司的经营理念给企业的营销带来了什么变化？

# 二、供应商

供应商是指向企业及其竞争者提供生产经营所需资源的企业或个人。供应商所提供的资源主要包括原材料、零部件、设备、能源、劳务、资金及其他用品等。供应商对企业的营销活动有着重大的影响。供应商对企业营销活动的影响主要表现在以下几个方面。

## （一）供货的稳定性与及时性

原材料、零部件、能源及机器设备等货源的稳定，是企业营销活动顺利进行的前提。如果企业进行一次全国范围的营销活动，最后却因为原材料准备不足没有足够数量的产品供应，便会给企业造成极大的负面影响。

## （二）供货的价格变动

供货的价格会影响企业的成本。一方面，不稳定的供货价格会增加企业调整产品售价的成本；另一方面，不稳定的价格会影响下一级经销商的信心与积极性。因此，企业需要稳定的供货价格来稳固市场定价的主导地位，树立品牌的形象。

## （三）供货的质量水平

良好的供货质量水平是企业营销活动顺利进行的前提。在汽车行业中，一个影响汽车行驶安全的质量问题将会给企业造成重大的经济损失与品牌损失。丰田汽车公司就曾受到其安全气囊供应商所提供的产品的质量缺陷的影响，导致其在全球范围内召回了超过100万辆的汽车。

### 案例3-15：供应商关系管理

长期以来，企业作为个体经济角色，它们之间有一种冷漠且相互争斗的"自然状态"。但随着全球经济一体化进程的加速，互联网在全球范围内的蓬勃发展、推广应用，这种状况开始改变，取而代之的是供应链上的成员为了获得市场价值而联手合作。

**1. 新市场价值**

在某些产业中，供应链上的企业之间的伙伴关系进入了一个更新的层次——联合力量，从而创造更多的市场价值，为整合市场创造新的贡献。也就是说，企业之间结合各自的核心能力，研发新的产品或推出新的方案。在更高的层次中，这种核心能力的结合甚至会扭转整合产业的发展方向。从日常运营层面来看，经由合作而共同创造的新的市场价值，更能为结为伙伴的厂商带来强而有力的竞争优势。例如，苹果电脑、IBM 与摩托罗拉之间展开合作，共同创造了 PowerPC 以及其他产品。

**2. 伙伴关系——贡献极大化的产物**

越来越多的企业，包括通用汽车公司也加入了这个行列，正积极实践这种"共创利益大饼，吃更大块的饼"的策略。一些有远见的 CPO 们开始提出有趣的问题："为什么我们必须和供应商拼得你死我活，来抢吃现有的这块饼呢？这块利益大饼一定就只有这样大吗？何不联手把它做得更大，让双方同时受益，一同吃更大的饼呢？"虽然更换供应商有许多隐藏成本，涉及搜寻时间与品质保证等问题，但长期而言，长久、公平地对待供应商似乎是更合乎成本效益的选择。

在一些产业中，如高科技产业、电器行业、物流业与专业服务业等，已较为普遍地建立了这种伙伴关系，而且这种影响在不断地扩大。但在某些产业中，这种转变则还只是崭露头角而已。然而，这仍是不容忽视的趋势。在这股风潮中领先的企业，凭着伙伴关系所带来的成果与优势，痛击了其他迟钝的竞争者。

对于那些能超越传统组织界限的企业，伙伴关系给了它们优厚的奖赏，而对那些局限在传统交易关系中的公司则施予了惩罚。AMR Research 的高级分析家 Pierre Mitchell 评论道："通过从战略角度更好地组织货源，并形成供应链，可以极大地降低潜在成本，并可显著地影响一家企业的竞争地位。"伙伴关系使得供应商与客户都能在各自的市场中具备长期的竞争优势，它们渐渐地稳定在这种更具效率与效益的商业关系之中，并且一步步地将竞争者排挤出去。同时，客户得以将产品以更快、更便宜的方式销售出去，而供应商在获得长期合约的同时，也能以更灵活的渠道与方式、更稳固的地位提供具有竞争力的产品给客户。因此，从理论上讲，伙伴关系也是企业适应贡献极大化的产物。

（资料来源：https://www.docin.com/p-540622216.html.有改动）

**分析与决策：**

1. 企业与供应商的伙伴关系为企业市场带来了什么影响？
2. 针对供应商关系，企业存在怎样的市场机会与威胁？

## 三、营销中介

营销中介是指协助企业促销、销售和配销其产品给最终购买者的企业或个人，包括中间商、实体分配公司、营销服务机构（调研公司、广告公司、咨询公司）、金融中介机构（银行、信托公司、保险公司）等。它们是企业进行营销活动不可缺少的中间环节，企业的营销活动需要它们的协助才能顺利进行。如，生产集中和消费分散的矛盾需要中间商的分销工作来化解，广告策划需要得到广告公司的合作等。

### （一）中间商

中间商是协助企业寻找消费者或直接与消费者进行交易的商业企业，包括代理中间商和经销中间商。代理中间商不拥有商品所有权，它们专门介绍客户或与客户洽商并签订合同，包括代理商、经纪人和生产商代表。经销中间商购买商品并拥有商品所有权，主要有批发商和零售商。

### （二）实体分配公司

实体分配公司主要是指协助生产企业储存产品并将产品从原产地运往销售目的地的仓储物流公司。实体分配包括包装、运输、仓储、装卸、搬运、库存控制和订单处理等工作，基本功能是调节生产与消费之间的矛盾，弥合产销时空上的背离，提供商品的时间和空间效用，以方便适时、适地和适量地将商品供给消费者。

### （三）营销服务机构

营销服务机构主要是指为生产企业提供市场调研、市场定位、促销产品、营销咨询等方面的营销服务的机构，包括市场调研公司、广告公司、传媒机构及市场营销咨询公司等。

### （四）金融机构

金融机构主要包括银行、信贷公司、保险公司以及其他对货物购销提供融资或保险的金融组织。企业的营销活动会因贷款成本的上升或信贷来源的限制而受到严重的影响。为此，企业应与这些公司保持良好的关系，以保证融资及信贷业务的稳定和渠道的畅通。

▶ **案例 3-16：智汇赋能，全域营销**

2018 年 9 月 26 日，以"相加·创无限"为主题的 2018 京东云合作伙伴大会在北京举行，尼尔森网联与京东云众多合作伙伴一同加入京东云物联网产业联盟，为大数据在智能营销领域的广泛应用提供了有力支撑。

对于尼尔森网联而言,中国媒体市场背后的用户人群价值是媒介的核心竞争力。在"新生态新气象"主题高峰对话中,尼尔森网联董事长张余表达了对传统的坚持和对颠覆的期待:"尼尔森网联一直秉承公平公正的百年传统,专注研究消费者'买什么'和'看什么',致力于打通用户触媒习惯和消费行为之间的归因关联。未来,更加丰富多样的营销模式将推动全域数据应用的创新和变革。"

云计算为大数据赋能成为云生态系统的大势。尼尔森网联携手京东云首次推出智汇系列产品集——智汇门店、智汇户外和智汇云集,便是从智能营销的角度完成了消费归因分析。在"创无限·智能物联"论坛上,张余对"营销赋能"做了进一步的解答。众多媒体内容源及广告的观看和点击互动是否准确地呈现给了目标用户,用户群体能否通过精细分层提升广告的投放效果,多媒体渠道如何平衡重叠率和有效触达,销量增长与广告投放的用户关联度……这些营销难题都将在云生态中得到了清晰的归类。尼尔森网联将在动态大数据中提供智能解决方案,整合线下零售、户外消费场景和传统媒体电商消费大数据等多元环境,以技术和数据为突破口,打造围绕内容的"用户—广告—流量—付费"精准营销闭环。

京东云物联网产业联盟将在京东云生态的新高度上,与各行各业的合作伙伴携手推动云生态系统的发展和壮大。尼尔森网联作为数据监测与媒介研究行业的赋能专家,将一如既往地关注和支持大数据在智能营销中的延伸和发散,愿与云生态共同为媒体和消费产业升级不断地进行创新。

(资料来源:https://baijiahao.baidu.com/s? id=1612729493349779755&wfr=spider&for=pc.有改动)

**分析与决策:**

1. 尼尔森公司如何通过数据媒体测量技术影响企业的营销?
2. 为什么企业的营销管理需要市场调研等服务?
3. 如何利用数据研究服务为企业营销提供支持?

## 四、顾客

顾客是企业服务的对象,也是营销活动的出发点和归宿,是企业最重要的环境因素。在信息化时代,企业能从互联网上获取顾客的反馈信息及意见。企业如果不能够很快地响应顾客的意见,那么顾客的满意度将很难得到有效的提升,这甚至会导致企业产品被淘汰。

所以,对于企业而言,如何分析企业的现有顾客与潜在顾客的特点,从而形成顾客的忠诚度并加以维持,是市场营销一直需要关注的课题。

如果将国内市场作为研究对象,可以将企业的顾客按照外在属性、内在属性、消费者行为等标准进行分类。依照外在属性来分,企业的顾客可以分为个人顾客、企业顾客、政府顾客、中间商顾客、组织市场、生产商等。依照内在属性来划分,企业的顾客可以按照性别、年龄、信仰、爱好、收入、性格、价值取向等标准进行进一步的划分。依照消费者行为进行划分时,可以从最近消费、消费频率和消费额等方面来划分。

▶ 案例 3-17：网约车出行

关于重庆乘坐网约车的大数据显示，重庆主城区的日均约车出行量为 22.8 万人次；在常年约车受访者中，男女比例相差不大，女性为 51.4%，男性为 48.6%。

重庆市交通规划研究院发布了全市网约车大数据。以主城区为主，专家从 6 万份有效网络问卷的分析结果中总结出了使用网约车的人群偏好和出行特征：20~40 岁的人群是网约车的"主力军"。全市网约车出行量提升明显，每日活跃车辆数为约 1 万辆。

在 20~40 岁的受访者中，6.6% 的人表示网约车是当前使用最多的交通方式。而这一比例在其他年龄段中，仅为 3.1%~3.4%。

在经常使用网约车的人群中，70% 是无车人士，30% 的人有 1 辆及以上的小汽车。

为什么不管有车、没车，都爱使用网约车？

无车人士选择网约车，其主要原因有 4 个：没有私家车；网约车出行费用低于出租车；经常打不到出租车；出发地、目的地附近无公共交通服务。

而有车人士选择网约车，其主要原因也有 4 个：节省私家车使用费用；停车困难或停车费用高；乘车过程中可以休息；家庭其他成员在使用私家车。

数据显示，72% 的受访者表示，不管是在工作日还是非工作日，都会使用网约车；仅在工作日使用的占比 22%，仅在周末使用的占比 4%。一周使用网约车天数在 2 天以上的达到 86%。而在经常使用网约车的人群中，多数情况为"多人同行"。

（资料来源：https://xw.qq.com/c/cq/2017062900585200，有改动）

**分析与决策：**

1. 根据材料，使用网约车出行的顾客群体有哪些？
2. 使用网约车出行的顾客群体可以依照什么标准进行分类？
3. 你怎么看待网约车目前现有的顾客群体？网约车还具有哪些潜在顾客群体？

# 五、竞争者

竞争者是指与企业存在利益争夺关系的其他经济主体。企业的营销活动常常受到各种竞争者的制约。因此，企业必须识别以下各种不同的竞争者，并采取不同的竞争对策。

## （一）愿望竞争者

愿望竞争者是指提供不同产品、满足不同消费欲望的竞争者。

## （二）一般竞争者

一般竞争者是指提供能够满足同一种需求的不同产品的竞争者，也称属类竞争者。

## （三）产品形式竞争者

产品形式竞争者也称行业竞争者，是指生产同种产品但提供不同规格、型号款式的竞争者。

## （四）品牌竞争者

品牌竞争者是指生产相同规格、型号、款式的产品，但品牌不同的竞争者。

### 案例3-18：市场营销竞争者

**（一）优酷、土豆合并，协同效应打开视频行业竞争新局面**

2012年3月12日，国内领先的在线视频网站优酷与土豆宣布，以100%换股的方式实现合并，组建新公司"优酷土豆股份有限公司"。优酷的ADS将继续在纽交所交易，而土豆普通股与ADS则将在NSADAQ退市，并保留其品牌和平台的独立性。

**（二）王老吉红绿之争**

王老吉红绿之争，俗称中国商标第一案——价值1080亿元的"王老吉"商标合同争议案。随着"王老吉"商标仲裁结果公布，历经10余年将王老吉做成价值千亿品牌的加多宝集团被裁定不能继续使用王老吉商标。

资料来源：

1. 优酷、土豆合并：http://news. cntv. cn/china/20120312/118472. shtml，有改动
2. 王老吉红绿之争：https://wiki. mbalib. com/wiki/王老吉红绿之争，有改动

**分析与决策：**

1. 根据材料分析，优酷与土豆、王老吉与加多宝之间相互属于哪种竞争者？
2. 竞争者给企业的营销环境带来了什么影响？

## 六、公众

公众是指对企业实现营销目标的能力有实际或潜在利害关系和影响力的团体或个人。企业所面对的公众主要有以下几种。

### （一）融资公众

融资公众是指影响企业融资能力的金融机构，如银行、投资公司、证券经纪公司、保险公司等。

### （二）媒介公众

媒介公众是指报纸、杂志、广播、电视等大众传播媒介，它们对企业的形象及声誉的建立具有举足轻重的作用。

### （三）政府公众

政府公众是指负责管理企业营销活动的有关政府机构。企业在制订营销计划时，应充分考虑政府的政策，研究政府颁布的有关法规和条例。

### （四）社团公众

社团公众是指保护消费者权益的组织、环保组织及其他群众团体等。企业营销活动关

系到社会各方面的切身利益，必须密切注意并及时处理来自社团公众的批评和意见。

### （五）社区公众

社区公众是指企业所在地的居民和社区组织。

### （六）一般公众

一般公众是指上述各种公众之外的社会公众。一般公众虽然不会有组织地对企业采取行动，但企业形象会影响他们的选择。

### （七）内部公众

内部公众是指企业内部的公众，包括董事会、经理、企业职工。

以上公众均对企业的营销活动有着直接或间接的影响。处理好与广大公众的关系，是企业营销管理的一项极其重要的任务。

# 任务四　分析市场营销环境的方法

**知识目标**

1. 了解分析市场营销环境的方法。

2. 了解 SWOT 分析方法的各项构成要素。

**岗位能力目标**

1. 能够灵活运用定性分析方法中的 SWOT 分析法对市场营销环境的优势、劣势、机会与威胁进行分析，并提出对应的营销策略。

2. 能够简单运用定量分析方法来分析市场营销环境中存在的问题。

## 任务学习指南

对于市场营销环境，我们主要可以运用定性分析方法与定量分析方法来进行研究。定性分析方法是对市场营销环境进行理论性的分析，主要可以通过 SWOT 分析方法来对目标企业、产品、服务的优势、劣势、机会与威胁四个方面进行分析。而定量分析方法主要是对市场营销环境进行量化分析，然后通过计算的结果来分析市场营销环境中的问题。

## 情景描述

经过两年的经营，小王的动漫主题西式快餐店已经成了大学生们的宠儿。除了到店里消费以外，有很多人到店里来拍照，并将视频与照片上传到网络上与朋友们分享。小王因此收获了他大学创业的第一桶金。小王决定用这第一桶金加上父母提供的资金分别在市中心的步行街、市体育场和高铁站开三家新的主题式的西式快餐店。然而小王对这三个店铺的主题方案感到犹豫不决。请运用所学习的市场营销环境分析方法帮助小王分析这三个地方的优势、劣势、机会与威胁，并帮助小王设计主题方案。

## 任务分析

准确地掌握市场营销环境是开展市场经营活动的基石。合理地运用市场营销环境分析方法能更准确、快速地掌握企业所面临的优势、劣势、机会与威胁。本项目主要介绍了 SWOT 分析方法。我们在运用 SWOT 分析方法展开分析前应熟悉其内涵，能说出优势、劣势、机会与威胁各自包含哪些内容。我们需要对市中心步行街、市体育场和高铁站的宏观营销环境进行全面的分析，并结合当前的微观营销环境，这样才能有效地把握这三个不同场所的 SWOT 情况，最终给小王制订出符合市场需求的主题方案。

**案例 3-19：沃尔玛的 SWOT 分析**

**（一）优势**

1. 沃尔玛是著名的零售业品牌，它以物美价廉、货物繁多和一站式购物而闻名。

2. 沃尔玛的销售额在近年有明显增长，并且在全球范围内进行了扩张（例如，它收购了英国的零售商 ASDA）。

3. 沃尔玛的一个核心竞争力是由先进的信息技术所支持的国际化物流系统。例如，在该系统支持下，每一件商品在全国范围内的每一间卖场的运输、销售、储存等物流信息都可以被清晰地看到。信息技术同时提高了沃尔玛采购过程的效率。

4. 沃尔玛的一个焦点战略是人力资源的开发和管理。优秀的人才是沃尔玛在商业上成功的关键因素。为此，沃尔玛投入时间和金钱对优秀员工进行培训并建立其对企业的忠诚。

**（二）劣势**

1. 沃尔玛建立了世界上最大的商品零售帝国。尽管它在信息技术上拥有优势，但其巨大的业务范围可能导致对某些领域的控制力不够强。

2. 因为沃尔玛的商品涵盖了服装、食品等多个部门，它可能在适应性上与更加专注于服装、食品等领域的竞争对手相比存在劣势。

**（三）机会**

1. 采取收购、合并或者战略联盟的方式与其他国际零售商合作，专注于欧洲或者大中华区等特定市场。

2. 沃尔玛的卖场当前只开设在少数几个国家内，因此，拓展市场可以带来大量的机会。

3. 沃尔玛可以通过新的商场地点和商场形式来获得市场开发的机会。更接近消费者的商场和建立在购物中心内部的商店可以使过去仅仅是大型超市的经营方式变得多样化。

4. 沃尔玛的机会在于对现有大型超市战略的坚持。

**（四）威胁**

1. 沃尔玛在零售业的领头羊地位使其成为所有竞争对手的赶超目标。

2. 沃尔玛的全球化战略使其可能在其业务所在国家遇到政治上的问题。

3. 多种消费品的成本下降，原因是制造的成本降低了。造成制造成本降低的主要原因是生产外包给了世界上的低成本地区。这导致了价格竞争，并在一些领域内造成了通货紧缩。恶性价格竞争对于沃尔玛来说是一个威胁。

（资料来源：https://wenku.baidu.com/view/39351c6027d3240c8447ef43.html，有改动）

**思考：**
沃尔玛公司主要的优势、劣势、机会与威胁各是什么？

## 🎭 知识精讲

### 一、市场营销的分析方法

市场营销人员需要通过信息来分析当前的营销模式、营销策略。我们可以通过一些方法对营销信息进行监测,主要的方法包括 SWOT 分析法、PEST 分析法、波特五力分析法等,其中比较常用的方法是 SWOT 分析方法。

SWOT 分析法也称态势分析法,它是由美国旧金山大学的管理学教授韦里克于 20 世纪 80 年代提出来的,具体指的是对企业或产品的优势、劣势、机会、威胁的分析。通过 SWOT 分析方法,优秀的营销人员可以发挥企业的优势,减少企业劣势带来的不利影响,抓住市场中存在的机会,回避市场中存在的威胁,从而将企业的资源与经营行为相结合,在市场机会上发挥企业的优势,使营销策略变得更为高效。

SWOT 分析主要着眼于企业自身的实力及其与竞争对手的比较上,而机会和威胁分析将注意力放在外部环境的变化及其对企业的可能影响上。在分析时,应把所有的内部因素(即优劣势)集中在一起,然后用外部因素作为标准对这些因素进行评估。

### 二、SWOT 分析法的内涵

#### (一)优势

一个企业的优势主要是指该企业超越其竞争者的能力,或者是明显强于其他公司的产品、服务、技术等,主要包括以下几个方面。

(1)领先、特有、完善的技术能力;

(2)卓越的服务体验;

(3)先进、现代、具有吸引力的设施与场所,丰富的资源储备;

(4)优秀的品牌形象、优良的商业信誉、具有凝聚力的公司文化;

(5)有专长、有经验的员工,积极向上的学习型组织;

(6)系统的控制体系,完备的信息处理系统;

(7)忠诚、可持续的客户群体;

(8)优秀的人际关系网络、强大的融资能力与抵御风险的能力;

(9)良好的供销商伙伴关系、强大的经销商网络;

(10)充足的流动资金、卓越的企业估值;

(11)优秀的公关能力。

#### (二)劣势

一个企业的劣势主要指企业缺少的要素或不能处理某项事务的缺陷,或是会使企业处于劣势的条件,主要包括以下几个方面。

(1)缺乏具有竞争力的技术、技能、服务；

(2)缺乏有竞争力的场所、设备、资源储备等所组成的有形资产；

(3)缺乏有竞争力的品牌、商业信誉、公司文化所组成的无形资产；

(4)缺乏良好的人力资源；

(5)缺乏系统的控制方式；

(6)相关产业的核心竞争力正在丧失。

## (三)机会

一个企业的营销机会主要是指影响公司营销战略的市场机会。营销人员需要根据公司的资源，争取具有竞争优势的最佳机会。对于企业来说，机会主要表现在以下几个方面。

(1)正在扩大、细分的市场与产品；

(2)正在转移的新技术、新服务；

(3)资源整合；

(4)进入市场的壁垒正在降低；

(5)能收购、并购竞争对手的能力与机遇；

(6)出现具有交叉领域的市场。

## (四)威胁

企业的威胁主要是指对企业的市场地位、营利能力、未来发展构成威胁的因素，主要包括以下几个方面。

(1)准备进入市场的竞争对手；

(2)出现了公司产品、服务、技术的替代品；

(3)企业核心产品的市场增长率、营利率下降，消费市场萎缩；

(4)汇率、政府政策的不利变动；

(5)消费群体、消费方式的不利变动；

(6)经济萧条或进入业务遭受冲击的经济周期；

(7)客户、经销商、供销商的谈判议价能力提升。

在对企业的市场营销环境进行分析时，营销人员要重点关注企业的核心竞争优势（产品、服务、技术），回避企业的短板因素，把握最佳的市场机会，及时针对关键性的威胁调整企业营销策略。

▶ **案例 3-20：中国电信的 SWOT 分析**

在已经过去的一年里，关于中国电信的热点新闻不断。电信资费的调整、中国电信南北大分拆，以及中国电信将面临的"入世"挑战等让人们瞩目。在新的一年里，中国电信又将上演一场"与狼共舞"的惊险剧目。面对激烈的市场竞争，对中国电信进行 SWOT 分析，也许能让大家对中国电信未来的发展有一个清醒、客观的认识。

**一、中国电信的优势和劣势**

自 20 世纪 80 年代中期起，中国电信经历了近 40 年的高速发展，已经形成了规模效益。尽管在此期间中国电信经历了邮电分营、政企分开、移动寻呼剥离、分拆重组等一系列的改革，但在中国的电信业市场上，中国电信仍具有较强的竞争和发展优势。这主要表现在客户资源、网络基础设施、人才储备、服务质量等方面。

（一）中国电信市场引入竞争机制后，中国电信与中国移动、中国联通、中国网通等运营商展开激烈竞争。在南北分拆后，中国电信在保留原有大部分固定电话网和数据通信业务的同时，继承了绝大部分的客户资源，保持了良好的客户关系，在市场上占领了绝对的优势。1.79亿的固定电话用户、1500多万的数据通信用户，为中国电信发展业务、增加收入奠定了良好的基础。

（二）中国电信的基础网络设施比较完善。改革开放以来，中国电信已建成了覆盖全国的以光缆为主、卫星和微波为辅的高速率、大容量、技术先进的具有一定规模的基础传输网、接入网、交换网、数据通信网和智能网等；同时，DWDM传输网、宽带接入网相继建设，数据通信网络和智能网不断扩容。中国电信的网络优势已经成为当前企业发展的核心能力，同时具备了向相关专业延伸的基础和实力。

（三）中国电信在发展过程中，培养和储备了一大批了解本地市场、熟悉通信设备的电信管理人才和技术能力较强、结构合理的专业人才。同时，中国电信还积累了大量丰富的运营管理经验，拥有长期的网络管理经验、良好的运营经验和较为完善的服务系统。

（四）中国电信日趋完善的服务质量。中国电信成立了集团客户服务中心，为跨省市的集团客户解决进网需求。中国电信还建立了一点受理、一站购齐的服务体系，以求最大限度地方便用户。紧接着，中国电信推出了首问负责制，解决了企业在向用户提供服务的过程中的相互扯皮、相互推诿的问题。另外，中国电信还设立了服务热线（10000），建立了与用户之间的沟通渠道，提供互动式服务。

虽然中国电信具有一定的发展优势，但我们应该辩证地看待这些优势。辩证法告诉我们，优势和劣势都是相对的，即在一定的条件下，优势很可能转变成劣势。中国电信虽然拥有丰富的客户资源、完善的网络设施以及大量的储备人才，但缺乏现代企业发展所必需的战略观念、创新观念、人力资源开发管理、人文环境建设以及与此相适应的市场制度。业内人士认为，中国电信拥有资源优势，但却缺乏资源运作优势，资源优势很可能转变成劣势。

**二、中国电信的劣势**

（一）企业战略管理与发展的矛盾。一方面是企业决策层只重视当前的战术和策略，忽视长远战略，不能统观大局；另一方面，企业缺乏应对复杂多变环境的战略策划人才。这个问题是中国电信当前实现企业持续发展、保持长久竞争优势的核心问题。

（二）企业内部创新与发展的矛盾。面向计划经济的职能化业务流程、管理模式、组织模式已经呈现出与快速发展的不适应，并逐步成为制约中国电信参与全球化竞争的主要障碍。ERP、管理和组织模式的改革创新以及企业特色人文环境的建设是实施企业发展战略应考虑的焦点问题。

（三）中国电信现有的基础设施不能为用户提供特色服务。中国电信虽然拥有比较完善的网络基础设施，但大部分都不是根据市场的实际需要建设的，而是为了满足普遍服务的需要。

（四）拆分让中国电信由主体电信企业降级为一个区域性的电信企业。新的中国电信的主要阵地将固守在南方市场，而北方市场将由新的中国网通占领。即使受到拆分的影响，但中国电信的实力仍然最强，只是苦于无全国网络，无法开展全国性的业务。

三、中国电信的机会和威胁分析

我国国民经济的快速发展以及加入 WTO，将为我国的信息化建设和通信发展提供前所未有的发展机遇，同时为中国电信提供了巨大的机会，主要表现为以下几个方面。

（一）国民经济的持续快速发展，形成了潜力巨大的市场需求，为中国电信提供了更大的发展空间。据有关研究报告测算：到完成加入 WTO 时的各项承诺的 2005 年时，中国的 GDP 和社会福利收入将分别提高 1 955 亿元和 1 595 亿元人民币，占当年全年 GDP 和社会福利收入的 1.5% 和 1.2%。本地经济重新配置比较优势的资源所带来的巨大收益将进一步增强当地的经济实力，而且"入世"将推动外资的引进和内需的拉动。"入世"后各地将极大地改善投资环境：法律透明度提高和国民待遇的实现将吸引大量外来资本，本地企业的实力也将得到提高和增强，企业电信消费水平随之提高。而劳动力市场结构的调整和转移必然带来社会人员的大量流动，同时拉动巨大的通信需求，话务市场将进一步被激活。

（二）电信业法律法规不断健全完善，为中国电信的发展创造了公平、有序的竞争环境，电信业将进入依法管理的新阶段。随着电信业法治的健全，政府的经济职能将发生根本的转变，政府会把企业的投资决策权和生产经营权交给企业，让企业经受市场经济的考验。这意味着政府将给中国电信进一步松绑，给予应有的自主权，这有利于中国电信按市场经济规律运作。

（三）中国政府大力推进国民经济和社会信息化的战略决策，为中国电信的发展创造了历史性的机会。"三大上网工程"（政府上网、企业上网、家庭上网）造就了我国消费能力强劲的信息产业市场，为我国信息产业市场创造了良好的环境，将使我国成为全球最大的信息产业市场之一。

（四）中国加入 WTO 后，电信市场逐步对外开放，将加快电信企业的国际化进程，有利于企业的经营管理、运作机制、人才培养与国际接轨；同时，可促进中国电信借鉴国外公司的管理经验，积极地推进思维、技术、体制创新，提高产品档次，降低成本，完善服务质量，改进营销策略，增强核心竞争力。

（五）电信市场潜力巨大。首先，我国经济发展不平衡，地区之间、消费层次之间的差异决定了电信需求的多层次和多样化。而通信技术的飞速发展，促进着电信企业的网络升级换代和业务的推陈出新，在固定电话网与计算机通信的融合点上开发新业务的潜力巨大，可以激发出新的消费需求。因而，从总体上看，我国电信市场有着巨大的需求潜力。其次，从固定电话上看，中国电信平均主线普及率只有 13.8%，远低于发达国家平均水平；主线收入、盈利水平和市场规模也与发达国家的平均水平相差甚远，发展的空间和潜力仍旧巨大。最后，从中国电信的其他业务看，互联网和固网智能网业务的市场规模和营利能力将随着企业外部环境层次的提高而不断扩大和提高。

（六）移动牌照的发放。信息产业部部长吴基传曾经在公众场合中说过，中国将拥有四个综合电信运营商，他们能够经营固定、移动、数据和其他各种基础电信业务。这意味着将再发两张移动牌照。目前，移动通信领域是潜力最大也是竞争最激烈的通信领域，将成为各电信企业的必争之地。一旦中国电信拿到了移动牌照，那么移动领域将是中国电信的又一主营业务。

**四、中国电信在迎接巨大机会的同时将面临巨大的威胁**

中国电信在迎接巨大机会的同时将面临巨大的威胁，具体表现在以下几个方面。

（一）电信市场竞争格局由局部转向全面、由简单转向多元。首先，在竞争趋势方面，国内市场的竞争将由价格竞争向核心能力的竞争过渡。在过渡期间，抢夺市场份额将成为市场跟随者的发展重点。其次，"入世"后的国际竞争压力也将逐步增大。国外电信运营商将通过兼并、联合和收购等方式不断加快全球化服务的布局。中国电信市场的 ICP、EMAIL、数据库、传真、视频会议等增值业务首当其冲。

（二）中国电信人才流失较为严重。国内外许多公司采用高薪、高福利等政策吸引中国电信人才，造成中国电信人才严重流失。这一问题至今仍未得到解决。人才的流动是竞争的必然结果，是关系到中国电信生存发展的关键问题。因此，如何体现人才价值、发挥人才潜能，是中国电信必须正视的一个问题。

（三）非对称管制对中国电信的影响。中国电信在经营许可、互联互通、电信资费、电信普遍服务等方面受到相对严格的行业管制。在目前的中国电信市场上，管制的不平等已经制约了中国电信的发展。在日趋激烈的电信市场竞争形势下，不尽快进行改革，中国电信的处境会愈加艰难。新的中国电信公司不久后也将通过上市进行机制转换，建造与中国联通、中国移动相同的机制平台，从而开展有效的公平竞争。

（资料来源：徐卫疆，王皓.中国电信的 SWOT 分析[J].市场周刊，2002(11).有改动）

**思考：**

1. 根据材料分析，中国电信目前的战略是什么？

2. 开展小组讨论，运用图表的形式展现中国电信的优势、劣势、机会与威胁，并通过 PPT 进行汇报。

# 三、掌握 SWOT 的分析步骤

运用 SWOT 分析法时要将企业"能做到"和"不能做到"的因素，"可以获得"和"可以回避"的因素有机地组合起来。所以在进行 SWOT 分析时，应思考并回答以下几个问题。

一是如何客观地分析企业的优势与劣势。

二是如何针对市场环境，分析企业的现状与前景。

三是如何选择竞争对手进行比较。

四是如何保证 SWOT 分析的全面性，同时又避免过度的 SWOT 分析。

▶ **营销视野：SWOT 分析组合**

**（一）优势-机会组合**

优势-机会组合战略是一种发展企业内部优势与利用外部机会的战略，是一种理想的战略模式。

**(二)弱点-机会组合**

弱点-机会组合战略是利用外部机会来弥补内部弱点,使企业改变劣势而获取优势的战略。企业存在一些内部弱点,妨碍其利用外部机会,可采取措施克服这些弱点。

**(三)优势-威胁组合**

优势-威胁组合战略是指企业利用自身优势回避或减轻外部威胁所造成的影响的战略。

**(四)弱点-威胁组合**

弱点-威胁组合战略是一种旨在减少内部弱点,回避外部环境威胁的防御性技术。

(资料来源:https://wenku.baidu.com/view/45759656f61fb7360a4c6553.有改动)

在利用 SWOT 分析方法时,可以将优势与劣势看作内部营销环境的分析,可以将机会与威胁看作外部营销环境的分析。

对企业营销环境的全面分析,可以为营销人员的经营行为、营销活动提供有实际意义的意见,从而在营销战略上进行有针对性的调整。

我们可以将分析的内容填入下面的分析模型之中,见下表。

**SWOT 分析模型**

| 内部　　　　外部 | 优势 | 劣势 |
|---|---|---|
| 机会 | SO 策略 | WO 策略 |
| 威胁 | ST 策略 | WT 策略 |

## 项目小结

本项目主要介绍了营销环境的相关知识，还介绍了分析营销环境的主要方法——SWOT分析方法。企业营销环境可分为市场宏观环境和市场微观环境。市场宏观环境由人口环境、经济环境、自然环境、技术环境、政治环境、文化环境等六个因素组成。市场微观环境因素包括企业、供应者、营销中介、顾客、竞争者和公众。

## 知识巩固

### 一、单选题

1. 消费需求变化中最活跃的因素是(　　)。

A. 人均国民收入　　　　　　　　　　B. 个人可支配收入

C. 家庭收入　　　　　　　　　　　　D. 个人可任意支配收入

2. 根据恩格尔定律，随着家庭收入增加，用于购买食品的支出占家庭收入的比重会(　　)。

A. 上升　　　　　　B. 下降　　　　　　C. 大体不变　　　　　　D. 时升时降

3. 顾客属于企业的(　　)。

A. 微观环境因素　　　　　　　　　　B. 宏观环境因素

C. 中观环境因素　　　　　　　　　　D. 内部环境因素

4. 影响汽车、住房以及奢侈品等商品销售的主要因素是(　　)。

A. 个人可支配收入　　　　　　　　　B. 个人可任意支配收入

C. 消费者储蓄和信贷　　　　　　　　D. 消费者支出模式

5. 分析市场营销环境的目的是(　　)。

A. 防患于未然　　　　　　　　　　　B. 寻求企业发展空间

C. 增强企业适应能力　　　　　　　　D. 发现机会和识别威胁

6. 在市场营销环境中，被称为具有创造性的毁灭力量的是(　　)。

A. 科学技术　　　　　B. 自然资源　　　　　C. 社会文化　　　　　D. 政治(政策)

7. 在下列环境因素中，通过影响消费者的思想和行为来影响企业的因素是(　　)。

A. 经济环境　　　　　　　　　　　　B. 人口环境

C. 政治(政策)环境　　　　　　　　　D. 社会文化环境

8. 宗教信仰属于宏观环境中的(　　)。

A. 人口环境　　　　　B. 政治环境　　　　　C. 社会文化环境　　　　D. 法律环境

9. 资源短缺将使企业生产成本(　　)。

A. 上升　　　　　　B. 下降　　　　　　C. 不变　　　　　　D. 没有影响

10. 在企业所在地或邻近的居民和社区组织属于(　　)。

A. 社团公众　　　　　B. 社区公众　　　　　C. 内部公众　　　　　D. 政府公众

## 二、多选题

1. 下列哪些选项属于企业的微观环境因素? (　　)

A. 竞争者　　　　　　　B. 社会公众　　　　　　C. 供应商　　　　　　D. 营销中介

E. 顾客

2. 下列哪些选项属于营销中介机构? (　　)

A. 中间商　　　　　　　B. 物流公司　　　　　　C. 调研公司　　　　　　D. 广告公司

E. 银行

3. 下列选项中属于社会文化环境因素的有(　　)。

A. 教育水平　　　　　　B. 收入水平　　　　　　C. 价值观念　　　　　　D. 宗教信仰

E. 语言文字

4. 下列选项中属于宏观环境因素的有(　　)。

A. 人口环境　　　　　　B. 经济环境　　　　　　C. 自然环境　　　　　　D. 法律环境

E. 文化环境

5. 直接影响营销活动的经济环境因素有(　　)。

A. 消费者收入水平的变化　　　　　　　　B. 消费者支出模式和消费结构的变化

C. 消费者储蓄和信贷情况的变化　　　　　D. 经济发展水平

E. 城市化程度

6. 分析人口结构对企业营销的影响,人口结构应包括(　　)。

A. 年龄结构　　　　　　B. 性别结构　　　　　　C. 家庭结构　　　　　　D. 社会结构

E. 民族结构

7. 就因特网对企业营销的影响来说,下列说法正确的是(　　)。

A. 以顾客为中心提供产品和服务

B. 以顾客能接受的成本进行定价

C. 产品的分销以方便顾客为主

D. 从强迫式促销转向加强与顾客直接沟通的促销方式

E. 品牌建设的重要性下降

8. 国际上各国政府采取的对企业营销活动有重要影响的政策和干预措施主要有

(　　)。

A. 进口限制　　　　　　B. 税收政策　　　　　　C. 价格管制　　　　　　D. 外汇管制

E. 国有化政策

9. 科技环境对企业营销的影响有哪些? (　　)

A. 科学技术的发展直接影响企业的经济活动

B. 科学技术的发展和应用影响企业的营销决策

C. 科学技术的发明和应用可以推陈出新

D. 科学技术的发展加快产品更新换代

E. 科学技术的进步将改变人们的消费模式和需求结构

10. 一个地区的自然地理环境包括该地的(　　)。

A. 行政区划　　　　　　B. 自然资源　　　　　　C. 气候条件　　　　　　D. 地形地貌

E. 历史沿革

## 三、论述题

1. 简述市场营销环境给企业营销活动带来的影响。
2. 简述信息化时代给市场营销活动带来的变化。
3. 简述在动态化营销环境下，企业需要如何转变营销思维。
4. 什么是宏观营销环境？简述宏观营销环境给企业带来的影响。
5. 什么是微观营销环境？简述如何分析企业的竞争者。

## 四、技能训练

实践项目：市场营销环境分析。
运用本项目所学的知识与技能，处理身边的实际的营销问题。

# 探寻市场营销机会

◇ **项目学习指南** ◇

在市场营销过程中，必须了解和尊重消费者的生活习惯和消费需求，倾听消费者的意见。那么，市场营销人员首先要了解消费者市场的概念，明确消费者市场的分类及其特点，熟悉消费者购买行为的模式及影响因素，知晓消费者购买决策的参与角色、行为类型和过程。

1. 掌握消费者市场的概念和特点，理解消费者购买行为的模式及影响因素。

2. 能够明白如何选择适合目标市场的营销模式，能够进行市场细分和市场定位战略。

# 任务一  消费者行为分析

**知识目标：**

1. 掌握消费者购买行为的模式。
2. 掌握消费者购买行为的影响因素。
3. 知晓消费者做出购买决策时的参与角色、行为类型和过程。

**岗位能力目标**

1. 能够科学地进行消费者行为分析。
2. 能够根据消费者的行为分析其购买决策。

**思政目标：**

1. 培养学生理性消费的观念。
2. 帮助学生树立正确的消费观念，贯彻实事求是的精神。

## 任务分析

有的营销人员在从事营销活动时，总是侃侃而谈，把自己销售的产品说得天花乱坠，但无法打动客户，成交量甚低。这是因为其缺乏与客户有效的沟通，不了解消费者的生活习惯和消费需求，也不懂得市场的变化。我们在营销过程中，只有先了解市场和消费者，熟悉消费者的购买动机，才能进行购买决策的分析。

### 案例 4-1：麦当劳市场细分案例

**一、案例背景**

麦当劳作为一家国际餐饮巨头，创始于 20 世纪 50 年代中期的美国。由于创始人及时抓住了高速发展的美国经济下的工薪阶层需要方便快捷的饮食的良机，并且瞄准了细分市场的需求特征，对产品进行了准确定位而一举成功。当今，麦当劳已经成长为世界上最大的餐饮集团，在 109 个国家开设了 2.5 万家连锁店，年营业额超过 34 亿美元。

**二、案例分析**

回顾麦当劳公司的发展历程会发现，麦当劳一直非常重视市场细分，而正是这一点让它取得了令世人惊羡的巨大成功。

市场细分是 1956 年由美国市场营销学家温德尔·斯密首先提出来的一个概念。它是指根据消费者的不同需求，把整体市场划分为不同的消费群体，每个消费群体便是一个细分市场。每个细分市场都是由需要与欲望相同的消费者组成的。市场细分主要按照地理、人口和心理来划分目标市场，以此实现企业的营销目标。

而麦当劳的成功正是因为在这三项划分要素上做足了功夫。它根据地理、人口和心理要素准确地进行了市场细分，并分别实施了相应的战略，从而实现了企业的营销目标。

(一)麦当劳根据地理要素细分市场

麦当劳有美国国内和国际市场。但不管是国内还是国外市场，都有各自不同的饮食习惯和文化背景。麦当劳进行了地理细分，主要是分析各区域之间的差异。如美国东部与西部的人喝的咖啡口味是不一样的。麦当劳通过把市场细分为不同的地理单位进行经营活动，从而做到了因地制宜。

每年，麦当劳都要花费大量的资金进行认真、严格的市场调研，研究各地的人群组合、文化习俗等，再撰写详细的细分报告，以使每个国家甚至每个地区都有一种适合当地生活方式的市场策略。

例如，麦当劳刚进入中国市场时大量传播美国文化和生活理念，并试图以美国式产品牛肉汉堡来征服中国人。但中国人爱吃鸡肉，与其他洋快餐相比，鸡肉产品也更符合中国人的口味，更加容易被中国人所接受。针对这一情况，麦当劳改变了原来的策略，推出了鸡肉产品。这一改变正是针对地理要素所做出的，也加快了麦当劳在中国市场中的发展步伐。

(二)麦当劳根据人口要素细分市场

通常，人口细分市场主要根据年龄、性别、家庭人口、生命周期、收入、职业、教育、宗教、种族、国籍等要素，把市场分割成若干细分市场。而麦当劳对人口要素的细分主要是从年龄及生命周期的阶段进行的：它将不到开车年龄的划定为少年市场，将20~40岁的年轻人界定为青年市场，还划定了老年市场。

人口市场划定以后，要分析不同市场的特征与定位。例如，麦当劳以孩子为中心，把孩子作为主要消费者，十分注重培养他们的忠诚度。在餐厅用餐的小朋友，经常会意外地获得印有麦当劳标志的气球、折纸等小礼物。在中国，还有麦当劳叔叔俱乐部定期开展活动，参加者为3~12岁的小朋友，让小朋友更加喜爱麦当劳。这便是相当成功的人口细分策略，因为这抓住了市场的特征，实行了准确的定位。

(三)麦当劳根据心理要素细分市场

根据人们的生活方式，快餐业通常划分出两个潜在的细分市场：方便型和休闲型。在这两个市场中，麦当劳都做得很好。

例如，针对方便型市场，麦当劳提出"59秒快速服务"，即从顾客开始点餐到拿着食品离开柜台的标准时间为59秒。

针对休闲型市场，麦当劳对餐厅店堂的布置非常讲究，尽量做到让顾客觉得舒适自由。麦当劳努力让顾客觉得麦当劳是一个具有独特文化的休闲好去处，以吸引休闲型市场的消费者。

(资料来源：http://blog.sina.com.cn/s/blog_a9b79f7f0102whyp.html.有改动)

**问题**：麦当劳是如何细分市场的？从这个案例中你得到了什么启发？

## 知识精讲

### 一、消费者市场的含义

要想交易成功，就要了解消费者市场。随着经济的快速发展和时代的进步，营销人员要时刻关注消费者需求的变化。要把握消费者的需求，首先要了解消费者市场的概念和特点，掌握消费者购买行为的模式和影响消费者购买行为的因素。

#### （一）消费者市场的概念和特点

消费者市场又称最终消费者市场、消费品市场或生活资料市场。消费者市场是指消费者个人或家庭为了满足自身需要或家庭需求而购买、租用产品或服务的市场。

消费者市场的特点主要表现在以下几个方面。

1. 消费需求的不确定性

消费需求具有不确定性，它容易受到消费者个人因素的影响，比如文化价值观、产品需求、产品使用习惯、生活习惯、经济收入等，因而消费需求的弹性较大。

2. 消费需求的多样性

每位消费者的喜好或多或少都有差异。不同年龄或者不同层次的消费者的需求都各不相同。因此，市场营销要细分多样性的消费者市场。市场竞争越来越激烈，细分市场不断地细化，消费者的个性化需求也不断地被挖掘出来，消费需求越来越呈现出多样性，企业面临的风险也越来越大。

3. 消费者购买行为的可诱导性

消费品市场的大部分购买者缺乏相关的商品知识和市场知识，消费者购买行为基本上是非专业性的购买。他们在购买产品时，受广告、宣传的影响比较大，带有自发性、冲动性，因此，消费者购买行为具有可诱导性。营销部门应该做好产品的广告宣传，积极有效地影响消费者做出购买的决定。

提问：大学生手机消费市场有什么特点？

#### （二）消费者购买行为的模式

消费者市场分析的核心内容是了解消费者的购买行为。消费者的购买行为指的是消费者为了满足某种需求，在寻找、购买、使用或评估产品或服务时体现出的行为。消费者购买行为的模式，是用来描述消费者受到的外界刺激与消费者的反应之间的关系的模型。

消费者的外界刺激有营销刺激和环境刺激。营销刺激包括产品、价格、促销、策略。环境刺激包括经济、社会文化、技术、政治法律。这些外界刺激经过"购买者黑箱"的作用便产生了一系列可以观察到的购买者反应。"购买者黑箱"是连接消费者受到的外界刺激与消费者反应的中间环节，是信息处理的中心，它包括两个部分：第一个部分是购买者特性。比如个人因素、心理因素、文化素质、社会环境。这些特性决定了消费者如何理解他所面对的需求问题、购买问题以及外界刺激，影响着消费者对外界刺激做出反应。第二部分是消费者的购买决策过程。消费者的购买决策过程包括认识需求、收集信息、评估决策、购买决策和购后评价。营销人员可以依据消费者购买行为的模式，分析消费者的特点，从而把企业的营销宣传与目标消费者联系起来，有针对性地刺激消费者做出购买决定。

▶▶ 案例4-2：云南白药牙膏：让传统中药融入现代生活

对于云南白药牙膏成功原因的分析，无论是产品定位、品牌借力，还是"三高"营销策略，都依然停留在表面层次。须知，不少企业也推出了具有针对性的产品，也具有良好的品牌形象和类似的营销策略，但为何并没有取得类似白药牙膏的奇迹呢？或者说，云南白药牙膏给予我们更深层次的商业启发有哪些？其真正可复制的成功密码是什么？

关于云南白药牙膏成功的根本原因，我们认为，是它成功地将传统中药与现代日化产品进行了结合，使得传统中药真正融入了现代生活。

在很多人的潜意识里，一提到中药，就想到草根、树叶、丸散膏丹或是黑砂锅熬制的苦药汤。这些中药丸或药汤有时虽然效果可能不错，但因为不知道其成分，或是熬制过程很不方便，或是味道实在不能让人恭维，让人望而生畏或敬而远之。

事实上，长期以来，我国的中药生产、研发和营销缺乏创新，工业化水平低，剂型落后，产品守旧，品牌老化，以致中药一直以"苦、大、粗、黑"的老面孔示人，与方便、快捷、舒适的现代生活形成了鲜明对比，使得现代人，尤其是年轻一代，对于传统中药的印象日益模糊。而随着中药药房和销售渠道的不断减少和萎缩，传统中药与现代生活之间的距离日益拉大。

为了改变这种情况，很多中药企业提出了"现代中药"的概念，即以软胶囊、注射液、颗粒剂等现代剂型，使中药成为与西药一样样式精致、疗效稳定和使用方便的现代中药。比如安宫牛黄丸，被称为中医急救圣药，但是它的大药丸子服用不便。如果病人昏迷了，就很难服下去，而且起效较慢。河北神威药业则把安宫牛黄丸制成注射液，改口服为静脉注射，适应症状更广，被称为中药抗生素。然而，这些中药企业虽然在中药现代化方面进行了不少有益探索，但这些现代中药绝大多数仅限于在医院使用，并没有广泛地应用于现代生活，在现代生活中仍难觅传统中药的影子。

如何在继承传统中药精华的基础上，通过引进现代技术和理念，将中药和现代生活紧密融合，既是众多中药企业实现战略成长所必须解决的重大问题，也是振兴中药的必由之路。

1999年6月，37岁的王明辉调任云南白药总经理，他的核心任务之一就是通过战略变革，为企业寻找新的增长点，寻求超常规的发展速度。王明辉很快意识到，传统白药产业的市场容量有限，即便把市场占有率提到100%，企业的增长空间依然非常有限。为此，在考察国外同行成功经验的基础上，他结合中国实际和企业现状，开始尝试通过将白药应用到相关领域和产品上，特别是那些具有极大市场空间的现代日化产品上，来实现云南白药的跨越式增长。

早在2001年，云南白药就围绕保密配方与材料科学的结合进行了产品创新，推出了云南白药创可贴。以"有药好得更快一点"为价值诉求的白药创可贴的成长速度惊人，销售额从2001年的3000万元飙升至2008年的近3亿元，超越长期保持市场冠军地位的邦迪，成为行业领导者。在2000年以前，国外企业占据了中国创可贴市场90%的份额，到2008年，在这个每年5亿元的小创伤护理品市场中，云南白药占到了市场份额的二分之一。

白药创可贴的成功让王明辉开始更多地思考消费者导向需求的问题，即如何根据消费者需求，通过产品创新，将白药蕴涵的活性成分及其所具备的独特功效，通过更方便的产品形式和使用方法来满足消费者的需求，使得传统白药真正走入现代生活。

在口腔护理领域，云南白药以前也做过一些尝试，例如曾开发针对牙龈出血的云南白药易可贴，但患者使用起来不是很方便。此时，来自消费者的一些创意给了云南白药极大的启发。云南白药的副总经理、健康事业部总经理秦皖民在介绍白药牙膏诞生背景时，曾这样描述道："白药是一种功能非常强大的止血愈伤的产品。在百度和谷歌上搜索白药新的使用方法，每年都有新的这方面的文章。很多医生和消费者会介绍他们发现的白药新用途。这个疾病怎么用，那个疾病需要和什么药结合。有很多牙龈出血的病人比较烦恼，牙龈出血不是大出血，你去看医生，似乎有点小题大做，又没有很好的普通药物来治疗。一些消费者就把白药粉撒在牙膏上使用，发现效果非常好。就有消费者向我们建议，你们为什么不生产一款白药牙膏呢？"

这些建议引起了王明辉和他的团队的兴趣，结合国外同行纷纷进入现代日化产品领域的经验，王明辉意识到白药牙膏是一个具有广阔市场空间的产品。经过3年左右的研发和试生产，云南白药终于成功推出了白药牙膏。

与以往的中药产品相比，白药牙膏可以说是具有颠覆性的一款中药产品。其革命性意义在于：牙膏是现代生活中必不可少的产品，而白药牙膏通过把白药和牙膏结合，使传统中药以一种更为方便、快捷和舒适的方式融入了现代生活。从此，传统中药不再是街角老中药铺里那些"苦、大、粗、黑"的药丸或汤液，而是以大家最常见也最常用的方式融入千家万户的日常生活。白药牙膏在如下多个方面，克服了传统中药的一些局限：

首先，云南白药牙膏极大地降低了传统中药消费过程中的交易成本。

交易成本就是人们在交易的过程中，产生的搜寻成本、订约成本、监督成本、违约成本等。具体到消费者的交易行为，在搜寻、比较、测试、协商、付款、递送、售后服务等七个过程中产生了大量的交易成本。再具体到本案例，对使用云南白药的患者来讲，包括药品搜寻成本、到药房购买的时间成本、药品的使用成本，有时可能还涉及医院的诊断成本等。由于传统中医网点萎缩，以及传统中药使用方法复杂等原因，相对于西药，传统中药的交易成本更高昂，这直接降低了消费者对传统中药的需求。

在决定消费者购买行为的诸因素中，交易成本起到了非常重要的作用。在市场竞争日益激烈和消费者忠诚度不断下降的趋势下，企业十分需要通过降低交易成本以吸引顾客，提高销售量，扩大市场份额。例如，WINDOWS便通过降低消费者使用电脑的学习成本，获得了巨大的成功。然而，现实中的许多公司常常过分迷信产品与服务的技术先进性和新颖性，却忽略了如何以更便利的方式为购买者提供产品和服务。

对于普通消费者来说，一般的口腔问题不值得去医院，因为去医院的成本太高昂：他们需要付出寻找合适医院的成本、来回医院的交通成本、诊断成本、服药成本等。事实上，他们需要的只不过是一种简便、有效、能够解决口腔问题的产品。所以，当云南白药推出以牙膏为载体、内含云南白药有效成分，可以治疗"牙龈出血、肿痛、口腔溃疡"的专业功能性牙膏时，云南白药牙膏的目标消费群体——牙龈炎或牙周炎患者——从此不必费劲寻找治疗病痛的药物，也不必为此专程去医院就诊和买药。白药牙膏还将白药的使用过程简化为每天刷牙那么简单，这些都极大地降低了消费者的选择成本、就诊成本、购买成本和使用成本。云南白药牙膏以非常合理的方式重塑了白药的消费模式，随后的巨大的商业成功自然水到渠成。

其次，白药牙膏摆脱了对传统中药销售渠道的依赖。

传统中药一般依赖中医院或中药铺来销售，然而，由于种种客观原因，相对于西医，传统中药销售渠道一直处于萎缩状态，这直接阻碍了传统中药业务的发展。而白药牙膏虽然是中药产品，但却以现代日化产品的形态出现，其销售渠道迅即扩展到现代零售体系，大到各类商场、超市，小到社区门市部，都成了白药牙膏的销售渠道。这摆脱了传统中药销售渠道不振对中药发展的负面影响，也使得中药产品一举进入主流生活方式，可谓一举多得。

最后，白药牙膏重塑了传统中药的形象。

由于长期缺乏产品创新，近年来，传统中药的品牌形象严重老化。在很多年轻人的心目中，似乎中药是老一辈人才使用的产品，他们更喜欢拥抱新科技、新材料带来的现代产品，以及与之相伴的"现代生活"。为了扭转白药在消费者印象中的品牌老化问题，云南白药利用推出白药牙膏的机会，邀请濮存昕作为形象代言人，突出其成熟、睿智、负责任、热心公益等特质，不仅使"让健康的口腔享受生活的快乐"这样的现代生活理念更加深入人心，而且逐步扭转了传统中药的"守旧"印象，重塑了中药在消费者心目中的形象。

总之，白药牙膏的成功不仅是一个产品的成功，而且证明了一个事实：传统中药通过产品创新、重塑消费模式，完全可以和现代生活完美融合，并推动传统中药产业的突破式增长。这恐怕是白药牙膏的成功给我们最大的商业启示，也是能复制的成功基因所在。事实上，在白药牙膏成功的基础上，云南白药正酝酿推出药浴等个人护理产品，准备将把传统中药和现代生活融合的战略贯彻到底。

（资料来源：http://blog.ceconlinebbs.com/BLOG_ARTICLE_43044.HTM？b_xihuan.有改动）

**思考**：云南白药集团是如何对消费者的购买行为进行分析的？

## （三）影响消费者购买行为的因素

营销人员要生产和提供有价值的产品给消费者，用丰富多彩的广告来介绍自己产品的特点和功效，吸引和说服消费者了解产品，从而使消费者购买产品。因此，为了展开市场营销活动，我们要了解以下影响消费者购买行为的因素。

### 1.社会因素

消费者购买行为受到诸多社会因素的影响，包括相关群体、家庭、社会角色等。相关群体是指直接或间接影响消费者的态度和购买行为的组织、团体和人群等，包括所属群体和参照群体。

消费者在社会生活中，要经常与家庭、亲戚、朋友、同学、同事、邻居等发生各种各样的联系，这些相关群体是消费者经常接触、关系较为密切的人。由于经常在一起学习、工作、聊天等，消费者在购买商品时，往往受到这些人的商品评价的影响，有时甚至是决定性的影响。

参照群体是消费者在形成消费决策时，用来作为参照、比较的参照群体。比如，消费者对影视歌星、社会名人等的崇拜和效仿，或者消费者受父母的影响，在食品的选择标准、出行习惯、消费购物等方面形成了某些观念和态度。

家庭对消费者购买行为的影响是最强烈的。家庭主妇通常是一家的采购者。但随着社会的发展，女性的事业心日渐增强，男子参与家庭和家务劳动的风气逐步兴起。当然在家庭购买活动中，其购买决策并不总是由丈夫或妻子单方面做出的，购买有些价值昂贵或不常购买的产品时，往往是由夫妻双方以及已长大的孩子共同做出购买决定的。

社会角色指的是消费者在不同场合里的身份。不同的社会角色有不同的消费行为。消费者在各种群体中的角色会直接影响其消费行为。

> **思考**：分析你在不同群体(如家庭、班级、社团)中的不同角色对自己消费行为的影响。

### 2. 文化因素

文化因素是影响消费者需求和购买行为的最基本的因素。文化通常是指人类在长期生活实践中建立起来的价值观念、道德规则及其他行为准则和风俗习惯。如果不了解消费者所处的文化背景，营销活动很难成功。文化对消费者的购买行为和观念会产生深远的影响。

任何文化都包含着一些较小的群体或所谓的亚文化群。它们以特定的认同感和影响力将各自的成员联系在一起，使之持有特定的价值观念、生活格调与行为方式。亚文化群有许多不同的类型，影响购买行为最显著的主要有三种：一是民族亚文化群。如我国除了占人口多数的汉族外，还有几十个民族，他们在食品、服饰、娱乐等方面仍保留着各自民族的许多传统情趣和喜好。二是宗教亚文化群。宗教信仰者特有的信仰、偏好和禁忌会影响他们的购买行为。三是地理亚文化群。如我国华南地区与西北地区，沿海地区与内陆地区，都有不同的生活方式，不同地区的人们对商品的需求也有很大的不同。

### 3. 消费者自身的因素

消费者自身的因素是能够最直接地影响购买决策的因素，主要包括以下几个方面。

(1)消费者的经济状况，也就是消费者的工资收入、储蓄与资产、借贷能力等。消费者的经济状况决定了消费者的消费水平、消费范围、消费的需求层次和购买能力。消费者经济状况较好，就可能产生较高层次的需求，购买较高档次的商品，享受较为高级的消费。相反，消费者经济状况较差，通常只能优先满足衣食住行等基本的生活需求。

(2)消费者的职业和地位。不同职业的消费者，对于商品的需求与爱好往往不一致。农民、演员、工人、空乘人员、教师、画家等职业对食品、服饰等的消费需求就存在着差异。一个从事绘画艺术的消费者一般会较多地购买颜料、画笔、书报等文化商品；而对于演员来说，则倾向于购买漂亮的服饰和精美的首饰、高端汽车。消费者的职业和社会地位会影响其对商品的购买。

(3)消费者的年龄与性别。消费者对产品的需求会随着年龄的增长而变化，在不同的生命阶段中，需要相应的商品。如在婴儿期，需要婴儿食品、尿布等；而在青年期，则需要更多的时装和美容产品。不同性别的消费者的购买行为也有很大的差异。如男性消费者购买烟酒类产品较多，而女性消费者则喜欢购买时装、首饰和化妆品等。

（4）消费者的性格与自我观念。性格是指一个人特有的心理素质，通常用刚强或懦弱、热情或孤僻、外向或内向、创意或保守等进行描述。不同性格的消费者具有不同的购买行为。刚强果断型的消费者在购买过程中表现出大胆自信，而犹豫不定型的消费者在挑选商品时往往缩手缩脚。

此外，影响消费者购买行为的社会因素还包括政治、法律、军事、经济等因素。影响消费者购买行为的主要因素，除消费者自身因素、社会因素之外，还有企业和产品因素，如产品的质量、价格、包装、商标和企业的促销工作等。

### 案例4-3：色彩营销对购车有多重要？

国际流行色协会的调查数据显示：在成本不变的情况下，合适的、受欢迎的色彩设计，可给产品带来10%~25%的附加值。也有调查表明，消费者选择商品时存在一个"七秒定律"，也就是说面对众多的选择，消费者往往会在七秒的时间内确定对一个商品的喜恶。而在各种感官影响因素中，色彩的影响占到65%的比例。可见色彩几乎可以左右消费者的购买选择。

在汽车行业里，汽车颜色的变化不断增多也是随着时间而演变的。以往的汽车是高端身份的象征，大多以黑、银、白色为主。随着汽车开始大规模地进入家庭，个性化消费时代来临，五彩缤纷的颜色开始出现在各种车型上。中国汽车市场的发展也在遵循这样的规律。我们可以看到，在中国汽车市场中，代表高端身份的中高级车型大多还以黑、银、白色为主，而那些满足年轻消费者需求的小型轿车则相当重视车型的颜色，并对此进行着推广和营销。其中，A0级的主流车型中就有不少，如飞度、雅力士、雨燕、斯柯达晶锐等，不但以各种耀眼炫目的色彩吸引消费者，还定期推出色彩特别的限量版。

在这些车型的色彩营销中，有不少让人印象深刻，如飞度·型动派的艾美紫，雨燕特别在妇女节推出的粉红版。厂商们越来越重视色彩营销，如新君威的"当红问世"、新思域的"人生需要一点红"等，颜色被当成了首要的传播广告语。可见色彩营销从车型的设计环节就已经开始了。

合适的、受欢迎的色彩设计可以为产品带来10%~25%的附加值。所以，在汽车市场上，一些有着受欢迎的颜色的车型的优惠幅度往往很小，甚至有商家加价销售。不少厂家还会在高端车型上使用丰富的色彩，提升高端车型的吸引力，晶锐的白色车顶便是如此。

在汽车消费中，颜色的影响几乎可以等同于外观的影响。随着消费市场的成熟和发展，色彩营销会越来越重要。但也要慎用色彩营销，不是任何级别的车型都值得在颜色上下功夫。

（资料来源：http://blog.sina.com.cn/s/blog_4b671d0b0100c85b.html？tj=1.有改动）

**思考**：在生活中，你觉得汽车消费者的购买行为会受到哪些因素的影响？你觉得色彩营销能提升某款车的市场份额吗？

### （四）消费者做出购买决策时的参与角色

1.发起者

发起者是指最先提议或想要购买某一商品或服务的人。发起者受到一定购买动机的支配，这可能是由内在的生理活动引起的，也可能因外界的某种刺激引起的。

**2. 影响者**

影响者即其看法或建议对最终决策者具有一定影响的人。影响者的反对态度越强烈，购买者修改购买意图的可能性就越大。

**3. 决策者**

决策者即对为何买、是否买、何时买、买多少等有关决策做出完全或部分最后决定的人。决策者是整个消费购买过程中起最关键作用的角色。

**4. 购买者**

购买者即实际采购人，购买者是购买过程的执行者。

**5. 使用者**

使用者即实际消费或使用产品或服务的人。这是整个购买过程的最后一个角色，标志着购买活动的完成和结束。

### （五）消费者购买行为的类型

购买决策类型不同，消费者购买决策也因此而产生变化。较为复杂和花钱较多的决策往往来自购买者的反复比较、思量权衡和征求他人意见的过程。根据参与者的介入程度和品牌间的差异程度，可将消费者的购买行为分为以下四种。

**1. 复杂型购买行为**

复杂型购买行为是指消费者面对很少购买的贵重物品，由于商品的品牌差异大、购买风险大，消费者需要有一个学习、认知商品的过程，即要了解商品的材质、性能、特点，从而对商品产生某种看法，最后决定购买的行为类型。

比如，一对情侣去买结婚用的戒指，商场里有黄金、翡翠、钻石等材质的戒指。这对情侣对珠宝首饰的熟悉度较低，不知道要选择哪一种类型的首饰。特别是翡翠和钻石都有不同的等级和颜色，而且价格昂贵，因此，他们就具有较高的购买决策风险，购买任何一种珠宝首饰都是复杂的购买行为。

营销者针对复杂型购买行为应采用相应的营销策略：应采取积极有效的宣传措施，帮助消费者了解商品的材质、性能等，并介绍商品的优点及其可以给购买者带来的益处，从而影响购买者的最终决策。

**2. 协调型购买行为**

协调型购买行为是指消费者对品牌差异不大的产品或不经常购买、有一定购买风险的产品，需要花费大量时间和精力进行选购，而且购买后容易出现不满意等失衡心态，需商家及时减轻、化解的购买行为。消费者一般要比较、看货，只要价格公道、购买方便、机会合适，消费者就会决定购买；购买之后，消费者也许会感到不够满意，在使用过程中，会了解更多的情况，并寻求种种理由来减轻、化解这种不协调的感觉，以证明自己的购买决定是正确的。

营销者针对协调型购买行为应采用的营销策略：注意运用价格策略和推销策略，选择最佳的销售地点，向消费者提供有关产品的评价信息，使其在购买后相信自己做出的选择是正确的。

### 3.变换型购买行为

变换型购买行为是指消费者对于品牌差异明显的产品不愿花长时间进行选择和评估，而是不断地变换所购买的产品的品牌的购买行为。比如，有的消费者在选择沐浴产品时，除了期待沐浴产品可以有效去除污垢之外，还能有不同的保养皮肤的功效，所以喜欢经常购买不同成分和类型的沐浴产品，根据季节、年龄、天气等因素的变化，寻找适合自己的沐浴产品。

营销者针对变换型购买行为应采取的营销策略：采取促销活动和占据有利货架等办法，保障供应，刺激消费者购买。

### 4.习惯型购买行为

习惯型购买行为指对于价格低廉、经常购买、品牌差异小的产品，消费者不需要花时间选择，也不需要经过收集信息、评价产品特点等复杂过程的最简单的消费行为。比如，消费者家里一直用清风纸巾，习惯使用这个品牌的纸巾，所以消费者用完后，不再收集商品信息，便直接去超市或者网上购买。

营销者针对习惯型购买行为应采取的营销策略：利用价格策略与促销活动来吸引消费者购买；播放大量重复性的广告，加深消费者印象；增加消费者的购买参与程度；增强品牌差异化的宣传力度。

## （六）消费者做出购买决策的过程

消费者做出购买决策的过程由确认问题、搜集信息、评价选择、购买决策和购买后行为等阶段构成。

### 1.确认问题阶段

在确认问题阶段，消费者产生需求，并将其与特定的产品或服务联系起来。比如，肚子饿了，就会产生找食物充饥的需求；冬天天气冷了，就会产生穿防寒衣服的动机；有发高烧的症状，就会有通过药物治疗和物理降温以达到恢复健康的需求。

### 2.搜集信息阶段

消费者产生需求、确认需求后，如果这种需求没有被满足便会形成紧张感，从而促使消费者通过多种来源获得相关产品或服务的信息，以提高其决策理性。在这一阶段，消费者的信息来源主要有四个方面：个人来源，如家庭、亲友、邻居、同事等；商业来源，如广告、推销员、分销商等；公共来源，如大众传播媒体、消费者组织等；经验来源，如消费者使用过的产品等。

### 3.评价选择阶段

在评价选择阶段，消费者通过对产品信息的搜集和整理，将根据产品或服务的属性、利益和价值组合，对产品进行分析、评价，形成各种购买方案。

### 4.购买决策阶段

消费者进行了分析评价后，会进行比较选择，形成购买意图和偏好。在购买决策阶段，消费者对商品信息进行比较和评选后，已形成购买意愿。然而从形成购买意图到决定购买，还要受到两个因素的影响：（1）他人的态度。他人的反对态度愈强烈，或持反对态度者与购买者的关系愈密切，购买者修改购买意图的可能性就愈大。（2）意外的情况。如果消费者发生了意外的情况，如失业、意外急需等，则很可能改变购买意图。比如，生病时，患者的药品消费决策由医生替消费者做出；消费者去药店买药时，也可能受到药店员工和其他人的影响。

5. 购买后行为阶段

消费者购买后的满意程度取决于消费者对产品的预期性能与产品的实际性能之间的对比。消费者购买后的满意程度高，会增加消费者重复购买的可能性，而且消费者还可能为该产品或服务做宣传，向身边的朋友推荐。相反，如果消费者购买后的满意程度低，消费者可能退货或再也不购买这个品牌的产品或服务，甚至会向朋友对该品牌的产品或服务做出反面的宣传。

因此，营销人员要注意消费者购买后的评价过程，提高消费者的满意程度。售后客服部门要妥善地处理消费者的投诉，进一步明确顾客反馈的问题和要求，积极解答消费者的问题，增强消费者对产品或服务的认可和满意度。

#### 案例4-4：阿雯选车的故事

阿雯是上海购车潮中的一位普通的上班族，35岁，月收入万元。以下文字真实地记录了她在2004年4月至7月间的购车决策过程中受到的各种信息的影响。

阿雯周边的朋友与同事纷纷加入了购车者的队伍。看到他们在私家车里享受如水的音乐而不必忍受公交车中的拥挤与嘈杂，阿雯不觉开始动心。另外，她工作地点离家较远，交通拥挤，来回花在路上的时间要近3小时，她的购车动机越来越强烈。只是这时候的阿雯对车一无所知，除了坐车的体验，只是直觉上喜欢漂亮的白色、流畅的车型和具有几盏大而亮的车灯的车型。

*初识爱车*

阿雯是在上司的鼓动下去驾校学车的。在驾校学车时，未来将购买什么样的车在不知不觉中成为几位学车者的共同话题。

"我拿到驾照，就去买一部1.4T的波罗。"阿雯的一位MBA同学对波罗情有独钟。虽然阿雯也蛮喜欢这一款小车的外形，但她怎么也接受不了自己开波罗。因为阿雯有坐波罗1.4T的体验：那一次是4个女生一起坐一辆波罗出去吃午饭，车从地下车库开出时，不得不关闭了空调才爬上高高的坡。想起爬个坡便要关上空调，这实实在在地打消了阿雯对波罗的热情。

那就问问驾校的师傅吧。师傅总归是驾车方面的专家，他说："宝来是不错的车。"阿雯问了周边人的用车体会，大家反馈回来这样的信息：在差不多的价位上，开一段时间后，还是德国车好，宝来不错。阿雯尚无体验驾驶宝来的乐趣，但它后排的拥挤却已让人头疼了。想到自己的先生人高马大，宝来的后座不觉成了胸口的痛。如果有别的合适的车，宝来可以成为候选吧。

不久，一位与阿雯差不多年龄的女邻居买了一辆福美来，便自然地向阿雯做了"详细介绍"。阿雯去了专卖店，她被展厅里的车所吸引，销售员也热情有加。特别是这么一句话深深地打动了她："福美来各个方面都很周全。反正在这个价位里别的车有的配置，福美来都会有，而且只会更多。"此时的阿雯还不在意动力、排量、油箱容量等抽象的数据。销售人员的介绍令阿雯在这一刻已锁定福美来了。阿雯乐颠颠地拿着一堆资料回去，福美来成了自己心中的首选，银色而端正的车体在阿雯的心中晃啊晃。

**亲密接触**

阿雯回家征求先生的意见。先生说，为什么放着那么多上海大众和通用公司的品牌不买，偏偏要买"海南货"？它在上海的维修和服务网点是否完善？两个问题马上动摇了阿雯当初的方案。

阿雯不死心，便想问问周边驾车的同事对福美来的看法。"福美来还可以，但是日本车的车壳太薄。"同事有多年的驾车经验，他的一番话还是有说服力的。阿雯有无所适从的感觉。阿雯读起了汽车杂志，随着阅读的试车报告越来越多，阿雯明确了自己的目标——8 万至 15 万价位的汽车，众多品牌的汽车开始进入阿雯的视野。经过反复比较，阿雯锁定了别克凯越和本田飞度。

特别是别克凯越，简直是一款无懈可击的靓车啊！同事 A 此时也正准备买车，别克凯越也是首选。阿雯开始频频地进入别克凯越的车友论坛，并与在上海通用汽车集团工作的同学 B 联系。通过同学 B 的介绍，阿雯增强了对别克凯越的信心。随着对别克凯越的不断了解，阿雯很快发现，费油是别克凯越的最大缺陷，阿雯的心思便又活了。还有飞度呢，精巧、独特、省油，1.5VTEC 发动机动力强劲，活灵活现的试车报告，令阿雯忍不住想说就是它了。何况在论坛里，阿雯发现这一阶段广州本田推出了广本飞度的广告，阿雯精心地收集着有关广本飞度的每一个文字，甚至还致电广本飞度的上海 4S 店，询问其配件价格。维修成员极耐心的回答令阿雯对飞度的印象分又一次增加了。

此时，阿雯对电视里各种煽情的汽车广告还没有多少印象。因为读书、工作和家务的关系，她实在没有多少时间坐在电视机前。地铁里的各式广告，按道理是天天看得到的，但受拥挤人群的影响，阿雯实在是没有心情去欣赏。纸上得来终觉浅，身边的人的直接用车体验对阿雯有着一言九鼎的说服力，阿雯开始致电各款车的车主了。

朋友 C 开的是别克凯越，他说凯越是款好车，值得购买。同学 D 开的是别克赛欧，这是阿雯曾经心仪的 SRV，有一种质朴而舒适的感觉。同学说别克赛欧空调很好，但开空调后感觉动力不足。

朋友 E 开的是飞度，她说飞度轻巧、省油，但好像车身太薄，不小心用钥匙一划便是一道印痕。有一次装点东西，感觉像是"小人搬大东西"。桑塔纳车主、波罗车主等，都成了阿雯的"采访"对象。

**花落谁家？**

阿雯的梦中有一辆车，有着漂亮的白色、流畅的车型、大而亮的灯，安静地立在阿雯的面前，等着阿雯坐进去。但究竟花落谁家呢？阿雯自己心里知道……

（资料来源：https://www.taodocs.com/p-15575811.html. 有改动）

**思考：**

1. 阿雯选车属于哪一类购买行为类型？为什么？

2. 运用消费者决策过程的五阶段模型分析阿雯选车所经历的阶段。

# 任务二　目标市场

## 知识目标：

1. 掌握市场细分、目标市场、市场定位的含义。

2. 知晓和理解目标市场选择策略。

3. 掌握影响目标市场选择策略的因素。

## 岗位能力目标：

1. 能够根据不同的情境选择相应的目标市场战略。

2. 能够制订目标市场营销战略方案。

3. 能够进行市场细分和市场定位。

## 思政目标

1. 培养学生坚定的意志。

2. 培养学生爱岗敬业的职业精神。

## 任务学习指南

消费者需求是不断变化的，企业要根据消费者的需求进行市场细分，从而分析哪些消费者是企业的目标客户群，并为其提供相应的服务。

## 任务分析

营销人员在营销过程中，要知晓和理解选择目标市场的策略，能根据不同情境选择相应的目标市场策略，还要掌握影响目标市场选择策略的因素，学会如何进行市场细分和市场定位，从而掌握如何制订目标市场营销战略方案。

### ▶ 案例 4-5：三只松鼠：着眼细分市场，做成大众品牌

我们发现，那些大家都能看到的营利空间，往往已经被各家资本纷纷进驻了，最后的赢家往往是拥有巨大资源和资金的巨头，而中小型公司运气好的被吞并，运气不好的只能认栽。

在细分的市场里，有着个性化的标签和较强的粉丝黏性，竞争的压力比较小，反而适合一些中小型企业的生存。甚至有很多企业从细分做起，最后变成了大众品牌。三只松鼠就是一个典型的例子。

### 一、着眼细分品类，只做坚果类的老大

三只松鼠在成立之初，其目标和定位就是非常明确的，那就是只做坚果这个类目。而三只松鼠的品牌形象跟这个定位是非常切合的，因为我们都知道，松鼠爱吃坚果。拟人化的形象加上第一家只做坚果品类的企业身份，让很多的消费者记住了它。

消费者对于细分品类的需求来自消费升级，大众对于零食已经不仅仅满足于单一的品类，而是趋向于多元化。只做垂直领域，会让消费者认为这个品牌是该领域的专家，对于树立品牌的形象是非常有利的。

### 二、打造 IP，"病毒式"植入

三只松鼠让人印象最深刻的就是它的"病毒式"植入。在很多热门电视剧中，都能看到它们的身影。三只松鼠不仅满足于作为植入广告的形式出现，它也打造了属于自己的IP，除了公仔、抱枕等，还推出了动画片。这对于营造品牌的形象来说是非常有利的。

### 三、营造场景，将产品生活化

三只松鼠非常善于营造生活化的场景。它按照目标群体的不同进行着不同的宣传，激发了人们的购买欲望。对于白领，三只松鼠就是可以放在办公桌上的零食；而对于学生，三只松鼠则打造了"学生包装"，并且植入到电视剧里。每逢春节，三只松鼠的产品又以春节伴手礼的形象出现。

### 四、打破天花板，拓展更多的市场

随着坚果类食品销售额的增速放缓，三只松鼠利用自身的优势，开始拓展其他的产品。可以说在这个阶段，三只松鼠已经成了品牌，并且拥有了销售数据，也了解了经常购买三只松鼠的消费人群的特点。

从三只松鼠的案例来看，更多的中小型企业应该把目光投向细分品类，先做精，再做强，最后再做大。这样才能最大限度地规避激烈的市场竞争，在小而美的领域中，发挥自身的价值。

（资料来源：https://www.hougebiji.com/4926.html. 有改动）

**思考**：三只松鼠是如何着眼于细分市场的？从三只松鼠的案例中，你能得到什么启示？

## 知识精讲

## 一、市场细分的含义

市场细分是在 1956 年由美国市场营销学家温德尔·斯密首次提出来的概念。市场细分是指根据消费者的不同需求，把整体市场划分为不同的消费群体的市场分割过程。企业根据顾客对商品的需求、购买动机、购买习惯等因素，把整个市场按照不同的标准进行分类，划分成若干个具有共同特征的细分市场。

> **课堂互动问题**：请列举牙膏的细分市场案例。

美国哈佛大学的教授李维特说："在市场上，细分化是无处不在的。"市场细分让企业在市场调查中发现、认识市场，了解不同消费者的差异性和相似性，从而选择适合的目标市场，制订正确的营销策略。市场细分对企业的生产和营销有着极其重要的作用，表现在以下几个方面。

## （一）有利于企业发掘新的市场机会

通过市场细分，企业可以深入了解和分析顾客的消费状况，寻找目标顾客未被满足的需求，从而挖掘出新的市场机会。

▶ **案例4-6：家电品牌深耕细分市场、把握市场需求**

继海尔推出小小神童洗衣机、科龙推出儿童冰箱后，电视市场也出现了细分用户的产品。2011年11月23日，TCL联合全球最大的娱乐传媒集团迪士尼宣布：全球首款护眼的电视产品——TCL迪士尼儿童电视正式上市。行业内的专家表示，TCL此次瞄准全新的儿童细分市场，携手迪士尼重磅推出时尚化、年轻化的护眼电视，颠覆了公众对电视的传统认知，有望赢得儿童市场的先机，将带领彩电行业的新发展。

**为儿童"量身定制"**

据记者了解，随着智能手机、平板电脑等电子设备的流行，很多小孩成为"近视一族"。长期使用电子设备会引起视疲劳、视力下降、眼睛干涩等问题，这已是普遍现象。与此同时，各种电子设备上还充斥着暴力、色情等不利于儿童成长的内容。

面对这一现实情况，大多数父母都颇感头疼。"为了避免孩子长时间看电视，我们自己也只能不看，电视机长期成为'装饰品'。"家中有5岁小孩的张女士无奈地告诉记者。

在分析人士看来，有需求便有市场。相关人士介绍，为解决家长最关心的儿童护眼问题，TCL迪士尼儿童电视突破性地带来了视训宝、儿童自然光、距离感应、自动感光控制等多重安全护眼技术，从观看距离、观看时长、光线调节等方面实现了儿童视力的全面防护。日前，视训宝技术作为国家科技部"863计划"重大产业化成果进行了展出。另外，TCL迪士尼儿童电视还集结了"乐学儿童天地""教育点视""巧口语伴""未来教育"等精品学习应用和学校资源。

"企业应肩负起关爱儿童及下一代成长的社会责任。"TCL多媒体中国区销售公司市场总监陈冰峰表示。

**把握市场需求**

深耕儿童细分市场现已成为家电企业的"默契"。康佳就曾经推出过儿童电视"小花仙"，海尔也推出过"青蛙王子"电视机，容声推出过卡通洗衣机，科龙也曾推出儿童健康概念的冰箱。据统计，市面上的儿童家电产品最多时不低于20款。

近两年，国内婴幼儿小家电市场的增速均保持在200%左右。业内专家预计，婴幼儿小家电行业的总体份额有望在2012—2014年的3年内突破80亿元。调查显示，新生代父母的消费能力和消费观念决定了他们舍得花钱，而且会更多地运用智能设备教育孩子、共同娱乐，这带动了与儿童相关的家电、个人智能终端等产品的市场发展。

记者在淘宝网搜索"暖奶器"，找到相关宝贝数万件，消毒、双瓶、车载等功能丰富。此外，针对婴幼儿的小家电的品种更让人大开眼界，蒸蛋器、豆浆机、音乐坐便器等应有尽有。

迪士尼儿童电视于 2011 年 11 月 12 日启动天猫预售，截至当年 11 月 18 日，预约量就超过了 2 万台。"TCL 迪士尼儿童电视的推出，为 TCL 布局新生代市场、开辟全新的儿童市场蓝海，打下了坚实的基础。"家电行业人士表示，从 ice screen、TCL 爱奇艺电视 TV+，到 TCL 迪士尼儿童电视，TCL 一直在创新求变，始终带领彩电行业不断开辟全新的发展路径，挖掘着细分市场内的新机遇，其行业领导者、开拓者的地位也因此得到了不断的强化。

浙江国美电器的负责人曾分析道：家电市场日趋成熟，意味着这个市场将会细分出更多小市场。为了寻求新的生存空间和利润增长点，越来越多的家电家居品牌把目光投向了孩子和女性。

（资料来源：http://finance.ifeng.com/a/20131125/11156751_0.shtml. 有改动）

**思考**：请分析家电品牌通过市场细分挖掘到了哪些新的市场机会。

### （二）有利于企业针对目标市场，制订适当的营销组合策略

企业进行市场细分后，每个细分市场里的消费者都有着相同或相近的需求、购买行为或购买习惯，便于企业针对目标客户群制订适当的产品、价格、地点、促销等策略。

### （三）有利于企业获得竞争优势，提高效益

企业针对目标消费者的需求进行分析和细分后，能够使企业集中人力、财力、物力和信息等资源并将其投入细分的目标市场之中，形成经营上的规模效应，生产目标消费者需要的产品，提高企业的经济效益和社会效益。

**课堂提问**：你觉得市场细分对企业的作用有哪些？请举例说明。

## 二、市场细分的理论依据

市场细分的理论依据是消费者需求具有差异性。引起消费者需求差异性的因素就是市场细分的标准，而影响需求差异性的因素多种多样。概括来说，细分消费者市场的变量主要有地理变量、人口变量、心理变量和行为变量四大类。以这些变量为依据来细分市场，就产生了地理细分、人口细分、心理细分和行为细分等四种市场细分的基本形式。

### （一）按地理因素细分市场

例如，根据地区（沿海地区、内地地区；北方地区、南方地区；城市地区、农村地区）、城市规模（小型、中型、大型）、人口密度（稠密、稀少）、气候条件（炎热、寒冷、干旱）等方面的差异将整体市场分为不同的小市场。在不同的地理环境下，消费者对于同一类产品往往存在需求与偏好上的差异，企业依据地理因素针对消费者所采取的营销策略与措施也会有不同。

### （二）按人口因素细分市场

人是市场营销活动的主体，也是市场营销服务的对象，更是需求差异性的本质动因。

因此，人口因素一直是企业用来细分市场的重要因素。人口因素可以分成以下几个方面。

性别：由于男性与女性在生理上的差别，男女的需求与偏好有很大不同，在服饰、发型、生活必需品等方面均有差别。

年龄：不同年龄的消费者有不同的需求特点。例如，青年人对鞋子的需求与老年人的需求就有差异，青年人需要时髦的鞋子，老年人则需要舒适的鞋子。

收入：低收入、中等收入和高收入消费者在商品选择、休闲时间的安排、社会交际等方面都有所不同。

职业与教育：消费者职业不同、所受教育不同，也会导致所需产品的不同。例如，出租车司机购买喝水的杯子时偏好容量大、有保温功能的杯子，而公司的办公室工作人员则喜欢容量适中、样式美观的杯子。

### （三）按心理因素细分市场

按心理因素细分市场，即根据购买者所处的社会阶层、生活方式、个性特点等心理因素细分市场。

社会阶层指在某一社会中具有相对同质性和持久性的群体。处于同一阶层的成员具有类似的价值观、兴趣爱好和行为方式，而不同阶层的成员对所需的产品也各不相同。

人们理想中的生活方式不同，也会影响他们对产品的选择。例如，有的追求新潮、时尚，有的追求恬静、简朴，有的追求刺激、冒险，有的追求稳定、安逸。西方的一些服装企业为"简朴的妇女""时髦的妇女""有男子气的妇女"分别设计了不同的服装，这便是依据生活方式进行市场细分。

个性特点指一个人比较稳定的心理倾向与心理特征，它会导致一个人对其所处环境做出相对一致和持续不断的反应。企业可以按人的不同性格特征进行分类，为细分市场提供依据。

### （四）按行为因素细分市场

按行为因素细分市场即根据购买者对产品的了解程度、态度、使用情况及反应等将他们划分成不同的群体。消费者购买商品的购买习惯、购买频率、购买动机等方面存在着差异，行为因素更能直接地反映消费者的需求差异，它是市场细分的最佳起点。

> **课堂互动**：保健品市场上的消费者的需求有什么不同？怎么根据顾客的不同需求细分市场？

## 三、市场细分的步骤

市场细分是一个比较、分类、选择的过程，应该按照一定的程序来进行，通常有这样几步。

### （一）选择产品的市场范围

企业对消费者市场进行调查和分析之后，要结合自身的经营条件和经营能力，确定进入市场的范围,如进入什么行业、生产什么产品、提供什么服务。

### (二)根据市场细分的标准,分析消费者需求的差异

企业根据市场内所有潜在消费者的需求情况,列出影响消费者需求的各个因素,然后进行市场细分,再对各细分市场进行整合,最终确定企业的目标细分市场。

### (三)确定细分市场的名称

企业要根据消费者需求的差异性,初步划分市场,确定细分市场的名称,然后结合各细分市场中消费者的特点,用形象、直观的方法为细分市场定位。

▶ **案例4-7:细分市场,江崎公司"巧挤善夺"**

日本泡泡糖市场的年销售额约为740亿日元,其中大部分为"劳特"所垄断,其他企业想挤进泡泡糖市场谈何容易。但是江崎糖业公司并不畏惧,成立了市场开发班子,专门研究"劳特"产品的不足,寻找市场的缝隙。经过周密的调查,江崎糖业公司终于发现了劳特的四点不足:

①"劳特"产品的价格是110日元,客户购买时需多掏出10日元的硬币,往往感到不方便;

②"劳特"的产品主要是果味型的泡泡糖,而现在客户的需求十分多样化;

③"劳特"多年来一直生产单调的条状泡泡糖,缺乏新的式样;

④以成年人为对象的泡泡糖市场正在扩大,而"劳特"却仍旧把重点放在儿童泡泡糖市场上。

通过分析,江崎糖业公司决定以成人泡泡糖市场为目标市场,并制订了相应的营销策略,不久便推出了四大功能性泡泡糖:司机泡泡糖,使用高浓度薄荷和天然牛黄,以强烈的刺激消除司机的困倦感;交际泡泡糖,可清洁口腔,祛除口臭;体育用泡泡糖,内含多种维生素,有益于消除疲劳;轻松型泡泡糖,可以改变人的不良情绪。江崎公司精心设计了产品包装和造型,将价格定为50日元和100日元,避免了找零钱的麻烦。功能性泡泡糖问世后,像飓风一样席卷全日本,不仅挤进了被"劳特"独霸的泡泡糖市场,而且占领了一定的市场份额(从0%猛升至25%),当年的销售额达175亿日元。

(资料来源:http://finance.sina.com.cn/leadership/jygl/20050811/1808260302.shtml.有改动)

**思考:**江崎糖业公司的泡泡糖为什么可以把潜在的市场变成现实的市场?

### (四)确定企业将要进入的细分市场

根据企业的经济实力和竞争优势,从细分市场中选择企业将要进入的细分市场。

### (五)对目标细分市场进行调查研究

企业要对目标细分市场进行调查研究,对该市场中的消费者的购买行为、购买习惯、购买动机进行调查研究,还要对细分市场的规模、潜在需求进行进一步的分析研究,从而为企业制订适当的营销策略打下基础。

### （六）预测细分市场的获利能力

企业要采用定性和定量的方法，对细分市场的规模、获利水平及风险进行预测和评估。

### （七）开发目标细分市场

企业确定自己在目标细分市场内具有营利能力后，即可根据目标细分市场内的消费者的需求特点、购买动机等因素，采取相应的营销策略，进行市场的开发工作。

## 四、目标市场的选择策略

根据企业选择的细分市场的数目和范围，企业的目标市场选择策略有三种：无差异目标市场策略、差异性目标市场策略和集中性目标市场策略。

### （一）无差异目标市场营销策略

无差异目标市场策略是指把市场看成一个大的整体市场，企业着眼于需求的共性，不考虑每个细分小市场的差异性。无差异目标市场策略忽视各细分市场的特殊需求，只需要推出单一的商品品种、单一的包装和价格、单一的促销方式、单一的广告宣传等。

无差异目标市场策略的优势是生产单一的产品，可以做到批量生产，减少生产与储运的成本，节省生产成本和促销费用，减少企业在市场调研、产品开发、制订营销方案等方面的投入，从而实现规模效应。这种策略的缺点是无法满足消费者个性化的需求，企业生产的产品和营销方式的应变能力差。

### （二）差异性市场营销策略

差异性市场营销策略是将整体市场划分为若干细分市场，然后根据细分市场的特点和顾客需求的不同，推出不同的产品、价格、包装和促销方式，从而满足消费者的需求。

差异性营销策略的优势是能满足市场中消费者的不同需求，提高产品的竞争力，提高企业的形象及市场占有率。其不足之处主要体现在两个方面：第一是增加了营销成本。由于产品品种的多样化和管理成本较高，企业要针对不同的细分市场推出不同的促销计划，从而增加企业的成本。第二是差异性营销策略受企业资源和经济实力的限制较大，可能导致企业的资源不能有效集中，使企业产品难以形成优势。

### （三）集中性市场营销策略

无论实行无差异营销策略，还是差异性营销策略，企业均是以市场作为营销目标，为的是满足消费者的需要。而集中性营销策略则是从细分的市场中选择一个或几个作为目标市场，集中力量为该市场提供专业化的产品和服务的营销策略。

采用集中性营销策略的目的是在细分的市场中有较高的占有率。这一策略特别适合资源有限的中小企业。中小企业受经济和技术等因素的制约，在整体市场上可能无力与大企业抗衡，但如果集中资源，在大企业尚未顾及或尚未建立绝对优势的细分市场进行竞争，成功的可能性更大。其缺点是只局限于某一个或几个细分市场，一旦目标市场发生变化、消费者的兴趣发生转移，企业容易陷入困境，风险性比较大。

案例4-8：小油漆厂如何选择目标市场

英国有一家小油漆厂访问了许多潜在的消费者，调查他们的需要，并对市场做了以下的细分：本地市场中60%的消费者对各种油漆产品都有潜在需求，但是本厂无力参与竞争。另有四个细分市场，各占10%的份额：一个是家庭主妇群体，特点是不懂室内装饰需要什么油漆，但是要求质量好，希望油漆商提供设计。一个是油漆工助手群体。顾客需要购买质量较好的油漆，他们替住户进行室内装饰，过去一直从老式金属器具店或木材厂购买油漆。一个是老油漆技工群体。他们的特点是一向不买调好的油漆，只买颜料和油料，自己调配。最后是对价格敏感的青年夫妇群体。他们收入低，租公寓居住。按照英国人的习惯，公寓住户在一定时间内必须为住房刷漆，以保护房屋。因此，他们购买油漆不求质量，只要价格便宜。

经过研究，该厂决定选择青年夫妇作为目标市场，并制订了相应的市场营销组合，主要有以下几个方面。

①产品。该厂将经营不同颜色、不同大小的油漆，并根据目标顾客的需要，随时改变颜色的品种和装罐大小。

②分销。产品将被送抵目标顾客住处附近的零售商店。目标市场范围内一旦出现新的商店，立即邀请其经销本厂产品。

③价格。产品保持低廉的价格，不提供任何优惠，也不跟随其他厂家调整价格。

④促销。以"低价""满意的质量"为口号，以适应目标顾客的需求。定期变换商店的布置和广告版本，创造新颖的形象，并使用不同的广告媒体。

由于市场选择得恰当，而且市场营销战略较好地适应了目标顾客，虽然经营的是低档产品，但该企业仍然获得了很大的成功。

（资料来源：吴健安.市场营销学[M].北京：高等教育出版社，2000.有改动）

**思考**：市场细分的主要依据是什么？请评价这家小油漆厂的市场营销组合策略。

## 五、针对目标市场选择营销策略时的影响因素

以上三种营销策略各有利弊，适用于不同的情况。企业在选择市场策略时，必须全面考虑各种因素，权衡得失，慎重决策，需考虑的因素主要有以下几个方面。

### （一）企业的实力

如果企业资金雄厚、设备技术先进、资源材料比较充足，就有条件采用无差异性市场策略和差异性市场策略。反之，如果企业没有实力把大部分市场作为自己的经营范围，就应该把力量集中起来，专攻一个或两个细分市场，也就是要采用集中性市场策略。

### （二）产品的性能、特点

不同产品在性能、特点上存在着差异，其中包括产品规格的大小以及产品特性变化的

快慢等方面。比如汽油、面粉、钢铁、食盐，长久来看不会有太大的变化，销售这类产品时适宜采用无差异性营销策略。反之，对于特性变化快的产品，如服装、家具、家用电器等，适合采取差异性或集中性策略。

### （三）市场的特征

市场的特征即市场是否"同质"。如果市场中的消费者的消费需求在同一时期内的差异性不大，呈现出同质性，那么就可以实行无差异性营销策略；相反，如果市场需求的差异性较大，消费者的购买需求、行为、习惯等方面存在着差异，则形成"异质市场"，宜采用差异性或集中性策略。

### （四）产品所处的生命阶段

当产品在导入期时，其刚刚上市，竞争者较少，企业也在试探市场的需求，这时可以采用无差异性市场策略。到了成长期和成熟期，竞争激烈，为了让本企业的产品有别于其他企业的产品，更容易地被消费者接受，这时可以采用集中性市场策略或差异性市场策略。而到了衰退期，市场中消费者的需求减少或转移了，企业不能再规模生产了，也不适合将资源分散到小份额的细分市场里，这时可以采用集中性市场策略。

### （五）竞争对手的状况

竞争对手的营销策略会影响企业的营销策略。当竞争对手采用无差异性市场策略，以一种产品来供给所有的消费者时，为了提高企业的竞争能力，企业应当采用差异性或集中性市场策略。当竞争对手采取差异性营销策略时，企业可以进一步细分市场，采用更适合目标消费者的差异性市场策略或集中性市场策略。如果市场竞争不激烈，企业经济和技术实力都很强，企业可以采用无差异性市场策略。这些只是一般原则，选择营销策略时并没有固定不变的模式，企业在实践中应根据竞争双方的实力对比和市场情况灵活地做出选择。

## 六、市场定位的含义及策略

▶ 案例 4-9：米勒公司的市场定位

中国的香烟消费者大多知道"万宝路"，但很少知道生产经销"万宝路"香烟的公司是菲利普·莫里斯公司。这家公司在 1970 年买下了密尔沃基的米勒啤酒公司，并运用市场细分策略，使米勒公司成了啤酒业的老大。

原来的米勒公司是一个业绩平平的企业，在全美啤酒行业中排名第七，市场占有率仅为 4%。到 1983 年，在菲利普·莫里斯的经营下，米勒公司的市场占有率达到 21%，仅次于排第一位的布什公司（市场占有率为 34%），但已将排名第三、四位的公司远远地抛在了后头，以至于当时人们普遍认为米勒公司创造了一个奇迹。

米勒公司之所以能够创造这一奇迹，关键在于菲利普·莫里斯公司收购米勒公司后，实施了该公司曾使"万宝路"成功的营销技巧，即市场细分策略。

首先，米勒公司在做出营销决策前，先对市场做了认真的调查。他们发现，根据喜好程度的不同，可将消费人群分为两类，一类是轻度饮用者，另一类是重度饮用者，而且重度饮用者的饮用量是轻度饮用者的 8 倍。

调查结果一出来，米勒公司马上意识到他们面对的是怎样的一个消费群体：多数为蓝领阶层，年龄在 30 岁左右，爱好体育运动。于是，米勒公司果断地决定对"海雷夫"啤酒进行重新定位，改变原先的"价高质优的精品啤酒"形象，将其消费人群从原先的妇女及高收入者转变为"真正爱喝啤酒"的中低收入者。

重新定位还表现在米勒公司的新广告上。整个广告面向的是那些喜好运动的蓝领阶层。广告画面中出现的都是一些激动人心的场面：年轻人骑着摩托车冲下陡坡，消防队员紧张地灭火，船员们在狂风巨浪中驾驶轮船，甚至还请来了篮球明星助阵。

为配合广告攻势，米勒公司推出了一种容量较小的瓶装"海雷夫"，很好地满足了那些轻度饮用者的需求。新产品上市后，市场反应热烈，很快赢得了蓝领阶层的喜爱。

米勒公司并没有就此罢手，他们决定乘胜追击，又进入了他们细分出来的另一个市场——低热度啤酒市场。开始，许多啤酒商并不看好米勒公司的这一决策，他们认为米勒公司进入了一个"根本不存在的市场"。但米勒公司并没有放弃，他们依然从广告宣传上着手，反复强调该种啤酒——"莱特"的特点：低热度，不会引起腹胀，口感与"海雷夫"一样好。同时，米勒公司还对"莱特"进行了重新包装，在设计上给人以高质量、男子气概浓、夺人眼球的感觉。在强大的广告攻势下，整个美国当年的销售量就达 200 万箱，并在此后几年内迅速上升。

在占领了低档啤酒、低热度啤酒这两个细分市场后，米勒公司又开始了新的挑战。它将进军高档啤酒这一细分市场，将原本在美国很受欢迎的德国啤酒"老温伯"买了下来，开始在美国国内生产。在其广告中，一群西装革履的"雅皮士"们高举酒杯，说着"来喝老温伯"，这一举措大大击垮了原先处于高档啤酒市场领导地位的"麦可龙"。

在整个 20 世纪 70 年代，米勒公司的营销取得了巨大的成功。到 1980 年，米勒公司的市场份额已高达 21.1%，总销售收入达 26 亿美元，成了市场的龙头老大，被人们称为"世纪口味的啤酒公司"。

（资料来源：http://www.360doc.com/content/10/1119/14/3427795_70671028.shtm. 有改动）

**思考：**
1. 米勒公司是如何进行市场定位的？
2. 为你所知的三种啤酒确定目标市场，并比较它们在市场上的地位。

市场定位是由美国营销学家艾·里斯和杰克特劳特在 1972 年提出的概念，指根据竞争者现有产品在市场上所处的位置，针对顾客对该类产品某些特征或属性的重视程度，根据消费者的需求和对产品的喜好要求，企业在市场中为本企业的产品塑造的与众不同的、给人印象鲜明的形象，即企业为自己的产品树立特定的形象，使之与竞争者的产品显示出不同的特点，从而使该产品在市场上找到适当的位置。其目的是与其他竞争者区分开来，使消费者明显感觉和认识到这种差异，从而在消费者心目中占有特殊的位置。市场定位的三种策略及其特点如下。

### （一）对抗式定位策略

对抗式定位策略指的是企业采取与细分市场上最强大的竞争对手同样的定位。其特点是企业的产品、服务与竞争者相似，同竞争者争夺同一个细分市场。当企业能够提供比竞争对手更令顾客满意的产品或服务时，可以实行这种定位战略。

### （二）市场补缺式定位策略

市场补缺式定位策略指的是企业把自己定位在竞争者没有注意或没有占领的市场位置上。其特点是企业的目标市场存在一定的缝隙和空间，且自身所经营的商品难以与竞争者进行正面抗衡；企业有满足定位市场所需要的货源；目标市场有足够数量的潜在购买者；企业具有进入目标市场的特殊条件和技能，且能营利。

### （三）另辟蹊径式定位策略

另辟蹊径式定位策略指的是企业根据自己的条件，在目标市场上投入一种明显区别于竞争对手的新产品或新服务，从而获得新的市场位置。其特点是企业意识到难以与竞争对手相抗衡，也没有填补市场空白的机会或能力；企业具有创新能力和经营特色，或在某一个方面具有领先地位；目标市场符合消费发展的趋势，市场潜力大；策略风险较小，成功率较高。

## 项目小结

本项目主要介绍了消费者市场的概念和特点、消费者购买行为的模式、市场细分、目标市场、市场定位的相关知识。

## 知识巩固

### 一、单选题

1. 市场细分的依据是（　　）。
A. 消费需求差异　　　B. 企业资源差异　　　C. 社会环境差异　　　D. 生活方式差异
2. 有效的市场细分必须具备什么条件？（　　）
A. 市场具有同质性、应变性、市场范围相对性
B. 市场具有可进入性、可变性、垄断性、同质性
C. 市场具有可测量性、需求大量性、效益性、应变性
D. 市场具有差异性、可衡量性、可进入性、营利性、稳定性
3. （　　）是指按照人口变量的因素来细分市场的标准。
A. 地理标准　　　　B. 行为标准　　　　C. 心理标准　　　　D. 人口标准
4. 童鞋厂只生产儿童鞋，满足小孩穿鞋需求的目标市场模式为（　　）。
A. 市场集中化　　　B. 产品专业化　　　C. 市场专业化　　　D. 选择专业化

5.上海自来水公司的水供应千家万户,应该采用(　　)。

A.无差异战略　　　B.差异性策略　　　C.集中型策略　　　D.相关型策略

6.市场细分的可衡量性指企业对细分市场的购买力、(　　)和市场规模能够进行数量化的准确评估。

A.市场需求　　　B.消费金额　　　C.顾客类型　　　D.产品生命周期

7.实行(　　)的企业,面对整个市场,只提供一种产品,采用统一的营销策略吸引所有的顾客。

A.差异性市场战略　　　　　　　　B.直接对抗定位策略

C.另辟蹊径式定位战略　　　　　　D.无差异性市场战略

8.产品具有(　　),需求弹性较小的产品,宜采取无差异市场策略。

A.创新性　　　B.异质性　　　C.同性质　　　D.科技性

9.(　　)是指消费者个人或家庭为了满足自身需要或家庭需求而购买或租用产品或服务的市场。

A.生产者市场　　　B.消费者市场　　　C.集中化市场　　　D.社会市场

10.(　　)是影响消费者需求和购买行为的最基本的因素。

A.经济因素　　　B.文化因素　　　C.人口因素　　　D.社会因素

## 二、多选题

1.目标市场战略分析的内容包括(　　)。

A.市场细分　　　B.目标市场选择　　　E.市场定位

C.营销策略组合　　　D.经济决策

2.地理细分标准的变数有(　　)。

A.地形　　　B.气候　　　C.人口数量　　　D.经济

3.若强大的竞争对手实行的是无差异市场战略,企业则应实行(　　)。

A.大量市场战略　　B.多样化市场战略　　C.集中性市场战略　　D.无差异市场战略

E.差异性市场战略

4.消费者市场细分标准通常可以分为(　　)。

A.地理标准　　　B.人口标准　　　C.心理标准　　　D.行为标准

5.用购买行为作为细分市场的标准,通常可以考虑(　　)等因素。

A.购买地点　　　B.寻求利益　　　C.使用情况　　　D.对销售敏感

E.品牌忠诚度

6.在选择目标市场时,可供考虑的市场覆盖模式有(　　)。

A.市场集中化　　　B.产品专业化　　　C.市场专业化　　　D.选择专业化

E.市场全面化

7.影响企业目标市场策略选择的因素有(　　)。

A.企业资源　　　B.产品特点　　　C.市场特征　　　D.产品生命周期

E.竞争对手策略

8.细分市场的评估一般从(　　)方面来考虑。

A.市场规模　　　B.消费者收入　　　C.增长潜力　　　D.企业目标和资源

E. 市场的吸引力

9. 决定一个市场或细分市场是否具有长期营利潜力的因素有(　　)。

A. 供应商　　　　　　B. 购买者　　　　C. 替代产品　　　　D. 潜在的竞争者

E. 现实的竞争者

10. 市场定位策略主要有(　　)。

A. 积极或随意定位策略　　　　　　B. 对抗定位策略

C. 市场补缺式定位战略　　　　　　D. 另辟蹊径式定位战略

## 三、论述题

1. 结合理论和实践，分析细分市场评估应从哪些方面着手。

2. 以某企业的营销作为案例，谈谈某企业目标市场营销战略的优缺点。

3. 以某企业的营销为案例，分析企业进行市场定位的意义。

4. 分析某企业市场定位的战略。

5. 谈谈你对"消费者市场"的理解。

## 四、案例分析

### 案例4-10：沪上老年用品市场细分

随着社会上敬老风气的弘扬，上海老年用品市场呈现出了新亮点。据统计，中国的老龄人口将达4亿人，上海现有60岁以上老年人233.57万人。老年人用品市场是夕阳事业中的朝阳市场，具有很大的发展潜力。在社会保障体系日趋完善、老年人生活质量大为提高、生活方式发生巨大变化的情况下，这一市场将越发生气勃勃。

目前，上海老年人用品市场出现了细分化的特点，按年龄划分为三段：60~70岁的，突出旅游文化用品的需求；70~80岁的，突出自我保健、生活自理用品的需求；80岁以上的老人，突出延年益寿、保健康复用品的需求。老年食品市场丰富多彩，不仅有传统的甜酥食品、休闲食品、时令糕点等食品，有现代的保健食品、食疗食品、绿色食品，以及讲究热闹、体现情趣的寿星宴、寿星面等食品，还有适应老年人常见病和多发病的补品和药品。穿着用品市场里不仅有按照老人体型制版的服装、皮鞋、布鞋、帽子，还有老年人用的化妆用品，包括乌发焗油膏、抗皱护肤用品、淡妆化妆品以及以黄金和玉石为主的首饰用品。

日用品市场不仅供应老人晨练用的健身球、健身剑、运动衫、运动鞋等体育锻炼、健身用品，有修身养性用的琴棋书画用品、报纸杂志、影碟、种养的花卉，有帮助老年人日常生活的助听器、老花眼镜、放大镜及帮助老人健脑防衰老的老人玩具。

老年人用品市场还推出了网上购物服务，让老年人在家中就能得到上门送菜、上门烧菜、上门治疗、上门理发、上门授教等服务。

但从上海老年人用品市场的总体情况来看，目前鲜有老年人用品的专卖店、连锁店，没有系统的老年人用品购物网络，没有大力开拓老年人用品细分化的市场。

满街的时装店开得比金铺、米店还要多，但望衣兴叹、抱怨购衣难和制衣难的沪上老年消费者依然大有人在。岁月流逝，青春不再，要么是服装尺码规格对不上路、配不上号，要么是款式陈旧、面料灰蓝黑，老太太们都看不上眼。据说，服装生产部门也有难言的隐衷,老年人的尺寸比例可谓千差万别,统一版样根本无法确定,核算成本、定价格也难,用料多了,价格一高,买主往往以为:"莫不是你乘人之难,非得宰我一刀不成?"

位于老西门的上海全泰服饰鞋业总公司,近年来为中老年顾客解决购衣难在全国是出了名的。但毋庸讳言,以往的解决购衣难偏重于拾遗补阙,主要集中于规格、尺码、特殊体形、特殊需求的"量"上。随着时间的推移,银发世界里的新成员与日俱增,其中不乏昔日甚为讲究的白领女性。以前在穿衣戴帽的选购上,她们能够随心所欲,如今也尝到了购衣难的苦头。

"全泰"因此专门针对老年职业女性的服饰配套问题进行了探索。他们遴选公司各部门的精兵强将,集中优势人力和物力,开展了个性化的服装产销咨询、设计、制作一条龙的服务。

（资料来源：http://www.jiaoyanshi.com/article-1626-1.html.有改动）

**思考：**

1. 请找出案例中的两种细分标准,并描述在此标准下划分出的细分市场。

2. "全泰"所选定的目标市场有哪些特征?这个目标市场是通过什么样的细分过程来确定的?

### 案例4-11：万客隆的定位策略

1997年11月8日,"中贸联万客隆"在北京隆重开业。"中贸联万客隆"洋桥店开业后,呈现出一片喜人的景象。其开业之初,于1998年春节前创下了单日销售额450万元的佳绩,在1998年3月15日(消费者权益保护日)也达到了300万元以上的销售额。在淡季,其每月的销售额也能保持在4 000万元以上,在被普遍预测为北京大商场的"倒闭年"——1998年,有如此业绩,实属难得。

能够取得如此佳绩,得益于万客隆的市场定位策略。

(1)价格定位策略。万客隆在其目标顾客心中着力塑造了一种"薄利多销,买者受惠"的形象,突出了仓储式商场的特点。抽样调查显示,万客隆商品的价格比大型百货商场低20%左右,比一般超市低10%左右,某些商品甚至低于同行的进货价。万客隆的价格这么便宜,那么它是否存在不正当的倾销行为呢?这种情况是不存在的。因为万客隆的进货渠道及进价与其他同行不同,尽管个别产品低于同行的进货价,但没有低于万客隆的进货价,所以不能说这是不正当的倾销。

万客隆确定"薄利多销,买方受惠"的策略,主要是为了确立其竞争优势,突出仓储式商场的特点。万客隆的主要竞争对手是百货公司和购物中心。万客隆如果不能做到"薄利多销",让买者真正得到实惠,就很难立足和发展了。

(2)商品定位策略。万客隆的商品定位是品类齐全,高、中、低档兼顾,以大路货为主,这使其商品组合具有深度,能够满足各个层次顾客的需求和偏好,同时突出了自身特点。

首先,万客隆的经营范围较广。万客隆经营的商品约有150个大类,有1万~1.5万个品种。

其次,万客隆拥有自己的特色商品。万客隆拥有自己的商品品牌——雅路,这一品牌的产品是由万客隆指定厂商严格按照质量规定生产的，符合标准的方可使用雅路品牌。这些商品的价格极低，多是低值易耗品，如卫生纸、胶带、纸巾、传真纸、复印纸等。另外，万客隆现场加工的面包等商品也使用此品牌。

（3）独特的目标市场策略——会员制。万客隆是实行会员制的仓储式商场，在未开业前，要进行艰苦的招募会员的工作。

（4）新颖的促销策略——万客隆快讯。万客隆快讯是万客隆最重要的促销手段，可以说是万客隆的生命线。因为快讯商品的销售额占整个销售额的40%。快讯每两个星期出一期，印刷精美，有实物照片、价格、商品名称，有主题促销，有重点主打商品等。

（5）服务定位。万客隆商场是完全没有卖场服务的，其服务另辟蹊径——自助购物。在万客隆的卖场中，最多的是理货员与收银员。工作人员很少让新顾客感到无所适从，万客隆营造的是自助购物的环境。在北京、广州等城市，商贾云集，商家千千万万，但是这些商家有的追求装饰豪华、价格昂贵，因此不便批量购买；有的档次太低，经营品种少。而万客隆的出现正好弥补了城市商家的缺陷，适应了现代人的生活节奏和购买习惯。

万客隆不追求外观的豪华，却为顾客自助购物创造了不少条件。顾客可以免费使用手推车，可以便捷安全地通过自动扶梯上下楼，可以通过现代化的收银设备快速地付款。消费者还可以通过导购图看到特价产品的POP广告和一些商品的现场展示，认识并寻求自己较为满意的商品；商场还为前来购物的人提供免费停车场；设立商品测试区与退货区，保护消费者的权益；开设广播寻人项目，方便客人。

自助式购物主要是由顾客自己选择商品，自己找价签对照实物，自己判断是否要购买商品。这也带来了一定的不利影响，比如万客隆的售前、售中和售后服务受到了限制。

（资料来源：https://wenku.baidu.com/view/631b465e3b3567ec102d8a51.html.有改动）

**思考：**

1.在众多大型商场危机四伏时，万客隆却蓬勃发展，造成这种情况的主要原因是什么？

2.在本案例中，万客隆的定位策略是通过哪些方面开展的？

## 五、技能题

请你对服装市场进行细分，并选择一个品牌为其定位。

（一）实训目的

1.让学生了解企业市场定位的概念。

2.增加学生对市场细分的理解。

3.了解市场细分和市场定位的过程。

（二）实训内容

1.通过实训，理解企业市场细分及市场定位的知识。

2.撰写市场定位分析报告。

（三）实训形式

1.五人组成一个小组，组长负责市场的选择和工作的协调。

2.每组选择一个品牌为其定位,阐明定位的原因。

(四)实训成果

1.每组撰写调查分析报告,要求至少1500字。

2.各小组以 PPT 的形式汇报。

3.教师点评。

# 制订营销组合策略

## ◇ 项目学习指南 ◇

营销策略指企业以顾客的需要为出发点，根据经验获得顾客的需求量以及购买力的信息、市场上的期望值，有计划地组织各项经营活动。1960 年，美国市场营销专家麦卡锡教授在营销实践的基础上，提出了著名的"4P"营销策略组合理论。"4P"营销策略组合理论为企业实现营销目标提供了最优手段。

项目学习目标：

1. 理解产品、产品生命周期、产品组合的概念；区分产品不同生命周期的特点并根据其特点制订营销策略；掌握产品开发的程序、方法、工具；掌握品牌的概念并能指出品牌所使用的策略。

2. 了解价格的职能；知道企业制定价格的目标；理解影响定价的因素；掌握定价的策略和方法。

3. 了解分销渠道的职能和类型；理解中间商的概念；掌握分销渠道策略；知道管理分销渠道的内容和方法。

4. 了解促销及促销组合的概念；掌握广告、营业推广、人员推销、公共关系这四种策略。

# 任务一 产品策略

**知识目标**

1. 掌握产品、产品生命周期、产品组合、产品差异化的概念。
2. 掌握生命周期的概念和产品在不同阶段的特点。
3. 熟悉品牌的概念,了解包装的作用。

**岗位能力目标**

1. 能说出产品所处的生命周期及产品组合、产品差异化的必要性。
2. 能结合实际,在产品开发过程中给出合适的建议。
3. 能将品牌和包装的内涵融入营销策略中。

**思政目标**

倡导学生合理消费,拒绝奢侈浪费。

## 任务学习指南

一家企业必须生产市场需要的产品,才能成功地吸引消费者。企业需要了解消费者,消费者也需要了解产品,当双方匹配成功时,就可以形成交易市场,进而交换价值。企业可以通过加强产品的研发,占据市场优势。

## 任务分析

本任务分三部分对产品策略进行讲解,包括产品概念、产品开发、品牌与包装。

▶ **案例 5-1:2020 年中国智能手机销量榜单出炉:华为领跑 苹果未进前三**

有关数据显示,2020 年中国智能机市场的销量约为 3.05 亿部,因受疫情及多重市场因素的叠加影响,整体销量同比下降 21%。据了解,全年销量前三名的厂商分别为华为、vivo(含 iQOO)以及 OPPO,三家全年总销量占国内智能手机市场的 56%。其中,华为以约 6880 万部的销量,强势领跑全年手机销量榜单。紧随其后的 vivo 以约 5300 万部的销量位居第二,同比下降 23%,揽获 17.4% 的市场份额。此外,OPPO 在 2020 年的手机销量约为 4880 万部,同比下降 23%,市场份额为 16%,与 vivo 在销量上并无太大差距。值得一提的是,虽然苹果仅取得第五的名次,但苹果手机的销量是前五名中唯一同比正增长的，其全年销量为 3870 万部，同比增长 13%，市场份额为 12.7%。其他上榜厂商还有荣耀、小米、Realme、三星以及一加。

（资料来源：2020 年中国智能手机销量榜单出炉：华为领跑　苹果未进前三[J].高科技与产业化，2021，27(02)：8.有改动）

**思考**：你通过什么渠道了解手机产品的信息？你支持国产品牌吗？

## 🌀 知识精讲

## 一、产品概述

产品是指提供给市场、能满足人们某一时期内某种需求的有形的物品或无形的服务。企业的首要任务是明确企业能提供什么样的产品满足消费者的要求，进而制订产品策略。产品策略是市场营销组合策略的基础。从一定意义上讲，企业成功与发展的关键在于产品策略正确与否，其核心是产品能满足消费者需求的程度。

### （一）产品的层次

20 世纪 90 年代以来，菲利普·科特勒等学者倾向于使用五个层次来表述产品的整体概念。产品的整体概念要求营销人员在规划市场供应物时，要考虑到能提供给顾客五个层次的价值。产品整体概念的五个基本层次如下。

1. 核心产品

核心产品指向顾客提供的产品的基本效用或利益。从根本上说，每一种产品实质上都是为了解决问题而提供的服务。因此，营销人员向消费者销售的任何产品，都必须具有满足消费者核心需求的基本效用，如洗衣机的核心利益是它能让消费者方便、省力、省时地清洗衣物。

2. 形式产品

形式产品是指核心产品借以实现的形式。它由五个特征构成：品质、式样、特征、商标及包装。即使是纯粹的服务，也具有与之类似的形式上的特点。

3. 期望产品

期望产品是指消费者在购买产品时期望得到的与产品密切相关的一整套属性和条件。如对于购买洗衣机的人来说，期望洗衣机能省时省力地清洗衣物，同时不损坏衣物、洗衣时噪音小、进排水方便、外形美观、使用安全可靠。

4. 延伸产品

延伸产品是指顾客购买形式产品和期望产品时附带获得的各种利益的总和，包括产品说明书、质量保证、安装、维修、送货、技术培训等。国内外很多企业的成功，在一定程度上应归功于它们更好地认识到了延伸产品在产品整体概念中所占的重要地位。

5. 潜在产品

潜在产品是指现有产品(包括所有附加产品在内)可能发展成为未来最终产品的潜在状态产品。潜在产品预示着该产品最终可能的所有改变。

这五个层次是深入理解消费者需求的产物,理解了这五个层次,才能真正做到以消费者为中心。

## (二)产品的分类及组合策略

### 1. 产品分类

(1)按产品的外在形式,可以将产品分为有形产品和无形产品。

有形产品是指具有一定形态的可视产品。它一般通过不同的侧面展现产品特质,如质量水平、产品特色、产品款式以及产品包装和品牌。市场营销者应着眼于消费者的需要,以此进行产品设计。

无形产品可以是独立的产品,具有满足消费者的功能;也可以附着在有形产品中,成为有形产品的一部分,比如服务、思想、策划、保证、观念等。无形产品的特点是无形,体现出了技术性、智慧性。

(2)按产品的用途分,产品可分为生产资料与消费资料。

(3)按产品的生产部门分,产品可分为工业产品、农业产品、建筑业产品、教育产品等。

(4)按产品在社会再生产过程中所处的阶段分,产品可分为初级产品、中间产品和最终产品。

(5)按产品的生产费用构成分,产品可分为劳动密集型产品、资金密集型产品和技术(或知识)密集型产品。

### 2. 产品组合

产品组合(或产品搭配)是指一个企业提供给市场的全部产品线和产品项目。产品线也称产品大类,是一组密切相关的产品。产品项目也称产品品种,是指产品线内由尺码、型号、外观、价格、品牌或其他属性进行区别的具体产品。如某公司生产小轿车、越野车、卡车、摩托车,这是产品组合;小轿车、越野车、卡车、摩托车分别是一条产品线;每条产品线中包括的具体品牌和品种就是产品项目。

### 3. 产品组合四因素

产品组合包括四个因素:宽度、长度、深度和关联性。四个因素不同,构成的产品组合也不同。

(1)宽度。宽度指企业的产品线总数。产品线也称产品大类、产品系列,是一组密切相关的产品项目。"密切相关"可以是使用相同的生产技术,产品有类似的功能、类似的顾客群,或同属于一个价格区间。产品组合的宽度说明了企业经营范围的大小、跨行业经营与否,甚至是企业实行多元化经营的程度。拓宽产品组合的宽度,可以充分发挥企业的特长,使企业的资源得到充分的利用,提高经营效益。而且,多元化经营还可以降低风险。

(2)长度。长度指一个企业的产品项目总数。产品项目指列入企业产品线中的具有不同规格、型号、式样或价格的最基本的产品单位。通常,每一条产品线中包括多个产品项目,各产品线的产品项目总数就是企业产品组合的长度。

(3)深度。产品组合的深度是指产品线中每一产品有多少品种。如,M牙膏的产品线下的产品项目有三种,a牙膏是其中一种,而a牙膏有三种规格和两种配方,a牙膏的深度是6。产品组合的长度和深度反映了企业满足各个不同细分市场的程度。增加产品项目,增加产品的规格、型号、式样和花色,可以迎合不同消费者的不同需要,吸引更多的顾客。

(4)关联性。关联性指一个企业的各产品线在最终用途、生产条件、分销渠道等方面的关联程度。较高的产品关联性能提高企业的规模效益和企业的范围效益,提高企业在某一地区、行业的声誉。

4.产品组合策略

产品组合策略是企业为面向市场,对所生产经营的多种产品进行最佳组合的谋略。其目的是使产品组合的广度、深度及关联性处于最佳状态,以提高企业的竞争能力,取得最高的经济效益。产品组合策略的具体表现:①扩大产品组合的广度,利用企业现有设备增加不同品种、类型的产品。②发展产品组合的深度,以满足市场对同类产品的不同要求,提高市场占有率。③强化产品的关联性,从降低成本、提高质量出发,尽量降低产品组合的广度和深度,集中生产少数产品。

企业想对产品组合进行优化或调整,可以采取扩大产品组合、缩减产品组合、产品线延伸、产品线现代化等策略。

(1)扩大产品组合。即开拓产品组合的宽度,深化产品组合的深度。开拓产品组合的宽度指增添一条或几条产品线,扩展经营范围;深化产品组合的深度指在原有的产品线内增加新的产品项目。

(2)缩减产品组合。即削减产品线或产品项目。

(3)产品线延伸。企业全部或部分地改变原有产品的市场定位,可以采取向上延伸、向下延伸和双向延伸三种形式。向上延伸是指在原有产品线中增加高档产品项目。向下延伸是指在产品线中增加中档或低档产品项目。双向延伸是指在原有产品线中同时增加高档产品项目和低档产品项目。

(4)产品线现代化。指企业把现代科学技术及时应用到生产经营中,改进生产线,使产品项目更能满足消费者的需求。

▶ 案例5-2: 联想笔记本计算机的型号

SL:成长型全功能笔记本计算机(现已停产)

该机型专为成长型企业量身定制,集性能、无线及多媒体功能于一身。

EDGE:低价便携的商务笔记本计算机

该机型的目标消费者是学生和个体成人用户,是第一款正式采用彩色外观的ThinkPad,具有类似巧克力的键盘设计,体型娇小轻薄,外框装饰有纤巧的银色条纹,可以让更多用户享受到轻便时尚、价廉物美的移动工作体验。目前有S Edge和E Edge两款。

R:高性价比的笔记本计算机(现已停产)

具备主流笔记本性能与ThinkPad特性,高性价比,是理想的家庭及办公室内的笔记本计算机。

T:性能与便携的完美平衡

该机型将强大的性能与便携性完美结合，拥有强大、专业的已通过 ISV 认证的移动工作站。

W：终极移动工作站

ThinkPad 移动工作站采用了英特尔酷睿 2 和 NVIDIA 高端独立显卡。

X：终极便携式计算机

该机型极致轻薄，电池使用时间超长，专为商务人士设计。

X1：ThinkPad 尖端超极本计算机

它是 ThinkPad 超极本的最佳作品，性能不输普通笔记本计算机，保持了所有的 ThinkPad 特性，但售价相对昂贵。

Tablet：商务平板计算机

该机型机身小巧，却拥有 PC 级功能，性能强大，与 ARM 平板不同，ThinkPad Tablet 更注重商务应用。

S：极致便携，相比原型更轻便，续航时间更长，性能几乎不减。

U：超极本版本，极为轻便，续航时间极长，但不再配备专业显卡和高端显卡。

Tablet(t)：旋转屏微型计算机，具有手写功能，配有 wacom 1024 级感压电磁笔。

Ds：目前有 W700ds 和 W701ds 两款，有可抽出的第二块 10.1 英寸显示屏。

**思考**：你对不同产品的型号有了解吗？请举例子。

## （三）产品的生命周期及不同阶段的营销策略

产品生命周期是指产品从投入市场到更新换代和退出市场所经历的全过程。产品生命周期主要是由消费者的消费方式、消费水平、消费结构和消费心理的变化所决定的，一般分为四个阶段：投入期、成长期、饱和期和衰退期。

1. 来源

雷蒙德·弗农于 1966 年在《产品周期中的国际贸易》一文中首次提出了产品生命周期理论。弗农认为商品与生命相似，有一个出生、成熟、衰老的过程，弗农把产品的生命周期划分为三个阶段：新产品阶段、成熟产品阶段和标准产品阶段。

2. 四个阶段的特点

（1）投入期。新产品投入市场，便进入投入期，也称初创期。此时，消费者对产品还不了解，只有少数追求新奇的消费者会购买，销售量很低。为了扩展销路，需要大量的促销手段对产品进行宣传。在这一阶段，由于技术方面的原因，产品不能大批量生产，因而成本高，销售额增长缓慢，企业不但得不到利润，反而可能亏损。

（2）成长期。在成长期，消费者对产品已经十分熟悉，大量的新消费者开始购买，市场逐步扩大。产品大批量生产，生产成本相对降低，企业的销售额迅速上升，利润也迅速增长。竞争者看到有利可图，将纷纷进入市场参与竞争，使同类产品的供给量增加，价格随之下降，企业利润增长速度逐步减慢，最后达到产品生命周期中利润的最高点。

（3）饱和期。市场需求趋向饱和，潜在的消费者已经很少，销售额增长缓慢直至下降，这标志着产品进入了成熟期。在这一阶段，竞争逐渐加剧，产品售价降低，促销费用增加，企业利润下降。

（4）衰退期。随着科学技术的发展，新产品或新的代用品出现，从而使消费者的消费习惯发生改变，转向其他产品，使原来产品的销售额和利润迅速下降。于是，产品进入了衰退期。

3.不同阶段的营销策略

（1）投入期的营销策略。在投入期，企业一般可以采用快速撇脂的策略，即以高价格、高促销费用推出新产品。实行高价策略可在每单位销售额中获取最大的利润，尽快收回投资；高促销费用能够快速建立知名度，占领市场。

实施这一策略要具备以下条件：产品有较大的需求潜力；目标顾客的求新心理强，急于购买新产品；企业面临潜在竞争者的威胁，需要及早树立品牌形象。一般而言，在投入期，只要新产品比原来的产品有明显的优势，市场对新产品的价格就不会那么计较。在这个阶段，企业还可以采用以下几种营销策略。

①缓慢撇脂策略：以高价格、低促销费用推出新产品，目的是以尽可能低的费用求得更多的利润。实施这一策略的条件是市场规模较小；产品已有一定的知名度；目标顾客愿意支付高价；潜在竞争的威胁不大。

②快速渗透策略：以低价格、高促销费用推出新产品。其目的是先发制人，以最快的速度打入市场，取得尽可能高的市场占有率。然后随着销量和产量的扩大，使单位成本降低，取得规模效益。实施这一策略的条件是该产品的市场容量相当大；潜在消费者对产品不了解，且对价格十分敏感；潜在竞争较为激烈；产品的单位制造成本可随生产规模和销售量的扩大而降低。

③缓慢渗透策略：以低价格、低促销费用推出新产品。低价可以提高销售量，低促销费用可降低营销成本，以增加利润。这种策略的适用条件是市场容量很大；市场上该产品的知名度较高；市场对价格十分敏感；存在某些潜在的竞争者，但威胁不大。

（2）成长期的营销策略。如果新产品被市场接受，就进入了成长期。在该阶段，销售量会迅速增长，培育市场仍然是企业的目标，而且要采取各种办法面对竞争。

①改善产品品质。如增加新的功能，改变产品款式，制造新的型号，开发新的用途等，以此提高产品的竞争力，满足消费者更广泛的需求，吸引更多的消费者。

②寻找新的细分市场。通过对市场进行细分，找到新的尚未满足的细分市场，根据其需要组织生产，迅速占领这一新的市场。

③改变广告宣传的重点。把广告宣传的重心从介绍产品转到建立产品形象上来，树立名牌形象，维系老客户，吸引新客户。

④适时降价。在适当的时机，可以采取降价策略，以激发那些对价格比较敏感的消费者产生购买动机，采取购买行动。

（3）饱和期的营销策略。产品的销售量增长到一定峰值后就会放缓，进入饱和期。这一阶段的持续时间长，营销部门需要花时间和精力来管理处于饱和期的产品。

①市场调整。市场调整不是要调整产品，而是要发现产品的新用途、寻求新的用户或改变推销方式，以此使产品的销售量得以提高。

②产品调整。通过对产品的调整来满足消费者的不同需要，吸引有不同需求的消费者。任何层次的调整都可视为产品的再推出。

③市场营销组合调整。即通过对产品、定价、渠道、促销等四个因素进行综合调整，刺激销售量的提高，常用的方法包括降价、提高促销水平、扩展分销渠道和提高服务质量等。

（4）衰退期的营销策略。大多数的产品最终都会走向衰退期。企业必须研究、判定处于衰退期的产品，决定是否继续维持、收缩或放弃产品。

①继续策略。继续沿用过去的策略，仍按照原来的细分市场，使用相同的分销渠道、定价及促销方式，直到这种产品完全退出市场。

②集中策略。把企业的能力和资源集中在最有利的细分市场和分销渠道上，从中获取利润。这样有利于缩短产品退出市场的时间，同时能为企业创造更多的利润。

③收缩策略。抛弃无希望的消费者群体，大幅度降低促销力度，尽量减少促销费用，以增加利润。这样可能导致产品在市场上的衰退加速，但也能从忠实于这种产品的消费者身上得到利润。

④放弃策略。对于衰退比较迅速的产品，应该当机立断，放弃经营。可以采取完全放弃的形式，如把产品完全转移出去或立即停止生产；也可采取逐步放弃的方式，将其所占用的资源逐步转向其他的产品。

### 案例 5-3：脸萌

忽如一夜春风来，满屏皆是萌系图。于是，你也在脑海中，构思着自己的样子，跟风换上了卡通头像。一时间，你感觉到自己"萌萌哒"。

对于很多 90 后而言，这样的场景或许并不陌生。正是在他们的使用和分享下，"脸萌"在短时间内充斥着微博和朋友圈，占据了 App Store 的榜首位置，搜索指数也一路突升至巅峰。

在经历爆红过后，现在的"脸萌"已经安静了下来。社交平台上再难见到刷屏的画面，媒体上也少见了踪影。很多人说，它的生命周期也不过几天到数月，又是个现象级应用，俗称"月抛"产品。

新浪科技在"脸萌你玩了多久？"的调查中发现，在参与投票的 155 个用户中，有 61.4% 的用户表示自己"玩了几次就不玩了"，32.8% 的用户表示"没玩过"，表示"现在还在玩"的用户只有 5%。

对于"脸萌"为何火爆，网络上大抵一致的观点是：这个产品的萌系属性切合了用户的卖萌和自恋心理，依靠着社交网络的普及，顺应了火爆传播的机制。

"一是跟着潮流，做成萌脸后大家会去看能不能认得出来；二是我们自拍时有让人感觉很做作的地方，但做成萌脸就不会有这种感觉了。"楠楠描述着自己的直观感受，"现在是萌萌的社会，用脸萌可以让自己变得萌萌哒。"

茜茜则说，自己之所以换头像，除了好玩，还觉得用非真实的头像很安全。她认为，脸萌头像不能包含各类人的特点，适用人群也有限，之前是受到潮流的影响，过一阵子可能就淡了。

"脸萌这样的 App 就是一次性纸尿裤，用完就扔的。"有人用这样的比喻预测它的结局。

互联网从业者苍紫评论说："脸萌的休闲、轻度、易操作、娱乐和互动社交等特性是产品走红的关键。但此类产品注定是一波流，盛极必衰，疯狂猜图和魔漫相机已经验证过这一点。不过对于脸萌团队来说这已经很成功了，90后才懂90后的世界，90后创业将成为趋势。"

面对外界的纷纭说法，创始人郭列表示已经不再关注外边的声音，他学着在爆红后去适应这种安静。他说这是个经验积累的过程，并记录着团队的心路历程。

"现在我想说我们不要太骄傲，应该淡定下来，做好自己手头的工作。""脸萌"的美术设计师罗语萱这样说道。

"80%是狗屎运，20%是因为一群机智的少年每天被老板(我)威逼利诱加班。"郭列如是评价"脸萌"的爆红。同时他也坦言，现在什么样皆是浮云，关键是能让用户长久地离不开。

（资料来源：tech. sina. com. cn/i/special/forefront/lianmeng. 有改动）

**思考**：互联网产品的生命周期和传统产品的生命周期有没有区别？

# 二、产品开发策略

## （一）新产品的概念

从市场营销学角度看，新产品是指与旧产品相比，在结构、功能或形态上发生了改变，已推向市场并能满足新的顾客需求的产品。新产品可分为以下四类。

1. 创新型新产品

创新型产品是指采用新原理、新结构、新技术、新材料制成的市场上前所未有的产品。

2. 换代型新产品

换代型新产品是指在原有产品的基础上，部分采用新技术、新材料、新工艺等制成的性能显著提高的产品。

3. 改进型新产品

改进型新产品是指在原有基础上稍加改善而形成的新产品。其改进程度不如换代型新产品，大多只是在外观、材料等方面进行改进。

4. 仿制型新产品

仿制型新产品是指对市场上已有的产品进行引进和模仿而生产出的产品。仿制是市场追随者常用的产品战略。

## （二）新产品的开发程序

1. 市场调研

用户的需求是新产品开发的主要依据，为此，必须认真做好调查研究工作。在这个阶段主要需要解决产品能满足消费者什么样的需求这个问题。

2. 创意构思

在此阶段要提出新产品的原理、结构、功能、材料和工艺方面的开发设想和总体方案。

### 3. 营销计划

制订初步的营销规划，包括目标市场描述、短期销售与市场占有率、分配渠道、促销计划、价格策略、长期销售与市场占有率等要素。

### 4. 商业分析

商业分析指从经济效益的角度分析新产品的概念是否符合企业的目标，包括预测销售额和推算成本利润。

### 5. 产品设计

产品设计指将产品概念交给研究开发部门或技术工艺部门进行试制或开发成样品，还要经过测试部门的功能测试和消费者测试，确保产品的功能。

### 6. 市场测试

市场测试指将正式的产品投放到有代表性的小范围市场上进行试销或试用，旨在检查市场的反应，以决定是否大规模投放或生产。

### 7. 商品化

产品市场测试成功后，就可以正式大规模地投放或生产了，然后全面推向市场。

## （三）产品开发的策略

产品开发的策略可以分为以下四类。

### 1. 差异化创新策略

在产品的核心层次上，通过技术创新和产品功能的系列化，开发新产品，实施产品的差异化。

### 2. 改进策略

在外观设计、材料使用等方面进行改进。

### 3. 换代策略

定期或不定期地采用新技术、新材料、新工艺等制成性能显著提高的新产品。

### 4. 仿制策略

对已有产品进行引进或仿制。

▶ 案例 5-4：iPhone X 手机

iPhone X 手机的售价为 999 美元起，比 iPhone 7 手机的 650 美元高出将近 50%。一份数据显示，iPhone X 手机的零件价格约为 581 美元，而 iPhone 7 手机的零件价格约为 248 美元。也就是说，虽然 iPhone X 的价格创了历史新高，但其利润率反而不如 iPhone 7。

iPhone X 手机的成本上涨与其搭载的多项新技术和新硬件有关。iPhone X 手机配备了一块 5.8 英寸的超视网膜显示屏，分辨率为 2436×1125，高达 458ppi，是目前像素密度最高的 iPhone 手机。全新的前置深感摄像头系统里包含了红外镜头、泛光感应元件、距离传感器、环境光传感器、点阵投影器等精密镜头和感应器。通过这些组件，iPhone X 手机用 Face ID 取代了传统的指纹识别 Touch ID。

对手机厂商来说，手机的硬件成本其实不会对价格造成太大的影响，一个革命性产品的出现，最大的消耗其实是各种新技术的研发成本。iPhone 4 手机的视网膜屏幕、iPhone 5S 手机的指纹解锁模块、iPhone 6S 手机的 3D Touch，这些新技术、新功能是这些手机占领市场的重要支撑，但在一项技术全面普及之前，厂商要付出的研发成本、供应链采购成本是巨大的。

在 iPhone X 手机的发布会上，苹果称自己拿出了 iPhone 手机有史以来最强大、最智能的芯片。毫无疑问，A11 仿生处理器在性能上领先其他处理器一年，不过相比之下更值得一提的是 A11 仿生处理器使用了神经网络引擎，能够轻松担负起机器学习任务。苹果公司的全球营销高级副总裁 Philip W. Schiller 在发布会后的一次采访中提到，早在三年前的 A8 时代，他们就已经开始探索 A11 中的 AR、Face ID、机器学习等技术。对苹果公司来说，最直接的方法就是收购。

2013 年，苹果公司以 3.6 亿美元的价格收购以色列 3D 传感器制造商 PrimeSense。

2016 年，苹果公司收购 AI 表情分析公司 Emotient。

2017 年，苹果公司收购以色列人脸识别公司 RealFace。

**思考**：大家都是卖手机的，小米在卖性价比；华为锁定商务人群；OPPO 在大肆宣扬充电五分钟，通话两小时；VIVO 在教育喜欢自拍的年轻人"逆光也清晰"；苹果则在把手机卖得更贵这件事上一条路走到黑。请问，有没有全能的手机产品呢？

## 二、品牌与包装策略

### （一）品牌的概念

品牌是指产品上的标志、名称，包含品牌名称、品牌标志、商标三方面的内容。品牌名称是指品牌中用语言能表达的文字部分，如"奔驰""vivo""可口可乐"等。品牌标志是指品牌可以通过视觉识别，可用语言描述但无法直接读出的部分，如某种结构的文字、符号、图案、色彩等。商标是法律术语，品牌或品牌的一部分在政府有关部门依法注册后，称为"商标"。商标受法律的保护，注册者享有专用权。

品牌能延伸出更多的内涵和价值，在人们意识中占据一定的位置，承载着一部分人对于产品及服务的认可。

品牌是人们对一个企业及其产品、售后服务、文化价值的一种评价和认知，是一种信任。品牌已是一种商品综合品质的体现和代表，当人们想到某一品牌时总会联想起某种文化、价值，而企业创设品牌就是在不断地创造时尚、培育文化。只有当品牌文化被市场认可并接受之后，品牌才会产生市场价值。

### （二）品牌策略

#### 1.品牌化策略

品牌化策略就是产品使用品牌与不使用品牌的决策。产品使用品牌对产品的促销具有重要意义，但要支出大量的费用，导致成本增加。因此，产品是否使用品牌，要在权衡利弊之后做出决策。

**2. 统一品牌策略和个别品牌策略**

统一品牌策略是指对企业的全部产品均使用一个品牌。采用这一策略的好处在于能够减少品牌的设计费用和广告费用，有利于新产品在市场上较快地立足，并能壮大企业声势，提高知名度。

个别品牌策略是指企业的不同产品及品种使用不同的品牌。采用这种策略能够严格区分不同的产品和品种，区别质量档次，其中一个产品出了质量问题也不会对企业的整体形象造成严重的不良影响。但是，企业要为每一个品牌分别做广告宣传和推销，这样费用很高，而且难以树立企业统一的市场形象。

**3. 多重品牌策略**

多品牌策略是在同一个产品品类中有意识地使用多个品牌的策略，其目的在于深度细分市场，充分满足多种需求，并且占领更多的分销商货架。这有助于建立侧翼品牌，防止价格战冲击主品牌，但这意味着更高的成本，单个品牌的市场份额也较小，并有可能造成公司品牌间的内部竞争。

### （三）包装的概念及策略

包装是指对商品进行设计并制作容器或包扎物的一系列活动，也可指容器或包扎物。包装具有识别、便利、美化、增值和促销等功能，是产品整体概念的一部分。产品包装策略有以下五种。

**1. 类似包装策略**

类似包装策略是指企业所生产的不同产品，在包装上采用相同的图案、色彩或其他特征，易于被消费者识别出是同一家企业的产品。

**2. 差异包装策略**

差异包装策略是指企业根据产品类别、品质或其他属性的不同而采用不同的包装，易于使消费者分辨出产品的差别。

**3. 配套包装策略**

配套包装策略也称组合包装策略，是指将多种商品放入一个包装中同时出售。此策略便于消费者购买和使用，有利于提高销售量。

**4. 附赠品包装策略**

附赠品包装策略是指在包装内加放赠品的策略，其目的是通过赠品吸引消费者重复购买。

**5. 更换包装策略**

更换包装策略是指对原包装进行更改、替换的策略。此策略可以给消费者带来新意，传达企业的新信息。

### ▶ 案例5-5：可口可乐公司的产品组合策略

可口可乐的个性化包装设计——"私人订制"到现在还有巨大的影响力。它推出了"个性瓶"包装，在我国国内饮料行业总体下滑的大环境中，可口可乐仍然取得了不错的销售业绩。其"个性瓶"方案分为国内版和国外版，做到了"对症下药"。由于国外更注重个人发展和尊重个人，"个性瓶"方案在国外将最常见的150个名字印在了可乐瓶罐上，并量身定做了150首可乐歌，在国外张扬个性和表现自我的大环境中取得了不错的业绩。

2013年，可口可乐在中国国内推出了印有"喵星人""高富帅"字样的"昵称瓶"，2014年推出了印有"我和我最后的倔强""听妈妈的话"等歌词的"歌词瓶"，以及后来的"台词瓶"。

通过市场调查，我们发现：可乐消费者呈现出低龄化的趋势，可口可乐在中国国内推出的新包装充分显示了特定群体的特点，既有90后、00后年轻一代所钟爱的网络语言，也有80后一代熟悉的回忆，还考虑到70后及其他热衷电视剧、电影的人群。

从针对不同消费者群体到针对不同场合，可口可乐的个性化包装团队可以说是费尽心思，但确实取得了较好的营销效果。2013年至今，每年推出一款新的个性化包装似乎已经成了可口可乐公司习惯化的营销手段，而每年推出的包装主题都十分切合当年的时事热点，能够在消费者心中留下深刻印象，从而在同类产品中脱颖而出。

（资料来源：陈伟霞.个性化包装的可口可乐营销案例分析研究.兰州：兰州大学管理学院.有改动）

**思考**：你认为产品的包装重要吗？包装如何影响消费者？

# 任务二　制定价格的策略

**知识目标**

1. 了解价格的职能。
2. 知道企业制定价格的目标。
3. 理解影响定价的因素。
4. 掌握定价的策略和方法。

**岗位能力目标**

1. 能够分析影响企业定价的因素。
2. 能够运用定价策略及方法进行定价。

**思政目标**

培养学生辛勤工作、理性消费的意识。

## 任务学习指南

产品价格的制定是一项复杂的综合性项目。客观影响价格的因素主要有成本、需求和竞争。产品在被正式投入市场之前，企业就要做好产品的商业分析，对商品的价格、成本及利润等进行综合的调查分析，运用策略和方法制定最合适的商品定价。

## 任务分析

### ▶ 案例 5-6：公交票价方案的确定

北京公交票价听证方案于 2014 年 10 月 13 日发布，同时发布的还有参加听证会的代表名单和企业成本等内容。

北京公交调价方案共有两套：起步 5 千米内每人次 1 元和起步 10 千米内每人次 2 元，均以千米为单位实行计程票制。

2014 年 12 月 28 日起，北京公交新价格开始执行：地面公交 10 千米（含）内 2 元，每增加 5 千米加价 1 元。

轨道交通和地面公交都将全面采用计程制收费。

公交地铁票价方案中指出将提高儿童乘车免票线的标准。考虑到儿童身高普遍提高的实际状况，本次将儿童乘车免票身高由1.2米提高至1.3米。

方案一：

起步5千米内每人次1元，以后每增加10千米加价1元；取消一卡通普通卡刷卡优惠，学生卡刷卡5折优惠。

方案二：

起步10千米内每人次2元，以后每增加5千米加价1元；一卡通普通卡刷卡实行5折优惠，学生卡刷卡实行2.5折优惠。

两个方案相比，方案一主要取消了折扣优惠，对于使用现金购票的人群的总体影响较小。

方案二适当提高了票价，继续给予刷卡优惠，鼓励刷卡乘车，方便乘客快速上下车，也便于企业掌握客流情况，合理安排运力，提高精细化管理水平。45%的刷卡乘车人群的实际支出要低于方案一。

根据路网规模和乘客乘坐距离分布比例的数据测算，两个方案的平均票价分别为每人次1.55元和每人次1.31元。

最终方案如下：

地面公交10千米（含）内2元，10千米以上部分，每加1元可乘坐5千米。市政一卡通刷卡时，市域内普通卡5折，学生卡2.5折；市域外按现行政策执行。

轨道交通6千米（含）内3元；6~12千米（含）4元；12~22千米（含）5元；22~32千米（含）6元；32千米以上部分，每加1元可乘坐20千米。

使用市政交通一卡通，每张卡支出累计满100元后，超出部分打8折；累计满150元后，超出部分打5折；累计满400元后，不再打折。

新方案从2014年12月28日起执行。

（资料来源：https://baike.sogou.com/v138861984.htm.有改动）

**思考：**

1. 上述案例中，公共交通的消费者是谁？
2. 定价的目标是什么？哪些因素会影响定价？

## 知识精讲

## 一、价格的基本职能

价格的职能是价格内在的功能，不依社会经济条件而变化，其基本职能如下。

### （一）表现价值

产品的价值不能在商品自身上表现出来，而要通过货币表现为一定的价格。

### （二）综合计量

各种产品的实物形态是不能综合计量的，只能利用它的价值形态，即以实物量乘以单价，得出一定的货币额，才能综合计量。

### （三）核算劳动

价格在反映社会必要劳动耗费的条件下，成为衡量企业劳动耗费是否合理的标尺。

### （四）反映信息

价格是生产和市场状况的晴雨表。价格上涨反映商品供不应求或成本上升的信息，价格下落反映供过于求或成本下降的信息。价格在长时期大范围内持续高涨或下跌，则反映产品生产与社会需要比例失调的信息。

### （五）分配利益

价格涉及交换双方的经济利益，价格基础持久地偏离平均价值，或市场价格围绕价格基础一涨一落，都会引起交换双方利益的再分配。

### （六）调节经济

价格的高低、涨落调节生产的资源配置、产品结构、生产规模，调节流通的结构、规模和地区流向，调节消费的结构和规模。

## 二、企业制定价格的目标

企业在制定价格时有以下四种目标。

### （一）生存目标

当处于不利环境中时，企业将追求实现生存目标。为渡过难关，企业短期内可以调低价格，亏本销售产品。

### （二）利润最大化目标

企业追求利润的最大化，并不等于要制定最高的价格。一般来说，定价越高，需求越少，销量减少，影响企业的整体利润。企业需估计不同价格所对应的需求和成本，然后合理定价，以获得最大的现期利润。

### （三）市场占有率目标

市场占有率是衡量企业营销绩效和市场竞争态势的重要指标。赢得最高的市场占有率后，企业将享有最低的成本和最高的长期利润。企业需要制定一个有竞争力的价格才能争取到相应的市场占有率。

### （四）产品质量最优化目标

当企业追求产品的质量领先时，需要制定一个高价来弥补高成本。优质的产品是企业最好的名片，有利于提升企业的品牌价值。

## 三、影响定价的因素

### （一）产品成本

企业在定价时必需估算成本，企业的成本包括两种。

1. 固定成本

固定成本指不随着企业的产量和销售收入的变化而变化的成本，包括企业内的机器设备、折旧费、租金、利息、高级管理人员的薪金等。但从长期来看，固定成本也是可变的。

2. 可变成本

可变成本指随着企业的产量和销售收入变化而变化的成本，包括原材料费、工资、运输费用等。

### （二）市场需求

新价格理论认为供求决定价格。供给量不变，需求量增加，价格上涨。需求量不变，供给量增加，价格降低。

### （三）竞争者的产品及价格

企业必须了解竞争者的产品及价格，与竞争者比质比价，才能够更准确地制定本企业的产品价格。消费者对不同企业的产品、不同价格的产品会进行比较，形成心理预期，只有符合消费者的期望值，才能争取消费者的认可。

## 四、定价的策略和方法

### （一）定价的方法

1. 成本导向定价法

（1）成本加成定价法。成本加成定价法是按产品单位成本加上一定比例的利润制定产品价格的方法。即

价格=单位成本+单位成本×成本利润率=单位成本×(1 + 成本利润率)

成本加成定价法是企业较常用的定价方法。

（2）目标利润定价法。目标利润定价法，又称目标收益定价法、目标回报定价法，是根据企业预期的总销售量与总成本，确定一个目标利润率的定价方法。

2. 需求导向定价法

（1）认知价值定价法。认知价值定价法是企业根据购买者对产品的认知价值来制定价格的一种方法。认知价值定价与现代市场营销观念相一致。认知价值定价的关键在于准确地计算产品所提供的全部市场认知价值。

（2）需求强度定价法。需求强度定价法指依据需求总量的大小和急缓来确定价格。首

先要测定需求强度。一般来说,需求旺盛时,定价较高,需求疲软时,定价较低。在实践中,有强度差别定价和需求倒推定价两种方法。

强度差别定价又称"区别需求定价法",是指因需求特性的不同,在同一时间、对同一商品制定两种或两种以上的价格。需求特性不同主要表现在购买力、需求量、需求强度、需求时间、需求层次、需求地点、需求偏好、商品用途、产品所处生命周期的阶段、需求弹性、用户类型等方面,此外还要受到国家政策的影响。例如,季节性商品在旺季定较高的价格。

需求倒推定价又称"反向定价法"或"零售价格定价法",指企业测定目标市场的可销零售价,然后扣除零售商批零差价,推得批发价,再扣除批发商购销差率有关费用,推得企业的出厂价。需求强度定价准确与否的关键在于可销零售价的确定。

3.竞争导向定价法

(1)随行就市定价法。随行就市定价法是指企业根据市场竞争格局,一般采用行业领导者价格或行业平均价格。平均价格水平在人们的观念中常被认为是"合理价格",易为消费者接受。

(2)投标定价法。投标定价法是由买方公开招标,卖方竞争投标,一次性密封递价,到期当众开标的定价方法。在投标过程中,卖方不会以低于自己的成本报价,但由于担心失去订单也不会过高定价,因而通常在成本的基础上加上一个合理的期望利润进行报价。

**▶ 案例5-7:酱香型白酒**

酱香型白酒以优质高粱为原料,用小麦制高温大曲,原料主要是高粱和小麦。传统正宗酱香型白酒的出酒率为20%左右,也就是说5斤粮食1斤酒。用料高粱和小麦对半,高粱3元/斤,小麦1元/斤,平均2元/斤,2×5=10元/斤。在白酒行业中,酒厂工人的月薪一般为1500元左右,也就是说他们的日薪为50元,按每天工作8小时来计算,他们每小时可以获得6.25元。如果加上人工、水电、折旧……刚出的新酒的成本是18.5元/斤左右,考虑资金占用以及资金利率每年增长30%,则第二年的酒价为24元/斤,第三年为31/斤,第四年为41元/斤,第五年为53元/斤,也就是说正宗酱香型白酒裸酒的成本为53元/斤左右。国家质检总局和国家标准委于2010年3月28日发布了《限制商品过度包装要求 食品和化妆品》国家标准,并于2010年4月1日起实行,饮料、酒、糕点、粮食、保健商品、化妆品等外包装都面临着瘦身,除了初始包装成本之外,包装成本不得超过商品销售价格的15%。比如,我们的新产品的价格为699元,包装成本要在104.85元以下,总计成本价格在160元左右。

**思考**:白酒行业的定价用了什么方法?

## (二)定价的策略

1.新产品的定价策略

当新产品是受专利保护的创新产品时,可采取以下两种方法定价。

(1)**市场撇脂定价**。市场撇脂定价策略将新产品的价格定得较高,目的是在短期内获取厚利,尽快收回投资。这一定价策略就像从牛奶中撇取其中所含的奶油一样,所以称为"撇脂定价"策略。企业之所以能够这样做,是因为有些消费者主观上认为价格高的商品具有很高的价值。

从市场营销的实践来看,有以下条件的企业可采取市场撇脂定价:①市场上有足够的购买者,需求缺乏弹性,即使定价高,需求不会大量减少。②高价能带来更多利润,完全能抵消销量的减少及成本的增加。③产品为独家经营,没有竞争者。④高定价能实际上给予消费者高端的印象。

(2)市场渗透定价。市场渗透定价是在新产品引入期制定较低价格,以吸引大量顾客,迅速占领市场,取得较高的市场占有率。此策略与撇脂策略相反。企业采取市场渗透策略要具备以下条件:①消费者对价格极为敏感,低价能刺激需求的迅速增长。②企业生产成本会随生产经营的扩展而下降。③低价不会引起实在或潜在的竞争。

当新产品是企业仿制的时,企业需在价格和质量上进行衡量,决定价格的高中低以及相应的高质量、中质量、低质量。

### 案例 5-8:彭博社的新报告

彭博社的一份新报告对苹果公司 iPhone XS 和 iPhone XS Max 不同存储版本的定价策略进行了分析。具体来说,彭博社表示,跟 64GB 版本相比,苹果公司预计在每部 512GB iPhone XS 和 iPhone XS Max 手机上多赚取了大约 134 美元的利润。

这份报告表示,512GB 是苹果公司在 iPhone 上提供的最高存储选项,该公司向消费者收取的 NAND 闪存存储芯片费用比他们支付给供应商的价格更高。分析师 Wayne Lam 解释说,苹果手机的存储成本大约为 25 美分/GB,用户支付的价格约为 78 美分/GB,因此,他说存储绝对是最赚钱的 iPhone 特性。

彭博社的研究称,64GB 版 iPhone XS 的 NAND 存储成本为 23.68 美元,256GB 和 512GB 的成本分别为 66.24 美元和 132.48 美元。而在收入方面,512GB 版本所赚的利润估计比 64GB 版本高出 134 美元,而 2017 年顶配 iPhone X 的利润比入门版本高出 107 美元。

来自 In Spectrum Tech 的数据显示,NAND 闪存的市场价格是一年前的一半,但是苹果公司的 iPhone 的定价并没有反映出这些变化。Wayne Lam 还说,存储容量的增加并不意味着苹果公司需要做更多的工作,他们只需要换一下芯片。

78 美分/GB 的用户价格跟去年一样。当然,考虑到苹果公司跟供应商签订的 NAND 闪存合同,他们可能并未从最近的价格下降中获益。尽管如此,这个价格仍然要高于其他手机,比如三星 Galaxy Note9,从 128 GB 升级至 512 GB 的用户需要支付 65 美分/GB 的价格。

苹果公司 CEO 最近在接受采访的时候谈到了 iPhone 的高定价策略,他说,苹果公司的目标是为每个人服务,如果你提供了大量的创新和价值,自然会有人愿意买单。

(资料来源:https://www.sohu.com/a/255886749_161062,有改动)

**思考**:你认为苹果公司赚钱吗?它的定价为什么可以如此高?

## 2.产品组合定价策略

当企业有诸多产品时，需要制定一个整个产品组合可以获得最大利润的价格。产品组合定价是复杂的，因为不同产品自身有需求和成本间的相互关系，还要受到不同程度竞争的影响。

产品组合定价策略主要有以下三种定价形式。

(1)产品线定价。产品线定价是指根据产品项目之间在质量、性能、档次、规格、款式、花色、等级等方面的不同，确定一条产品线中不同产品的价格。

(2)组合产品定价。组合产品定价是指企业以套装形式销售一组产品，例如化妆品、旅游方案等。套装价格一般低于每个产品价格之和，能提升企业的销售量。

(3)补充产品定价。补充产品定价是指基础产品必须与补充消耗型产品一起使用，比如剃须刀架必须补充刀片，打印机必须补充墨盒。企业通常降低基础商品的价格，而提高补充产品的价格。

## 3.心理定价策略

心理定价是指依据消费者的购买心理来确定价格，主要有以下五种心理策略。

(1)整数定价策略。整数定价即按整数而非尾数定价，是指企业把原本应该定价为零数的商品价格改定为高于这个零数价格的整数，一般以"0"作为尾数。这种舍零凑整的策略实质上是利用了消费者按质论价的心理、自尊心理与炫耀心理。一般来说，整数定价策略适用于那些名牌优质商品。

(2)尾数定价策略。尾数定价策略是指在确定零售价格时，利用消费者求廉的心理，制定非整数价格，以零数结尾，使用户在心理上有一种价格便宜的感觉；或者是价格尾数取吉利数，从而激起消费者的购买欲望，促进商品销售。

(3)声望定价策略。声望定价策略是指针对消费者价高质优的心理，为在消费者心目中享有一定声望、具有较高信誉的产品制定高价。不少高级名牌产品和稀缺产品，如豪华轿车、高档手表、名牌时装等，在消费者心目中享有极高的声望价值。

(4)习惯定价策略。习惯定价策略是指消费者习惯于按此价格购买，如消费者经常购买许多日用消费品，便由此形成了一种习惯价格，如矿泉水、快餐等。这一类商品不应轻易改变价格，以免引起消费者的不满。如因原材料涨价等原因确实需要提价时，应特别慎重，可通过改变包装、适当减少分量或推出新型号的办法来改变定价。

(5)招徕定价策略。招徕定价策略是指利用消费者对低价商品的兴趣，将少数几种商品的价格降到市价以下甚至低于成本，以招徕消费者，增加对其他商品的连带性购买，以达到扩大销售的目的。

## 4.折扣定价策略

企业为鼓励消费者早付清货款、大量购买、淡季购买及配合促销，而给予一定的折扣或让价，即为折扣定价。折扣定价策略有以下五种。

(1)现金折扣。现金折扣是企业给那些提前付清货款的消费者的一种减价。例如"2/10，n/30"，意思是如果在10天内付款，购买者能够从发票面值中得到2%的折扣，否则就要在30天内支付发票的全部金额。

(2)数量折扣。数量折扣是企业给大量购买产品的消费者的减价，例如常见的满减活动。

（3）职能折扣。职能折扣是制造商给批发商或零售商的额外折扣，促使他们执行某些市场营销职能，如推销、储存等。

（4）季节折扣。季节折扣是企业给过季的商品或服务减价。

（5）价格折让。价格折让是另一种类型的减价，如以旧换新，旧商品可以折算为一定的金额来抵价。

5. 差别定价策略

差别定价指企业用两种或多种价格销售一个产品或一项服务，尽管价格差异并不是以成本差异为基础得出的。差别定价的策略有以下四种。

（1）顾客细分定价策略。指企业按照不同的价格把同一产品或劳务卖给不同的顾客。

（2）产品式样定价策略。指企业为不同花色、品种、式样的产品制定不同的价格，但这个价格相对于它们各自的成本是不成比例的。

（3）地点定价策略。指企业为处于不同地点的同一商品制定不同的价格，即使在不同地点提供商品的成本是相同的。

（4）时间定价策略。指企业为不同季节、不同时期甚至不同重点的产品或服务分别制定不同的价格。

6. 地区定价策略

（1）产地交货价格。产地交货价格是卖方按出厂价格交货或将货物送到买方指定的某种运输工具上交货的价格。在国际贸易术语中，这种价格称为离岸价格或船上交货价格。交货后的产品所有权归买方所有，运输过程中的一切费用和保险费均由买方承担。产地交货价格对卖方来说较为便利，费用最少，风险最小，但对扩大销售有一定影响。

（2）目的地交货价格。目的地交货价格，是由卖方承担从产地到目的地的运费及保险费的价格。在国际贸易术语中，这种价格称为到岸价格或成本加运费和保险费价格，还可分为目的地船上交货价格、目的地码头交货价格以及买方指定地点交货价格。目的地交货价格由出厂价格加上产地至目的地的手续费、运费和保险费等构成，虽然手续较烦琐，卖方承担的费用和风险较大，但有利于扩大产品销量。

（3）统一交货价格。统一交货价格，也称送货制价格，即卖方将产品送到买方所在地，不分路途远近，统一制定同样的价格。这种价格类似于到岸价格，其运费按平均运输成本核算，这样可减轻较远地区顾客的价格负担，使买方认为运送产品是一项免费的附加服务，从而乐意购买，有利于扩大市场占有率。同时，能使企业维持一个全国性的广告价格，易于管理。该策略适用于体积小、重量轻、运费低或运费占成本比例较小的产品。

（4）分区运送价格。分区运送价格，也称区域价格，指卖方根据消费者所在地点距离的远近，将产品覆盖的整个市场分成若干个区域，在每个区域内实行统一定价。这种价格介于产地交货价格和统一交货价格之间。处于同一价格区域内的顾客，就得不到来自卖方的价格优惠；而处于两个价格区域交界地的消费者就得承受不同的价格负担。

（5）运费津贴价格。指为弥补产地交货价格策略的不足，减轻买方的运杂费、保险费等负担，由卖方补贴部分或全部运费。该策略有利于减轻边远地区消费者的运费负担，使企业保持市场占有率，并不断开拓新市场。

### 7. 调整价格策略

价格调整策略是指企业在市场营销活动中，根据市场状况、企业条件等因素的变化，适时调整产品基本价格的手段。其目的在于促使产品价格适应供求变化，并与营销组合的其他因素更加协调，发挥最佳促销作用，提高营销的效益。

▶ **案例5-9：两家超市的价格策略**

美国的沃尔玛和法国的家乐福自从进入中国以来，凭借其雄厚的资金、多年的零售经营经验、先进的管理方法和手段，发展迅速，销售额逐年上升，市场占有份额逐步扩大。家乐福和沃尔玛在中国的销售业绩如此辉煌，与其出售商品的价格有关。价格是消费者选择购物场所时最敏感的因素。低价位是两家超市在中国取得成功的重要因素之一，两家超市在定价的时候都着眼于顾客的感受，将心理定价策略发挥得淋漓尽致，具体包括以下几个方面。

①低价渗透，努力营造价格低廉的第一印象；

②尾数定价策略；

③错觉定价策略；

④整数定价策略；

⑤招徕定价策略。

两家超市的所谓"低价"还是略有区别的。在价格策略上，沃尔玛坚持"天天低价"原则，通过降低成本，制定低价格，让利给顾客。而家乐福秉承"高低价"的价格原则，降低部分敏感商品的价格吸引顾客，提高销售量和营业额。具体地说，家乐福是坚持"低中取低，高中超高"策略，而沃尔玛是所谓的"整体低价"。

家乐福独特的"高低价"策略其实是一种价格组合策略，这个策略的主要依据是商品的属性。家乐福把商品按其属性分为四种：敏感性商品、非敏感性商品、自有品牌商品和进口商品。对于四种不同属性的商品的定价采取四种不同的策略：敏感性商品超低价，非敏感性商品贡献价，自有品牌商品权变价，进口商品超高价。

这四种不同的策略分别表现在以下几个方面。

①敏感性商品超低价。有关调查显示，消费者对于某些商品的价格十分敏感，他们甚至十分清楚这些商品在不同的超市中的销售价格。这类商品被称为"敏感商品"。"敏感商品"的特点是消费量大、购买频率高。家乐福对于这类商品实行微利甚至是无利销售的策略。

②非敏感性商品贡献价。其实家乐福实行敏感性商品超低价策略的目的是带动这部分非敏感商品的销售，这部分非敏感商品才是家乐福的真正营利点。

③自有品牌商品权变价。所谓权变价策略，就是家乐福对于自有商品的价格有很大的调节空间，可以根据市场情况迅速调节价格。

④进口商品超高价。对于这部分商品，家乐福实行超高价策略。实行这一策略的基础是进口商品的特性：购买者对于这类商品的价格不关注，关注的是进口商品带来的所谓附加值。

沃尔玛的"天天平价"把减价作为一种长期的营销战略手段，减价不再是一种短期的促销行为，而是整个企业定价策略的核心。具体说来，沃尔玛的天天平价不是一种或若干种商品的平价，而是所有商品均以低价销售；不是一时或一段时间内的平价，而是一年四季均以低价销售；不是一地或一些地区的平价，而是全球各连锁店均以低价销售。这样就能通过降低商品价格吸引顾客、拉动销售，进而获得比高价销售更多的利润。沃尔玛的天天平价不仅仅是指商品的价格低廉，更关键的是为顾客提供所谓超值的服务。沃尔玛认为，在降低价格的同时，为顾客提供超值的服务，才是平价的精髓所在。

调查表明，零售企业的采购成本要占企业运作成本的60%，对采购进行管理是零售企业管理中最有价值的部分，采购中每节省的一元钱都会转化为利润。沃尔玛和家乐福都深知这一点，将精力集中在控制采购成本上，通过降低采购成本来增加企业的利润，实现各自的低价策略。家乐福的营利模式是"不赚消费者的钱，而赚厂家的钱"，除了控制供应价格，家乐福还向供应商收取一定数额的进场费。沃尔玛实施"零进场费"政策，供销直通，优化供应链。具体来说，沃尔玛就是在采购的环节上全面压价，减少一切不必要的开支，即直接向生产厂家进货，不通过中间商，节省付给批发商的佣金。家乐福、沃尔玛采取不同的方法节约采购成本，为它们实施各自的价格策略打下了坚实的基础。

（资料来源：丁慧，刘雪琴. 家乐福和沃尔玛定价策略对比分析[J]. 商场现代化，2007(09)：116-118. 有改动）

**思考**：为什么这两家大超市要使用低价策略？

# 任务三　分销渠道策略

**知识目标**

1. 了解分销渠道的职能和类型。
2. 理解中间商的概念。
3. 掌握分销渠道策略。
4. 知道管理分销渠道的内容和方法。

**岗位能力目标**

1. 能够说出营销渠道的重要性。
2. 能够指出渠道成员的需求。
3. 能够分析企业渠道面临的问题。

**思政目标**

1. 教会学生精诚合作，互利共赢。
2. 使学生懂得诚信做人，失信可耻。

## 任务学习指南

　　生产一种产品或服务提供给消费者，并和消费者建立联系，企业需要建立一定的分销渠道——批发商和零售商——作为桥梁或管道来将商品传递到消费者手中。批发商和零售商会直接面对最终的用户，企业需要十分关注分销渠道。

## 任务分析

▶ **案例 5-10：伊莱克斯中国：裁员后再缩减渠道**

　　比特网（ChinaByte）从苏宁电器获得消息，伊莱克斯正在削减家电销售渠道，将会用三个月的时间从苏宁以外的其他销售渠道撤柜。

　　据国美、苏宁、五星等家电连锁卖场的相关负责人介绍，伊莱克斯的产品线主要为冰箱、洗衣机和部分厨房电器，在卖场的销售业绩并不好，在同类产品中的份额不足 5%。

　　今年伊始，伊莱克斯在战略上做出重大调整，改打高端战略。目前，伊莱克斯不仅关闭了长沙冰箱工厂，裁员 850 名员工，还改变了其销售上的地域策略，将原来的全国销售改为仅在部分省区销售。

（资料来源：http://tech.sina.com.cn/e/2009-02-12/10412816610.shtml，有改动）

**思考**：你认为签订独家代理销售有什么好处、坏处？

## 知识精讲

### 一、分销渠道的职能与类型

#### （一）分销渠道的含义与职能

1.分销渠道的含义

企业为了将产品推向市场，需要建立自己的销售网络，即分销渠道，很多生产者会选择与中间商合作，通过中间商的组织、采购、运输、储存、销售，将产品或服务提供给消费者。

2.分销渠道的职能

分销渠道的职能有以下几个方面。

（1）市场调研。收集制订计划和进行交换所必需的信息。

（2）促进销售。帮助生产商进行产品信息的传播，进行具有说服力的关于产品销售的沟通。

（3）联系业务。寻找潜在消费者，并与之发生联系。

（4）编配分装。为了满足消费者的需求，生产商对所生产的产品进行生产、装配、包装等一系列活动。

（5）商务谈判。为实现商品的交换、完成所有权和使用权的转移，交易双方就产品价格及其他问题达成协议。

（6）实体储运。货物的存储和运输。

（7）融资。获取资金来弥补渠道的成本。

（8）承担风险。承担开展渠道工作带来的风险。

#### （二）分销渠道的类型

（1）根据有无中间商参与交换活动，分销渠道可分为直接分销渠道和间接分销渠道。

直接分销渠道是指生产者将产品直接供应给消费者或用户，没有中间商介入。其主要形式是：生产者—用户。

间接分销渠道是指生产者利用中间商将商品供应给消费者或用户，中间商介入交换活动中。间接分销渠道的典型形式是：生产者—批发商—零售商—消费者。如厂店挂钩、特约经销、零售商或批发商直接从工厂进货、中间商为工厂举办各种展销会等，皆为间接分销渠道形式。

（2）长渠道和短渠道。分销渠道的长短一般是按通过流通环节的多少来划分的，具体包括以下4个层次。

①零级渠道：由制造商直接到消费者。

②一级渠道：由制造商通过零售商到消费者。

③二级渠道：制造商—批发商—零售商—消费者，或者是制造商—代理商—零售商—消费者，多见于消费品的分销。

④三级渠道：制造商—代理商—批发商—零售商—消费者。

可见，零级渠道最短，三级渠道最长。

（3）宽渠道与窄渠道。渠道宽窄取决于渠道的每个环节中使用同类型中间商数目的多少。

企业使用的同类中间商多，产品在市场上的分销面广，称为宽渠道。如一般的日用消费品（毛巾、牙刷、暖水瓶等）一般采用宽渠道方式，即由多家批发商经销，又转卖给更多的零售商，能大量接触消费者，大批量地销售产品。

企业使用的同类中间商少，分销渠道窄，称为窄渠道，它一般适用于专业性强的产品，或贵重耐用的消费品，由一家中间商统包，几家经销。生产企业容易控制分销，但市场分销面受到限制。

（4）单渠道和多渠道。企业全部产品都由自己直接所设的门市部销售，或全部交给批发商经销，称为单渠道。多渠道则可能是在本地区采用直接渠道，在外地则采用间接渠道；在有些地区独家经销，在其他地区多家分销；对消费品市场用长渠道，对生产资料市场则采用短渠道等。

（5）垂直分销渠道系统和水平分销渠道系统。分销渠道系统是相对于传统分销渠道而言的。传统分销渠道的各个流通环节的独立性强，组织相对分散。而分销渠道系统中的成员横向或纵向相互联系并合作，以更好地利用资源优势，获得更好的经济效益。垂直分销渠道系统是指渠道成员采取一体化经营或联合经营策略。水平分销渠道系统是指两个或两个以上的无关联企业将资源联合，共同开拓新的市场，以达到最佳的资源利用和协同合作的目的。

## 案例5-11：移动电话

同电信业务的发展一样，中国市场上的移动电话最初的销售渠道也是运营商的营业厅。1987年11月，移动电话来到了中国。从1987年到1994年的7年间，中国的手机销售渠道由运营商绝对主导，几乎所有手机都从国外进口（一小部分由国内组装），由当时的电信运营商中国邮电独家采购、统一放号和独家销售，销售渠道仅限于中国邮电的营业厅。

20世纪90年代中后期，我国的手机来源主要分为两部分。

一部分是从国外进口。像诺基亚、爱立信等当时占主导地位的欧洲品牌手机，就是进口商通过香港与内地之间的进口贸易，将手机进口转销给各省的邮电系统和一些小的手机零售商。这样，在运营商渠道之外，开始出现手机进口商和零售商渠道。另一部分是国外手机品牌厂商在中国进行生产。1992年，美国摩托罗拉公司在天津设立了手机生产公司；在1995年左右，日本NEC、芬兰诺基亚等国外品牌在中国建立手机生产合资工厂，生产国外品牌手机。

到 1999 年底，我国市场上的手机品牌超过 20 个，在售机型近 100 种，手机用户超过 4 000 万。这时，手机销售逐渐市场化，在电信运营商之外的手机销售渠道渐成体系。

在手机销售渠道上游，国外手机厂商与批发商(进口商)结成战略联盟，有一些批发商(进口商)，如中邮普泰、蜂星、天音、长远等，迅速成长为国家级代理商(以下简称"国代商")。

在中游，国家级代理商逐渐构建了省、地市的分销体系，其主要职能是分销；部分国外手机厂商开始建立区域总部和省级办事机构，其主要职能是了解市场销售信息和客户对产品的反应。之后，国外手机厂家为平衡各个"国代商"之间的利益，由全机型代销转变为分机型包销。这时，各种佣金、订购、供货、物流、结算等政策逐渐规范，手机厂家与渠道、上级渠道与下级渠道之间的关系趋于稳定。

分机型包销政策很快促进了另一个市场——手机批发市场——的繁荣。各个"国代商"掌握着不同的机型，能够提供给分销渠道的，也是这些机型。但市场上客户的需求是多样化的，分销渠道能拿到的机型越多，能吸引的客户就越多，销售量也越好。省级分销渠道商为促进分销、完成包销任务，同时为了解决其下级渠道的多机型需求，推动了手机批发市场的发展。

20 世纪 90 年代末，各省会城市都出现了专门的手机交换市场，又叫手机批发市场或通信市场。其中影响较大的有北京天外天、北京西直门、广州文园、深圳华强北、杭州通信市场、上海不夜天、成都太升南路等手机通信大市场，有的成为全国"国代商"包销机型之间互换的中转站，有的是大区性质的手机批发和零售集散地。

与此同时，专业性的手机零售店开始在国内的一二线城市兴起，渠道末梢快速成长。1995—1999 年，手机销售渠道从以邮电营业厅为主逐渐过渡到以专门的零售店为主。

1998 年，中国电信、中国联通的营业厅合计不到 2 万家，但手机零售店的数量已经超过 10 万家。所有渠道末梢的手机供货仍由全国代理商掌控，国内市场上已经形成了从全国代理商、省级代理商到批发商、零售店等比较系统化、市场化的手机销售链。

1999 年，中国的移动通信市场发生了两件标志性的大事。

一是 1999 年 1 月国务院办公厅颁发了《关于加快移动通信产业发展的若干意见》(国办发〔1999〕5 号)。此文件标志着国家大力扶持民族手机制造产业，形成了有名的"手机生产牌照制"。

二是 1999 年 7 月，中国移动通信集团公司从中国电信集团公司分离出来，独立经营移动业务。

这两件大事对于中国手机销售渠道的发展产生了重大影响。

在 2000 年之前，中国手机销售渠道从无到有，经历了初步发展阶段。2000 年之后，中国手机销售渠道进入繁盛期，一度出现了"渠道为王"的盛况。

首先是手机连锁店兴起。在北京、上海、广州等大城市，先是出现了迪信通、金飞鸿、协亨电信、中复电讯等专业的手机连锁零售店，继而国美、苏宁等家电连锁店进入手机销售领域。2001 年 6 月，国美宣布进入手机零售市场，率先在传统家电品类中引入手机。到 2002 年，国美、迪信通、金飞鸿等连锁店已经占据了北京绝大多数的手机销售市场。

就在手机连锁店和家电连锁店站稳脚跟、快速扩大领域、构筑一二线城市手机零售主要渠道的同时，代理商也集中优势资源建立了地方性的品牌零售连锁店，如河北石家庄的国讯、恒信,陕西西安的蜂星,四川成都的迅捷等。有的地方性品牌连锁店迅速实现了跨省的规模化扩张,如广东规模最大的以经营移动通信产品为主的中域电讯,从60多家连锁店扩充至160多家,覆盖全国17省市。

其次是国产手机品牌厂商开始大规模地建设自己的手机销售渠道。在国产手机品牌厂商生产手机之初,品牌影响力小,用户接受度低,"国代商"和连锁店不愿卖国产品牌手机。于是,原来做电子产品出身的手机品牌厂商就利用和复制了原来做电子产品的销售渠道,在全国市场采用省级、区级代理,结合重点市场直供,再招聘一支销售员队伍,组建了自己的手机销售渠道。其中,一度销量领先的波导和TCL手机公司,各自开创了具有特色的手机销售渠道。

（资料来源：https://www.txrjy.com/thread-970217-1-1.html,有改动）

**思考**：现在的手机代理商渠道发展如何？

## 二、中间商的概念和类别

中间商是指专门从事商品流通经营活动的企业或个人,其基本职能是作为生产和消费之间的媒介,促成商品交换。中间商可以按照不同的标准进行分类,按照中间商是否拥有商品所有权,可将其划分为经销商和代理商;按照销售对象的不同,可将中间商分为批发商和零售商。

### (一)经销商

经销商就是在某一区域和领域内只拥有销售或服务的单位或个人。经销商具有独立的经营机构,拥有商品的所有权(买断制造商的产品/服务),获得经营利润,可以多品种经营,其经营活动过程不受或很少受供货商限制,与供货商责权对等。

经销商是中国市场上既传统又中坚的渠道力量,正在遭遇渠道扁平化浪潮和新生渠道力量的考验。在重重压力下,经销商被动或主动地在业务发展战略上做出了以下调整。

①部分经销商开始向生产商贴牌甚至自行投资建厂生产自有品牌产品发展,发挥渠道资源的最大化效益。

②部分经销商开始进入零售领域,向渠道下游延伸,稳定并巩固自身在市场中的地位。

③最大化地获取优势产品资源,以产品分担经营成本和经营风险,追求企业经营的品类规模。遗憾的是,更多的经销商正在成为生产商的附庸,完全被生产商"套牢",在终端零售商与生产商的双重"挤压"下困难重重,经销商中的弱势群体正在不断地被淘汰出局。

### 案例5-12：中国手机行业

中国手机行业繁荣的市场有那么几个人尽皆知的地方,作为区域电子产品的集散地,担负着十分重要的任务,但是也有很多小贩混在其中,涉嫌欺诈前来购物的消费者。

成都太升南路、北京中关村、深圳华强北、武汉广埠屯、上海不夜城等地方曾经都是当地赫赫有名的电子产品一条街,这些地方聚集了很多的电子产品批发零售的商家,为周围区域提供电子产品的批发零售业务。但是随着时间的推移，这些地方几乎都不同程度地背负上了骂名，原因就是很多商家因为谋求暴利出售一些非正规渠道的产品来蒙骗消费者，最后在互联网上被曝光，让这些地方不再有当年的气势了。

在武汉广埠屯的某电子市场一楼，曾有某消费者看到了一家比较"正规"的手机店，打算前往购买一台 iPhone 7 Plus 128GB 玫瑰金的手机。某消费者想，广埠屯这么大的一个电子产品市场，对面又是华中师范大学，应该是比较正规的地方，况且这门面是开在路边的，也不会随便欺骗消费者，否则不早就被投诉了吗？所以他就放心大胆地走了进去，准备先询问一下价格，然后看看是否能够在这里购买一部手机。

店铺里面大大的苹果 Logo 以及苹果授权经销商的标志也让消费者放心了很多，让人觉得这里就是正规的手机店，应该不会骗人。某消费者咨询了一下店铺的 iPhone 7 Plus 128GB 的价格。店家回复 6 200 元，最近打折，6 000 元可以交易。这让该消费者觉得价格还是不错的，就购买了这款手机，店家还"贴心"地送了钢化膜、硅胶套等赠品，然后给消费者开了一张手写单，但没有提供机打发票。

该消费者将手机拿回家后，在苹果官方网站查询并咨询了苹果客服，最后又用其他查询方式一一确认之后，发现这台手机并不是全新机。自己在 2017 年 10 月 28 日才购买的手机，其激活日期居然是 2017 年的 7 月份，而出厂日期则是 2017 年 4 月份。在经过了多方打探以及咨询了一些"果粉"之后，该消费者才知道，这样的手机其实就是苹果的官换机、售后服务机，并非正规零售渠道的全新机。

在基本确定了所有信息之后，该消费者选择了拨打 12315 进行举报和投诉，工作人员也将事情记录在案准备接受处理。过了几天之后，工商管理局联系了消费者，要求去商场五楼的维权中心进行处理。

该消费者再次来到这家店是和工商所的管理人员一起来的，再看到这个苹果授权经销商的标识时觉得有点可笑，自己为什么会被一个花钱就能做的招牌所欺骗呢？自己以为没有苹果的授权是根本不能打这样标志的，却忘记了苹果哪有这么多时间和精力去一家一家地盘查谁是真正的经销商而谁不是呢？

于是，广埠屯的工商人员就带着该消费者在这家店进行协商，但交流的过程让人觉得在这里买到什么你都没有胜算！整个交流过程如下：

工作人员：有发票吗？

该消费者：没有，就只有一张收据。

工作人员拿到收据看了一会儿。

工作人员：收据上不是写了渠道版本吗？你自己不看清楚吗？这个也不能怪……

之后双方激烈"讨论"了很久。工作人员说，其实你这价格买官换机就可以了，我们自己都用官换机的，没什么不一样……

（资料来源：https://m.baidu.com/sf_baijiahao/s？id=1582963483576352257，有改动）

**思考**：这个案例给了你什么启发？生活中你有没有类似的经验教训？

## （二）代理商

代理商又称商务代理，是在其行业管理范围内接受他人委托，为他人促成或缔结交易的一般代理人。代理商代企业打理生意,代理商所代理货物的所有权属于厂家,而不是商家自己。因为商家不是售卖自己的产品,而是代企业转手卖出去。所以,"代理商"一般是指赚取企业代理佣金的商业单位。

现在所称的代理商在本质上已经不是代理商了,更多的是经销商的性质,还有些属于二者的混同体,既是代理,有时候又要需要拿钱买货,很少有纯粹意义上的代理商,称其为有一定代理权的经销商更为合适。

企业或行业纯粹依靠代理行为来收取佣金获得利润的情况并不多见,其业务范围也很难纯粹体现为之前所说的代理模式。比较典型的有负责代理房屋销售的中介公司(行业),其主要营利模式就是依靠为他人代理销售房屋来获取佣金(中介费),不过有时中介公司也会买下来价格适当的房屋再转手。

## (三)批发商

批发商是指向生产企业购进产品,然后转售给零售商、产业用户或各种非营利组织,不直接服务于个人消费者的商业机构,位于商品流通的中间环节。批发商的主要功能有以下几个方面。

### 1.购买

批发商的购买活动,是商品流通过程的起点。批发商凭借丰富的经验与市场预测知识,预计市场对某些商品的需要情况,先行组织货源,随时供应给客户,使零售商能节省进货过程中所花费的时间、人力与费用。对生产者来说,批发商每批的进货量较大,可节省营销费用。

### 2.分销

分销对于生产者与零售商来说具有同等的效用。通常,生产者从运输管理及管理成本考虑,不愿意小批量地出售。而零售商限于资金条件,无力大量购买,限于人力也不可能向每个生产者去购买。批发商既可以向生产者大量购买,又可将货源分割成小单位,然后转售给零售商。

### 3.运输

产品运输是产品借助于动力实现在空间上的位置转移,是商品流通中的一个重要环节。批发商在购进、分销和促销活动中,发挥了中间商集中、平衡与扩散的功能,并促成了商品交换。批发商在采购商品后,还要担负组织产品运输的任务,及时、准确、安全、经济地组织产品运输,使生产者可以避免积压,让零售商减少库存量。

### 4.储存

产品储存是商品流通的一种"停滞",也是商品流通不断进行的条件。批发商能充分利用仓储设备创造时间效用,使零售商随时可获得小批量的现货供应。在批发环节的储存,可调节市场供求在时间上的矛盾,起到"蓄水池"的作用。

### 5.资金融通

零售商向批发商实行信用进货时,可以减少经营资金上的投入。资金力量雄厚的批发商也可以采用预付款的方式资助生产者。

6.风险负担

生产者将产品出售给批发商后，当产品因损耗及其他原因而引起消费者对产品的不满意时，批发商负责包退包换，在产品降价时，承担削价损失等，这一切经营风险也都转让给了批发商。

7.服务

批发商为零售商提供宣传、广告、定价、商情咨询等服务。

## （四）零售商

零售商是指将商品直接销售给最终消费者的中间商，是相对于生产者和批发商而言的，零售商处于商品流通的最终阶段。

零售商数目众多，形式和规模各不相同，其特点也互不相同，主要有以下三种类型。

1.店铺零售

店铺零售是指有固定店铺的零售商店，主要有百货商店、超级市场、便利商店、购物中心、专卖店、厂家直销中心、仓储商店、样品展示推销店等。

2.无店铺零售

无店铺零售又称直接营销，不设门店，主要有邮寄营销、电话营销、电视营销、网络购物、自动售货机等。

3.零售组织

零售组织是指零售商店联合在一起统一经营，主要有连锁商店、零售合作社、消费合作社、特许经营等。

▶ **案例5-13：百货折扣连锁店**

上品折扣在 2000 年首创于北京，是中国都市型百货折扣连锁店旗舰品牌，有六家实体店、一家城市奥莱、一家电子商务网站（上品折扣网）及上品折扣 App。上品折扣囊括 600 余个国内外知名品牌，近 10 万款商品，门类涵盖百货业态的主要商品品类，包括各种知名品牌的服饰、鞋、运动用品、休闲户外用品、儿童用品、家居生活用品、皮具箱包、化妆品、钟表、珠宝等。上品折扣电子商务网站及 App 与实体连锁店同步推出应季新品、统一价格销售，旨在以更便捷的购物方式、更快速的配送服务，更广泛地面向全国消费者，让中国各个区域的时尚一族同步享有高品质、高性价比的潮流商品。

上品折扣经营的百货商品主要以传统的连锁实体门店及现代的网上商城电子商务两种方式进行销售，涵盖了近 600 余个国内外知名品牌，多年来坚持以大品牌商品、低折扣为经营准则，以经营"物美价廉"的商品为企业使命，力求让消费者购买到最具性价比的商品。上品折扣自开业初期就广受注重生活品质、理性的消费者的追捧。在《北京晨报》2007年发起的"京城商场百姓星级榜"评选上，上品折扣被评为"品牌及特色五星级商场"。

总部雄踞于亚奥商圈的上品折扣，目前拥有王府井店、首体店、五棵松店、中关村店、朝阳门店、三里河店、来广营店八家连锁门店。其门店辐射了北京的 CBD 商务圈、上北亚奥商圈、西区高校及中关村 IT 商圈、金融街商圈等多个炙手可热的繁华区域，赢得了商务人士、高知阶层、高校学生、机关人员等中青年时尚族群的欢迎，成了北京分布最广泛、影响力最大的折扣百货连锁商城。

同时，上品折扣也加快了发展步伐，将在不远的未来在北京开设更多连锁店，让更多时尚一族享受高品质、低价位的商品。在不断拓展连锁门店的同时，为满足消费者的多种购物需求，上品商业也紧扣时代脉搏，全线开通了网上商城，全力进军电子商务领域，面向全国进行折扣商品的销售。

（资料来源：https://wapbaike.baidu.com/item/上品折扣/774672，有改动）

**思考：**零售行业受到电商的冲击很大，现在的发展情况怎么样？"新零售"是什么意思？

## 四、分销渠道的设计与管理

### （一）影响分销渠道设计的因素

企业选择分销渠道时，必须对下列几方面的因素进行分析。

1.产品因素

（1）商品的性质。体积大、分量重的产品，意味着高的装运成本和重置成本，一般应选择最短的分销渠道，可由生产商直接销售。比如大型机械设备及易燃、易爆、易腐蚀产品，应避免多次装运，选择最短的分销渠道。

（2）产品的价值。对于价值高的产品，如珠宝、工艺品等，要采用直接渠道以保证安全。反之，对于价值不高的产品，可选择间接渠道。

（3）产品标准化程度和服务。对于标准化程度高、服务要求少的产品，如大多数消费品和生产资料的零配件等，可选择较长的分销渠道；反之，则采用短渠道。

（4）产品市场生命周期。新产品投放市场时，由于市场风险大，中间商往往不愿意经销，生产企业可直接分销。

2.市场因素

（1）市场的范围大小。市场范围广的产品，如产品要销往全国，需要通过中间商经销，反之则采用直接销售。

（2）消费者的习惯。比如日用生活品价格低、消费者群体数量大、购买频率高、购买稳定，可采用广泛的分销渠道。

（3）竞争状况。企业需了解竞争者的渠道策略，灵活地选择分销渠道，或避其锋芒，或针锋相对。

3.生产企业自身条件

（1）声誉。声誉越高，企业越可以自由地选择分销渠道，也更愿意采用直接渠道或短渠道。相反，声誉不高的企业须依赖中间商。

（2）企业经营能力和管理经验。如果企业经营能力不足，缺乏市场营销经验和技巧，可采用经过中间商的间接销售渠道。反之，可采取直接分销渠道。

### 4.中间商因素

（1）中间商的信誉。中间商信誉高，才能更好地与企业进行合作，在消费的终端上也才能更好地满足消费者的需求。

（2）中间商的经营能力。中间商市场营销能力突出，企业可以实现更高的销售业绩。

### 5.环境因素

社会环境因素主要指政治、法律、经济、科技、文化等因素，这些因素会影响分销渠道。比如药品和烟酒，国家有相应的法律规定了专门的分销渠道。

## （二）分销渠道设计

企业在确定了目标市场后，要在对影响分销渠道决策的因素进行分析的基础上，进行具体的分销渠道设计。

### 1.直接渠道与间接渠道的设计

直接渠道和间接渠道主要依据是否利用中间商来划分。商品在从生产到销售的过程中，如果借助中间商的力量，称为间接渠道；不借助中间商，就称为直接渠道。

直接渠道主要适合于工业生产资料等。同样，直接渠道在生活资料的分销中也日益重要。一方面，许多商品的性质决定了必须采用直接渠道，如鲜鱼、鲜花、易碎商品等；另一方面，随着科技发展，商品采用电视、电话及网络销售的情况越来越普遍。

间接销售是消费品分销的主要渠道，如香烟、啤酒、饮料、儿童食品等，常常采用具有较多中间商的分销渠道。

### 2.长渠道与短渠道的设计

如果某种产品进入市场销售，企业在决定采用中间商后，要决定使用多少层次的中间商，因为这决定着分销渠道的长短。所谓长渠道策略，是指厂商利用两个或两个以上中间商把商品推销给消费者和用户。

市场需求量大且分布广泛的一些商品，如日用生活用品等，常采用长渠道，其优点如下：

（1）可以利用批发商的经营经验和分销网络；

（2）能够提供运输服务和资金融通；

（3）可以有效组织货源，调节供需在时间和空间上的矛盾；

（4）能够为生产企业提供市场信息和服务。

但是，采用长渠道也有经营环节多、参加利润分配的单位多、流通时间长、不利于协调和控制等缺点。

采用短渠道策略时应注意以下问题：

（1）有理想的零售市场，即市场要集中在顾客流量大的区域，潜力大；

（2）充分考虑产品本身的特殊性，如时尚商品、易碎商品、高价商品、技术性强的商品等；

（3）生产企业有丰富的市场营销经验和管理能力；

（4）企业的财力较为雄厚。

### （三）分销渠道管理

市场分销渠道确定之后，企业就与一个或多个中间商形成了相对固定的业务关系，双方之间既有共同的利益，还会出现很多矛盾。企业想在激烈的市场竞争中立于不败之地，就必须对选择的分销渠道加强管理，以确保产销双方的合作关系处于理想的状态，进而实现分销渠道的持久畅通。

市场分销渠道管理主要包括以下几方面内容。

1.选择渠道成员

能否选择好的中间商，建立起稳固而良好的合作关系，直接关系到企业市场营销的成败。企业在选择中间商的过程中，一般应当认真考察、慎重甄选。企业在选择时应着重了解和考察中间商的以下情况。

（1）经营理念。了解和考察中间商的经营理念、目标与本企业的经营理念、思路、目标是否一致。企业要尽可能地把本企业的情况、本产品的特色、本公司的经营理念和战略战术等详细地介绍给中间商，看能否达成共识，倾听其对产品的看法，判断其是否符合本公司产品市场开发的思路，对其提供的意见更要仔细分析。

（2）市场能力。了解和考察中间商的市场经验和信息反馈能力。要考察中间商经销本企业品牌的产品能否到达目标卖场，市场覆盖面大小如何，铺货的覆盖率达到的百分比，批发能力如何（几级批发构成），批发网络能否渗透到周边市场，直销能力如何，能否控制价格，业务人员是否熟练精干，促销手段是否科学、有效，未来销售增长的潜力如何等。

（3）信誉。了解和考察中间商的业务素质和商业信誉，包括同行口碑、厂家评价（合作程度）、卖场的评价（送货是否及时、促销是否到位）以及当地工商、税务、银行、媒体等的评价。一般来说，中间商在一个具体的局部市场上具有较好的声誉，目标消费者和二级分销商就会愿意光顾，甚至愿意在那里用较高价格购买商品。这样的中间商在消费者的心目中具有较好的形象，能够烘托并帮助企业建立良好的品牌形象。

（4）管理能力。了解和考察中间商的管理能力。管理能力包括员工是否协调一致、有无长期发展战略、货物流向控制能力、合作态度如何等。

（5）财务状况。了解和考察中间商的财务状况。要考察中间商的注册资金、实际投入的资金是否有宽余，必备的经营设施（仓储、运输、营业场地等），是否能够承受目前业务，给厂家付款的方式是什么，资金周转率、利润率如何，银行贷款能力如何等。

（6）个人情况。了解经销商个人的情况，如性格、爱好、志趣、经历等。这对于接近和选择经销商很重要。要分析其性格和为人处事的态度，判断能不能与其长期合作。

2.激励渠道成员

分销渠道成员一经选定，企业即应从兼顾双方利益的原则出发，通过各种有效措施调动渠道成员的积极性，维护良好的合作关系。常见的激励渠道成员的方法有以下八种。

（1）坚持向中间商提供质量合格、适销对路的产品及技术支持服务。

（2）制定优惠的价格，实行灵活的价格折扣。灵活的价格折扣主要表现在以下五个方面。

①现金折扣。回款越早，力度越大。

②数量折扣。数量多、金额大，折扣越低。

③功能折扣。中间商依据自己在渠道中的等级位置，享受相应的待遇。

④季节折扣。旺季鼓励经销商多进货，减少厂家仓储保管的压力；进入旺季前，加快折扣的递增速度，促使渠道进货，达到一定的市场铺货率，以抢占热销的先机。

⑤根据提货量，给予一定的返利。返利频率可根据产品特征、市场销售等情况而定。

（3）提供市场基金，开拓市场。给中间商一个市场报销的额度，用于调动中间商在各个环节中的能动性，使中间商获得广阔的发展空间。

（4）前期一定数量的铺货和库存保护。即使在企业产品销路看好、市场需求旺盛、产品供不应求、货源紧张之时，生产企业也不能轻易抛弃中间商，而应坚持与老客户的合作，使中间商保持适度的库存量，以免断货，如此才能显示出生产企业的合作诚意。

（5）特殊的补贴。特殊补贴主要表现在以下两个方面。

①协助力度补贴。基于中间商对本厂产品的陈列状况，如陈列数量、场所、位置、货架大小等，决定是否给予一定的补贴。

②库存补贴。包括清点存货补贴和恢复库存补贴。清点库存补贴是指促销活动开始时，中间商清点存货量，再加上进货量，减去促销活动结束时的剩余库存量，其差额即厂商需给予补贴的实际销货量，再乘以一定系数的补贴费。恢复库存补贴是指点存货补贴结束后，如果经销商将库存量恢复到过去的最高水平，厂商可以给予一定的补贴。

（6）设立奖项，给中间商丰厚的利润回报，如设立合作奖、开拓奖、回款奖、配合奖、专售奖、信息奖等。

（7）给予中间商的业务人员以销售技巧方面的培训。

（8）广告支持。允许渠道成员使用企业的广告；分担渠道成员的广告费用；向渠道成员传达企业的宣传活动计划，并邀请其参加；支持渠道成员所举办的各种活动，比如召开消费者座谈会。

3.评价渠道成员

为保证自身利益，企业在维护合作关系的同时，还应积极地引导和督促中间商。生产商必须定期按照一定的标准评估、检查中间商，以便及时发现问题并采取调整措施。这些标准应包括以下内容：

（1）中间商一定时期内的销售额，销售配额完成情况；

（2）中间商平均的库存水平；

（3）中间商向消费者交货的时间、为消费者提供服务的水平；

（4）中间商与生产企业的协作状况，对损坏和遗失商品的处理方式，支持公司促销活动和培训计划的情况。

在这些标准中，销售指标最为重要，因为在某一地区，中间商的推销规模很大程度上就是企业在该市场销售目标实现的规模。根据销售业绩，企业可对各个中间商做出评价，并对先进予以奖励，对不能胜任者予以批评，必要时甚至可以中止合作，更换渠道成员，以保证营销活动的顺利进行。

▶ 案例5-14：美的集团的分销渠道

2006年，销售额达570亿元的美的集团正在酝酿2007年的内部大变革。美的集团董

173

事局主席何享健认为，"以事业部为经营主体开展营销工作"已不适应目前市场竞争的形势。目前美的集团营销资源浪费严重，所以美的集团高层正在探索新营销模式。美的集团的具体改革方案将在 2007 年 9 月正式出台，届时将会对美的集团旗下多个事业部的营销资源进行大整合。所以，美的集团已经勒令旗下 12 大事业部不得擅自开设专卖店。目前，美的集团旗下有两个二级产业集团：制冷家电集团和日用家电集团。制冷家电集团旗下设有家用空调、中央空调、冰箱、洗衣机 4 个事业部；日用家电集团旗下设有生活电器、微波电器、洗碗机、厨房电器、热水器等 8 个事业部。

在这 12 个事业部中，大的事业部年销售额上百亿元，小的也有十多亿元。这 12 个事业部长期以来都在各自建立独立的营销渠道，也各自拥有独立的营销团队。2007 年 5 月，何享健花了十天左右时间走访了国内六省市的重点市场，接触了当地的主流渠道商，考察了美的专卖店的运作情况。何享健认为："当前，我们以事业部为经营主体开展营销工作，甚至有的经营单位以产品类型来开展营销工作，营销主体过多，各产品内耗严重，造成了资源投入的分散，这一营销模式已经不适应现在的市场了。这种营销模式没有办法与经销商、专卖店形成合理、良好的对接。美的集团渠道建设不太合理。"

美的集团最新一期的内部刊物上写道：美的集团的营销资源太分散，社会资源的利用和整合力度不够。美的集团各地营销中心与经销商做了很多重复的事情，社会资源无法整合，营销费用偏高，没有发挥专业化分工的优势，效率低、环节多、反应慢，各单位重复做类似的工作，导致营销资源浪费严重。美的集团总部已通知了旗下 12 大事业部，今后新开设的美的品牌专卖店，将会由美的集团统筹安排，各个事业部不得擅自单独新开专卖店。至于是否将旗下 12 大事业部的营销团队、销售架构、经销代理商体系等各方面资源合并在一起，目前美的集团的领导还在探讨改革方案具体细节，最终确定的新营销模式要晚一点才能正式出台。何享健对目前各个事业部独立开设专卖店的现状很不满意。他表示，今后要尽可能地开设美的"大综合专卖店"，丰富专卖店的产品系列，单一产品的专卖店缺乏足够的竞争力。美的集团目前在全国已建成的近 2 000 家专卖店，可分为三个层面：第一，美的集团层面的"大综合专卖店"，美的品牌全线产品都在专卖店中销售；第二，制冷家电集团和日用家电集团这两个二级平台的专卖店，例如，制冷家电集团开设的专卖店将聚集空调、冰箱、洗衣机等下属事业部的产品；第三，事业部层面的专卖店，例如，微波电器事业部独立开设的专卖店就只会销售美的微波炉产品。

面对国美、苏宁等家电连锁大卖场逐渐控制零售终端的巨大威胁，美的集团为了对销售渠道拥有更多的控制权，目前正在火速开设专卖店。在何享健的规划中，今后美的将用三年时间建设 1 万家专卖店，且要将原来的单一产品的专卖店改造成"大综合专卖店"，建设集团层面的大综合专卖店将会是今后美的决战终端市场的主流定位。所以，目前微波电器事业部只能暂缓建设微波炉专卖店。美的集团开设的大综合专卖店将以丰富的产品线体现整个集团的强大实力。从长远地提高美的分销渠道效率和整体市场竞争力来看，这是明智的选择。

（资料来源：李小红.分销渠道设计与管理[M].重庆：重庆大学出版社，2015.有改动）

**思考**：在现实中你看到过哪个品牌的专卖店？电商购物平台中的旗舰店和专卖店有什么区别吗？

# 任务四 促销策略

**知识目标**

1. 掌握促销及促销组合的概念。
2. 掌握广告、营业推广、人员推销、公共关系等四种策略。

**岗位能力目标**

1. 能够选择不同的促销手段进行促销。
2. 明白如何进行广告策划。
3. 明白如何进行产品推销。

## 任务学习指南

　　成功的市场营销活动不仅需要制定适当的价格、选择合适的分销渠道向市场提供满足消费者需求的产品，而且需要采取适当的方式进行促销。促销策略是四大营销策略之一。正确制订并合理运用促销策略是企业在市场竞争中取得有利的市场地位及理想的经济效益的有效保证。

## 任务分析

　　本任务分为五部分内容，分别是促销与促销组合、广告策略、营业推广策略、人员推销策略以及公共关系策略。

## 知识精讲

### 一、促销与促销组合

#### （一）促销的相关知识

1. 促销的概念

促销是指企业应用各种方式，通过销售者向消费者或用户传递企业及商品信息，实现双向沟通，使消费者或用户对商品产生兴趣、好感和信任，进而做出购买决定的一系列宣传、报道和说服的活动。

2.促销的目的

企业仅有优秀的产品、合理的价格和稳定的销售渠道是不够的，特别是在买方市场的情况下，要通过信息沟通，帮助消费者认识产品的特点和性能，引起他们的注意和兴趣，以改变其态度和行为，激发其购买的欲望和行为，以扩大销售量。

3.促销的方式

促销的方式主要有广告、营业推广、公共关系和人员推销等。

4.促销的作用

促销的根本作用是沟通买卖双方，使双方的信息得以传递。促销是市场营销组合的重要组成部分，而且地位越来越重要。其具体作用体现为以下几个方面。

（1）沟通信息，赢得信任。在当今的知识经济社会，信息是主要的资源。因此，在企业的市场营销活动中，信息流是商品流通渠道和物流以及资金流的先导。根据市场营销理论，市场既是营销的起点，又是营销的终点，伴随营销活动始终的信息流动也必须遵循这一流程，即沟通信息应该是双向的。对消费者反馈意见的跟踪，有助于企业了解和掌握消费者的需求。因此，信息的沟通是赢得消费者信任、争取顾客的重要环节，是密切营销企业与生产者和顾客之间关系、强化分销渠道各环节的协作、加速商品流通的重要途径。

（2）影响消费，刺激需求，开拓市场。市场营销管理的本质就是需求的管理，而需求是有弹性的，它可以被诱发，也可以被压抑。当企业的某种商品处于潜伏状态时，促销可以起催化作用，刺激需求；当处于低需求状态时，促销可以招徕更多的顾客，提升需求；当需求波动时，促销可以起到导向作用，平衡需求；当需求衰退时，促销可以使之得到一定程度的反弹和恢复。

（3）突出产品特点，提高竞争力。在经济全球化和科技飞速发展的今天，要想在非价格竞争中胜出，实现商品、服务和品牌的差异化是唯一的途径。企业差异化竞争优势的建立，一方面有赖于企业自身苦练内功，生产出符合消费者需求的产品；另一方面，好的产品还必须借助有效的促销手段，才能不断提升市场竞争力。

（4）提高企业声誉，巩固市场地位，稳定和扩大销售。追求稳定的市场份额，是企业营销的重要目标之一，也是企业能够长远发展的根本保证。想保持一个相对稳定的市场份额，一个有效的对策就是通过促销来树立企业形象，提高商品和服务的美誉度，扩大商品和品牌的知名度。特别是在竞争激烈的情况下，企业有效的促销活动可以抵御和击败竞争对手，即使在企业的商品销售下降时，强有力的促销也往往能够重新激发消费者对这些商品的需求。

## （二）促销组合的概念

促销组合指企业在促销和营销活动中，为实现以最低的促销费用达到更好的促销效果而有目的、有计划地将人员推销、广告、营业推广和公共关系等促销形式结合起来综合运用，形成一个完整的促销整体。其目的是使企业的全部促销活动相互配合与协作，以最大限度地发挥促销整体效果、顺利实现企业的目标。这几种促销方式的优缺点如下。

（1）人员推销的优点是信息沟通直接、反馈及时，可当面促成交易；缺点是占用人力资源多、费用高、接触面窄。

（2）广告的优点是传播面广、形象生动、声情并茂、节省人力；缺点是成本高，须通过一定的媒体，难以立即成交，而且只针对一般消费者。

（3）营业推广的优点是吸引力大，容易激发购买欲望，可促成消费者当即采取购买行动；缺点是接触面窄、有局限性，有时必须以降低商品价格为代价。

④公共关系的优点是影响面广、信任度高、社会效应好，可以提高企业的知名度；缺点是成本高、见效慢，效果难以控制。

## （三）促销组合的影响因素

### 1.促销目标

在不同时期及不同的市场环境下，企业都有其特定的营销目标，这使得促销组合有差异。在一定时期内，有的企业的营销目标是在某一市场迅速增加销售量，扩大企业的市场份额；而另一些企业的总体营销目标是在该市场上树立企业形象，为其产品今后占领市场赢得有利地位。显然，前者的促销目标强调的是近期效益，属于短期目标，所以促销组合的选择、配制将更多地使用广告和营业推广；而后者属长期目标，需制订一个较长远的促销方案方能实现，宣传报道、建立广泛的公众关系及与之相适应的公共关系则显得非常重要。

### 2.产品类型

被推销的产品的类型、性质不同，消费者或用户也具有不同的购买行为和购买习惯，因而企业所采取的促销组合也会有所差异。

消费品在营销时，常常使用广告宣传作为主要促销手段，其次为营业推广、人员销售和公共关系。工业品，特别是高附加值工业品，则经常采用人员推销，其次为营业推广、广告和公共关系。人员推销往往用于那些复杂程度较高、单位价值较大、风险程度较高的产品，尤其适用于大多数的工业品以及刚上市的消费品。广告则更多地适合技术含量低、单位价值小、市场面较广、消费者人数众多、购买频率较高的消费品。无论对消费者，还是对于生产资料市场，营业推广和公共关系的促销作用都处于较次要的地位。

### 3.产品的生命周期

在产品生命周期的不同阶段，促销目标也有差异，故而在促销组合的选择上也要有相应的变化。

（1）投入期的促销目标。产品刚刚面市，鲜为人知，企业应加强广告宣传，提高潜在消费者对产品的知晓程度。同时，要配合营业推广、人员推广等方法刺激购买。

（2）成长期的促销目标。此时产品畅销，但竞争者开始出现，广告依然是主要的促销形式，但内容转变为优势宣传。此时，应以人员推销作为辅助，有条件的企业可配合营业推广和公共关系，使老顾客形成对产品和企业的偏爱，促使新顾客涌现。

（3）成熟期的促销目标。此时需求饱和，销售量开始下降，竞争日益激烈，一般仍以广告为主，配合适当的营业推广，还应注意利用公共关系突出企业声誉、树立企业形象、显示产品的魅力，以稳定和扩大市场。

（4）衰退期的促销目标。企业应以营业推广为主，辅之以提醒式广告。此阶段的促销费用不宜过多，以免得不偿失。

### 4.市场特点

根据目标市场的性质、规模和类型的不同，应采用不同的促销组合。对于规模小而相对集中的市场，应突出人员推销策略；对于范围广而分散的市场，则应多运用广告。对文化水平高、经济状况宽裕的消费者，应多采用广告和公共关系；反之，则应多用营业推广和人员推销。消费品市场主要用广告宣传，而工业品市场应以人员推销为主。另外，市场供求的变化也会影响促销组合。

### 5.促销预算

企业在选择促销组合时，首先应考虑两个主要问题：一是促销预算费用多少；二是预算费用在众多促销手段中如何分配。也就是说，要综合地分析、比较各种促销媒体的费用与效益，以尽可能低的促销费用取得尽可能高的促销效益。促销媒体不同，其费用的差异很大。在预算费用较少的情况下，企业往往很难制订出满意的促销组合策略。然而，最佳促销组合并不一定费用最高。所以，企业应全面衡量、综合比较，使促销费用发挥出最大的效用。

## （四）促销组合的策略

促销组合的基本策略主要有"推"的策略和"拉"的策略两种。

### 1."推"的策略

"推"的策略要求运用人员推销、营业推广和特殊推销方法、促销手段，通过营销渠道把商品由生产者"推"到批发商，批发商再"推"到零售商，零售商"推"到消费者那里。对于工业品的营销较多倾向于用"推"的策略。

### 2."拉"的策略

"拉"的策略是企业把主要精力用于做广告、公共关系及营业推广上，通过培植消费者对产品的需求，激发消费者对商品的兴趣，产生购买欲望，从而吸引经销商主动进货并经销企业的产品，来"拉"动整个市场。对于消费品的营销比较适合使用"拉"的策略。

### 案例5-15：旅游市场

在线旅游市场的竞争正在从机票、酒店转向休闲度假领域。

携程的"非常旅游"项目近日曝光。携程将用10亿元在各大城市投入度假产品促销，将公司机票、酒店用户或者线下门店用户转到在线旅游。这意味着在线休闲市场的竞争依然激烈，而如何花钱更有效率成为一个重要挑战。

据了解，这10亿元预算将投入在多个方面，主要是产品补贴和营销投入。携程将通过极具竞争力的价格来拉拢新用户。"非常旅游"作为一个重点打造的品牌，覆盖10个国内外热门旅游目的地，将提供低于当地市场30%的价格，并且不走低价团路线，而以5钻、4钻产品为主。

投入二三线城市也是携程的一大战略。这一项目基本上以城市为单位。据知情人透露，此次携程旅游划定的9大专区，除了北上广深，还有成都、武汉、南京、杭州、重庆等；计划在每个重点城市的营销广告、产品补贴等方面投入达上亿元。此前一些同类公司已经在各大城市大规模地投放电视、框架广告，并斥巨资冠名电视节目。这意味着市场竞争将更加激烈。

这笔费用还将投入在与旅行社以及门店的合作上。为了执行旅游 O2O 战略，携程此前与各地旅行社签约，安排人员去各地培训、引导门店人员在 App 开店，并给予补贴。5 月份在成都，携程与多家大型旅行社的 1 000 多家门店实现了合作，让旅游者可以在手机端便捷地完成交易。携程还将与拥有 5 000 家门店的旅游百事通实现系统对接与战略合作。

（资料来源：https：//www. sohu. com/a/82676622_119737. 有改动）

**思考**：促销最终的目标是什么？促销的成本和受益要如何计算？

## 二、广告策略

### （一）广告的概念

广告一词源于拉丁语，有"注意""诱导""大喊大叫"和"广而告之"之义。广告是一种传递信息的活动，它是企业在促销活动中普遍重视且应用最广泛的促销方式。在市场营销学中，广告是广告主以促进销售为目的，付出一定的费用，通过特定的媒体传播商品或劳务等经济信息的大众传播活动。

### （二）广告目标的类型

所谓广告目标是指在一个特定时期内对于某个特定的目标受众，企业所要完成的特定的传播任务和所要达到的沟通程度。广告的功能目标主要有以下四类。

（1）通知性广告。它主要用于产品的开拓阶段，其目的在于建立初始需求。通知性广告常常用于告知有关新产品的情况、老产品的新用途、价格变化、纠正错误形象、减少消费者恐惧等。

（2）说服性广告。这在竞争阶段十分重要。此时公司的目的在于建立对某一特定品牌的选择性需求，大多数广告属于这一类型。说服性广告对建立品牌偏好、改变顾客态度、说服消费者购买的作用巨大。

（3）提醒性广告。它在产品的成熟期十分重要，其目的是保持顾客对该产品的记忆。提醒性广告会提醒最近没有买某个品牌的消费者，这个品牌的产品依然在销售，促使消费者记住这个产品。

（4）增值性广告。企业可以通过创新、提高质量和改变消费者认知为产品增值，三者相互依赖。广告通过影响消费者的认知为品牌增值。有效的广告使品牌形象更高雅、更有气质、更杰出，比对手更优越，进而提高自己的市场份额。

### （三）广告的内容

#### 1.广告内容的产生

广告主必须懂得人们买的不是产品，而是产品提供的利益。广告必须传达最有效的信息。首先，广告创作者必须深入了解产品、了解市场、了解消费者，才能通过广告传播有效的信息。其次，这些信息必须具有愿望性、独占性、可信性特征，即信息要说明一些消费者所期待的或者感兴趣的有关产品的信息；信息必须是有别于同类产品中其他品牌的独到之处；广告信息必须是可信的，或者是可以被证实的。广告主应该进行市场分析和研究，以确定哪一种诉求的感染力对目标受众最有效。

2.广告的表达

广告的形式多种多样，可以通过文字、符号、图片、声音、影像等方式进行传播，承载丰富的内容。企业可以通过广告传达自己的价值观念，更深层次地影响消费者；企业要想方设法地让消费者更容易地记住企业的信息、产品的信息、品牌的信息，在文字、图像、影像上直接、间接、硬性、软性地进行表现；通过将产品与其他人物、活动、事件进行联系，增强影响力。

### 案例 5-16：学院奖与 4A 金印奖简介

"学院奖"的全称为"中国大学生广告艺术节学院奖"，它是在中国大学生广告艺术节中设置的奖励。中国大学生广告艺术节是目前国内唯一由国家工商总局批准、中国广告协会主办的大学生广告艺术大型活动。"学院奖"是中国大学生广告艺术节中的核心项目，其主要内容是：动员全国高校中的广告及相关专业学生，为中国著名企业设计命题创意，以此相互竞赛。该奖项的评选已举办了十届，在全国各高等院校中深入人心，且其影响已经从高校延伸至广告行业，成为行业遴选人才、企业获取杰出创意的重要途径。2018 年 4 月，第 15 届学院奖秋季赛全场大奖由终评评委选出：青岛科技大学崂山校区传播与动漫学院选送的系列文案作品《原来是这样的海洋》凭借其在创意及实效方面的出色表现，夺得全场大奖。

中国 4A 金印奖(由中国 4A 创意金印奖、中国 4A 媒体金印奖构成)旨在树立中国广告创意的最高标准，褒奖出色的广告创意，以此树立中国广告业的创意风向标。历年金印奖作品的征集以 4A 成员公司的作品为主，同时吸纳非 4A 公司的优秀作品，征集到的作品具有高、精、尖的特点。中国 4A 创意金印奖包括创意工艺类、公关类、公益类、影视广播类、创意整合传播类、户外类、品牌娱乐类、平面类等。中国 4A 营销金印奖包括互动类、移动类、直效类、数字工艺类、创新营销类、数字整合传播类、媒介营销类、公益类等，几乎涵盖了广告营销行业的各个细分领域。上述各类别都分别设立了金、银、铜奖及入围奖，并在此基础上设立创意金印奖全场大奖及营销金印奖全场大奖。2017 年 10 月，第 12 届中国 4A 金印奖颁奖典礼举行。此届金印奖典礼集结了 200~300 名大中华区最核心精英创意人，并延续了"新十年"高歌猛进的势头，继续保持着超过千件参评作品的体量。在创意类评选中，一共有 587 件初审作品，173 件作品入围终审，其中金奖作品 9 件，银奖作品 8 件，铜奖作品 44 件。在营销类评选中，共有 522 件初审作品，入围终审 134 件作品，其中金奖作品 5 件，银奖作品 16 件，铜奖作品 38 件。此次评选以苛求完美为标准，两项全场大奖均空缺。各类金奖得主来自雪芃设计、阳狮广告、灵智广告、Cheil 杰尔广告、W 世纪鲲鹏、凯络中国等公司，由中国商务广告协会副会长、中国 4A 常务副理事长、MATCH·马马也创意热店创始人莫康孙为金奖获得者颁发了奖杯。

(资料来源：https://wapbaike. baidu. com/item/中国大学生广告艺术节学院奖/6927563；https://wapbaike. baidu. com/item/4A 金印奖/16963346，有改动)

**思考**：广告创意重要吗？广告靠什么吸引人？

### （四）广告媒体

1.常见的广告媒体

常见的广告媒体主要有电视、网络、广播、报纸、杂志、户外媒体等。

2.选择广告媒体应考虑的因素

（1）目标受众的媒体习惯。例如，儿童识字率不高，报纸广告就很难奏效，电视则是理想的儿童用品广告媒体。

（2）产品特征。对原理复杂的产品进行广告宣传时，可以用报纸、杂志等媒体；女性服装广告登在彩色印刷的时装杂志上最吸引人。

（3）广告信息。例如，一条宣布明天有重要商品出售的信息就要用及时性强的广播或报纸作为媒介。一条包含大量技术资料的广告信息，可能要选用专业性杂志。

（4）费用。电视广告费用非常昂贵，而报纸广告则较便宜。

### （五）广告效果

对广告效果的研究包括传播效果的研究和销售效果的研究。

1.传播效果的研究

传播效果研究的目的在于分析广告活动是否达到预期的信息沟通效果，常用的测试方法有以下三种。

（1）直接评分。即由目标消费者对广告依次打分。其评分表用于估计广告的注意力、可读性、认知力、影响力和行为等因素。直接评分法不一定能完全反映广告对目标消费者的实际影响，主要用于帮助我们淘汰和剔除那些质量差的广告。

（2）组合测试。即请消费者观看一组试验用的广告，要求他们愿看多久就看多久，等到他们不再观看后，让他们回忆所看到的广告，并且对每一个广告都尽其最大能力地进行描述。所得结果可以判别一个广告的突出性及期望信息被了解的程度。

（3）实验室测试。即利用仪器来测量消费者对于广告的心理反应情况，比如心跳、血压、出汗等情况。然而，这些生理测试只能测试广告的吸引力，无法测试消费者的信任度、态度或意图。

2.销售效果的研究

对于销售效果的研究可以使用以下两种分析方法。

（1）历史资料分析法。这是由研究人员根据同步或滞后的原则，利用最小平方回归法求得企业过去的销售额与企业过去的广告支出之间的关系的一种测量方法。

（2）实验设计分析法。这种方法可以用来测量广告对销售的影响，可选择不同地区，在其中的某些地区发布比平均水平强50%的广告(在另一些地区发布比平均水平弱50%的广告)，并根据销售记录来评价广告活动对企业销售究竟有多大影响。

## 三、营业推广策略

### (一)营业推广的概念

营业推广是指企业除人员推销和广告、公关以外的所有为了刺激早期需求、吸引消费者大量购买而采取的特种促销活动。它是对广告、人员推销的一种补充，是一种不经常的无规则的促销活动。典型的营业推广一般用于暂时和额外的促销工作，目的是促使消费者立即购买产品。针对性强、促销见效快是其显著特点，但是攻势过强易引起消费者反感且耗费大，因此应慎重使用营业推广。

### (二)营业推广的作用

#### 1.有效地刺激短期购买

当消费者对市场上的产品没有足够的了解和做出积极反应时，通过营业推广的刺激，能够有效地激发他们的购买兴趣，做出购买行为，在短期内促成交易。特别是在产品的引入期和成长期，营业推广效果较好。

#### 2.有效地抵御竞争者渗透

营业推广一般适用于打破消费者对竞争产品的长期偏好，比如使用免费赠送、试用、品尝等方式，常常能够提高产品对消费者的吸引力，从而稳定和扩大消费者队伍，有效地抵御竞争者的渗透。

#### 3.有效地影响中间商

企业通常通过折扣、馈赠等营业推广手段，争取新的中间商，诱导原有中间商更多地进货和配销新产品，保持厂商之间的合作关系，从而增强中间商对企业品牌的忠诚度。

### (三)营业推广的形式

#### 1.营业宣传推广

营业宣传推广从某种角度上讲类似广告宣传，是实现直接销售的有效手段，包括以下四方面。

(1)场所的装饰与布置。根据消费者的购买心理与特点，设计出让消费者感到赏心悦目、心情舒畅的购物环境，从而吸引消费者。

(2)陈列及橱窗布置。样品陈列是待销商品的最好示范，能诱导消费者的购买行为；橱窗布置又是无声的商品广告，能刺激消费者的购买欲望。

(3)商品试验。商品试验是检验商品质量、消除消费者疑虑、赢得消费者的重要手段。

(4)提供咨询服务。咨询服务可以为消费者提供信息，传播商品知识，解决消费者的疑难问题，从而使消费者坚定购买信心。

#### 2.营业销售推广

营业销售推广是刺激和鼓励成交的重要手段，根据对象的不同，可分为对消费者、对中间商和对推销人员这三种形式。

（1）对消费者的促销手段。这一类促销活动的对象是消费者，即最终购买者。因此，对消费者的促销手段是最直接的促销方式，使用频率很高，主要包括以下几种方式。

①赠寄代金券，指使用邮寄或在商品包装中附赠或在广告中赠送等形式向消费者赠送代金券，持券人可凭券在购买此商品时得到优惠。

②价格折扣，指直接采用降价或折扣的方式招徕顾客。

③商业贴花，指消费者每购买单位商品就可以获得一张贴花，筹集到一定数量的贴花可以换取这种商品或奖品。

④赠送样品，即以产品实物赠送给消费者，使产品得到了解和接受。

⑤奖品，有两种类型，一是消费者凭购买凭证换取奖品；二是将奖品与产品一起包装，消费者通过购买直接获得产品和奖品。

⑥附加赠送，指依照消费者购买商品的金额，按比例附加赠送同类商品。

⑦竞赛抽奖活动，即通过竞赛或抽奖活动，将奖品发给优胜者，吸引消费者。

（2）对中间商进行的促销手段。把产品卖给消费者的是中间商，所以对于制造商而言，对中间商进行促销以提高其积极性也是非常必要的，主要有以下几种形式。

①广告技术合作。即通过合作和协助方式，赢得中间商的好感，促使他们更积极地推销本企业的产品。如与中间商合伙做广告，提供详细的产品技术宣传资料，帮助中间商培训销售技术人员，以及帮助中间商建立有效的管理制度、协助店面装潢设计等。

②业务会议和贸易展览。指邀请中间商参加定期举办的行业年会、技术交流会、产品展销会等，以此传递产品信息，加强双向沟通。

③现场演示。指制造商请中间商观看关于产品的现场表演或示范，并提供咨询服务，表演者由制造商培训过的代表担任，代表制造商形象。

④交易推广。指通过折扣或赠品形式来促进中间商的合作。

⑤中间商竞赛。指制造商采用现金、实物或其他奖励等形式刺激中间商相互竞争，以达到促销目的。

⑥企业刊物的发行。发行企业刊物是制造商定期对中间商传达信息、保持联系的一种有效做法。

（3）对销售员的促销手段。这是企业内部的促销手段，其目的是强化员工的销售意识，包括对销售员的培训和奖励。

①销售员培训的目的在于强化销售员的知识、技能、态度等。以集体培训方式来说，典型的做法有课堂讲授、集体讨论、个案研究、角色扮演等。

②销售员竞赛，指对销售员的销售金额、新开拓客户数目、总利润额等数据进行评估，促使销售员彼此竞争，对表现优良者给予表扬并发给奖品。

### （四）制订营业推广方案应该考虑的因素

#### 1.明确目标

尽管营业推广通常是为了解决具体的促销问题而进行的，但在每一次营业推广活动之前，必须明确企业的推广目标，要为企业的总体目标服务，要和企业的长期目标与短期目标有机地结合起来。企业的营业推广目标，应尽可能地细化和量化，以便于考核和检查。

**2.竞争对手的动向**

目标市场上竞争对手的动向将直接关系到企业营业推广的决策与实施。假如市场竞争非常激烈，并且竞争对手出台了新的促销策略来争夺顾客，企业就必须及时采取相应的营业推广对策。

**3.刺激的对象**

要根据消费者或经销商的具体特点，选择能产生最佳推广效果的刺激对象。

**4.实施的途径**

企业应根据地点、场合、方式及合理的预算，选择既能节约推广费用又能收到效果的营业推广方案。

**5.持续的期限**

持续的期限应适当。若时间过短，会使一部分潜在顾客来不及购买；时间过长，会使消费者产生"大拍卖"的印象，激发不起购买积极性，费用多而效益小，甚至影响企业声誉。因此，合理安排推广期限，能使企业获得理想的营业推广效益。

**6.推广时机**

推广时机选得好，能起到事半功倍的效果。推广时机选择不当，则效果适得其反。企业应综合考虑产品的生命周期、市场竞争状况、消费者收入状况及购买心理等，不失时机地制订营业推广策略。

**7.推广费用的预算**

营业推广固然可以使销售增加，但同时相应地增加了推广费用。企业要权衡刺激费用与营业受益的得失，比较推广费用与收益的比值，从而确定促销的规模和程度。

### （五）营业推广的实施与评价

企业应为每一种营业推广方式确定具体的实施方案。如果条件许可，在实施前应进行测试，以便明确所选方案是否恰当。在具体实施过程中，应把握两个时间因素：一是实施方案之前所需的准备时间；二是推广始末的时间间隔。

为了总结方案实施的经验教训，以便为今后的营业推广决策提供经验，还需对推广效果进行评估。常用的评价法有：一是阶段比较法，即对推广前、中、后的销售额和市场占有率进行比较，从中分析营业推广的效果，这是最常用的一种方法。二是跟踪调查法，即推广结束后进行跟踪调查，有多少参与者记得此次推广，其看法如何。同时，要调查多少参与者从中受益，以及此次推广对参与者今后的影响程度等。

## 四、人员推销策略

### （一）人员推销的概念

人员推销是指企业运用推销人员直接向消费者推销商品和服务的一种促销活动。在人员推销活动中，推销人员、推销对象和推销品是三个基本要素。其中，前两者是推销活动的主体,第三者是推销活动的客体。通过推销人员与推销对象之间的接触、洽谈,可以将推销品交给推销对象,从而达成交易,实现既销售商品又满足顾客需求的目的。

### 案例5-17:乔·吉拉德的一个小故事

乔·吉拉德在15年的时间内卖出了13 001辆汽车,并创下了1年卖出1 425辆(平均每天4辆)的记录,被人们誉为"世界上最伟大的推销员"。你想知道他推销成功的秘诀吗?

乔·吉拉德曾说道,记得有一次一位中年妇女走进我的展销厅,说她想在这儿看车打发一会儿时间。闲谈中,她告诉我她想买一辆白色的福特车,就像她表姐开的那辆,但对面福特车行的营销人员让她过一个小时后再去,所以她就这儿看看。她还说这是她送给自己的生日礼物:今天是我55岁生日。

"生日快乐!夫人。"我一边说,一边请她进来随便看看,接着出去交代了一下,然后回来对她说:"夫人,您喜欢白色车,既然您现在有时间,我给您介绍一下我们的双门式轿车——白色的。"

我们正谈着,女秘书走了进来,递给我一打玫瑰花。我把花送给那位妇女:"祝您长寿!尊敬的夫人。"

显然她很受感动,眼眶都湿润了。"已经很久没人给我送礼物了。"她说,"刚才那位福特营销人员一定是看我开了部旧车,以为我买不起新车,我刚要看车他却说要去收一笔款,于是我就上这儿来等他。其实我只是想要辆白色车而已,只不过表姐的车是福特,所以我也想买福特。现在想想,不买福特也一样。"

最后她在我这儿买了一辆雪佛兰,并开了一张全额支票,其实从头到尾我的言语中都没有劝她放弃福特而买雪佛兰的意思。只是因为她在这里感到受了重视,于是放弃了原来的打算,转而选择了我营销的产品。

(资料来源:https://finance.ifeng.com/c/7gQTr5oiYdC,有改动)

**思考**:你被推销过产品吗?如果你是钢笔推销员,你如何向消费者进行推销?

### (二)销售队伍的建设

#### 1.招聘和选择销售人员

招聘和选择销售人员是销售队伍管理成功的关键。一项调查表明,27%的销售员创造了公司52%的销售额。对于销售人员必备的素质,看法并不完全统一。罗伯特·迈克默里说:"我认为一个具有高效率推销个性的销售员是一个习惯性的追求者,是一个怀有赢得和抓住他人好感的迫切需求的人。"他列出了超级销售员的五种品质:旺盛的精力、强烈的使命意识、对金钱的追求、坚韧不拔的毅力、挑战异议并跨越障碍的癖好。

#### 2.对销售人员的培训

对推销人员培训的花费是一种投资,也是人员促销成功的关键。

企业培训的内容包括公司各方面的情况、公司产品的情况、本公司的各类顾客和竞争对手的特点、如何进行有效的推销展示、实地推销工作的程序和责任。

目前,销售人员的培训方法有讲授培训(课堂教学)、模拟培训(如角色扮演)、实践培训(在职锻炼)、会议培训(内部经验交流)等。不少企业仍在不断探索着新的培训方法。

通过培训,销售人员会在心态、知识、技巧和习惯四个方面有很多的改善。

(1)销售人员首先应培养良好的心态,因为销售成功的80%来自积极的心态。

(2)扩大知识面,多一门知识,就多一个和客户交流的机会。

(3)掌握一定的销售技巧可以事半功倍。比如,搜集信息的技巧、接近客户的技巧、介绍产品的技巧、处理异议的技巧等,推销员要"读万卷书","更要行万里路",从理论和实践中汲取经验。

(4)一切好的心态、行为、技巧只有内化为无意识的本能反应,才能帮助销售人员提高销售业绩。

### 3.对销售人员的激励

对销售人员的激励包括以下几种类型。

(1)物质性激励。通过物质报酬的增加来刺激销售人员的积极性。这类激励方法是企业最常使用的,包括金钱激励(如工资、奖金、优先认股权、公司支付的保险金等)、奖品激励、生活奖励等。

(2)非物质激励。非物质激励是认可员工能力、尊重员工价值的重要体现,如梦想激励、弹性工作时间激励、选择工作区域激励、决策激励、家庭激励(帮助优秀销售人员解决家庭的后顾之忧)、荣誉激励、提升激励、文化激励等。

(3)逆向激励。逆向激励的表现为惩罚性措施,主要是对于业绩长期欠佳的员工进行必要的惩罚。其作用是让员工感觉到更大的压力,自动寻找更好的解决方案。目前,经常采取的逆向激励方法有自动淘汰、罚款、降薪、辞退等。

### 4.对销售人员的评价

(1)销售人员的考评资料主要从四个来源获得:推销人员销售工作报告、企业销售记录、顾客及社会公众的评价、企业内部员工的意见。

(2)考评标准的建立。常用的推销人员绩效考核指标主要有销售量、毛利、访问率(每天的访问次数)、访问成功率、平均订单数目、销售费用及费用率、新客户数目等。

(3)绩效评估方法。绩效评估有三个方面:横向评估,在销售人员之间进行比较;纵向评估,销售人员现在和过去进行比较;工作评价,包括对企业、产品、顾客、竞争者、本身职责的了解程度,也包括销售人员的言谈举止、修养等个性特征。

## (三)推销过程

### 1.发掘和选择合适的顾客

推销过程的第一步是发掘和鉴定合适的潜在顾客。一位专家说:"如果销售人员不加挑选地追逐每一个顾客,很可能就会积累出这样一批客户:服务成本高,难以取悦,并且无论你提供什么好处,他都不会有反应。"

销售人员可以通过以下途径发现潜在顾客:请求现有顾客提供潜在顾客名单;建立信息来源网,比如供应商、经销商、非竞争者的销售人员等;加入潜在顾客所属的组织或者从事能够吸引潜在顾客的演讲和写作活动;在报纸或工商指南上寻找顾客名单,并利用电话或信件来追踪线索；未经预约直接到办公地点拜访顾客。

2.准备工作

销售人员访问潜在顾客前应尽可能地了解顾客(需要什么、谁决定购买)以及采购人员的特点(他们的个性和购买方式)，这个步骤称为事前筹划。销售人员可以向行业标准指南、网络资源、熟悉的朋友或者其他人咨询潜在客户的情况。销售人员应事先制定访问目标，收集他们的信息，以确定最佳接近方式。由于许多潜在顾客在某些时间会特别忙，所以销售人员应用心考虑最佳访问时间。最后，销售人员应考虑针对这个潜在顾客的总体销售策略。

3.接近

在接近阶段，销售人员应该知道如何会见和招呼消费者，并使彼此的关系有个好的开始，要认真考虑销售人员的仪表、开场白以及接下去的话题。开场白应该是积极的，如："张先生，我是来自某公司的销售人员某某。我的公司和我都非常感谢您在百忙之中抽空与我见面。我将尽最大的努力使您和贵公司能从这次访问中获益，并感受到它的价值。"开场白以后就可以接着洽谈一些关键性的问题，以更多地了解顾客的需求，或者展示货样以引起消费者的注意及好奇心。

4.介绍和示范

介绍产品时要抓住关键，可按照 FABE 的模式进行介绍，即突出产品的特征、竞争对手不具备的优势、可以带给消费者的利益及相关的佐证材料，最终实现 AIDA 模式（A：attention，注意；I：interest，兴趣；D：desire，欲望；A：action 行动）的要求。

以自己为主导，客户处于被动的介绍方法已经落伍，现在有效的方法是需要满足法。这种介绍方式需要销售人员具有出色的倾听和解决问题的技巧。"我觉得自己更像个心理学家"，一位经验丰富的销售人员谈道，"我听顾客讲话，听他们的愿望、需求和问题，并尽力找到解决方案。如果你不是个好的倾听者，你就得不到订单。"另一位销售人员建议："只和客户搞好关系已经不够了，你要理解他们的问题，感受他们的痛苦。"

展示产品可以使销售介绍的效果更好。可视的辅助设施可以展示产品的性能并提供其他相关的信息。宣传册可留作顾客日后参考之用。要充分利用先进的演示技术，如音频和录像带、装有演示软件的便携式电脑以及网络演示技术等。

5.处理异议

在销售过程中，顾客对销售人员的任何一个举动或在展示过程中的说法提出的不赞同、反对、质疑等统称为客户异议。在接近客户、调查、产品介绍、示范操作、提出购买建议到签订合同的每一个环节中，客户都有可能提出异议。所以，处理异议是销售人员必备的一项技巧。

要正确认识异议。有一句销售名言："销售是从客户的拒绝开始的，没有异议的客户才是最难处理的客户。"异议是客户内心想法的最好反映，销售人员应通过异议判断客户的需求，迅速修正销售技巧。

客户产生异议的原因有三方面：①销售员的原因。如无法赢得客户好感、做夸大不实的陈述、使用过多的专门术语、引用不正确的调查资料、说的太多听的太少等。②客户的原因。如拒绝改变、情绪处于低潮、没有意愿、预算不足等。③与产品有关的原因。如价格因素、产品本身因素、服务因素、货源因素、时间因素。

### 6.成交

在解决了潜在顾客的反对意见后，销售人员可以试着达成交易。而有些销售人员无法进入成交阶段，或者不能把它处理好。之所以如此，是因为他们可能对自己缺乏信心，或是对于向顾客要求订单有罪恶感，或是没有掌握适当的成交时机。销售人员应该知道如何识别购买者发出的成交信号，包括消费者的动作、言辞或者意见。例如顾客往前坐、不断点头赞许、询问价钱或付款条件。此时，销售人员就可以使用各种达成交易的技巧，他们可向潜在顾客要求订单，重申双方协议的要点，提议帮助顾客填写订单，询问顾客想要这一类型产品还是另外一种类型的产品，或者告诉顾客如果现在不买就可能买不到了。销售人员也可以给出顾客成交的特殊理由，如特价优惠或额外赠送。

### 7.事后追踪

如果销售人员希望确保顾客满意，并与顾客继续保持业务上的往来，事后追踪这个步骤是必不可少的。生意一旦成交，销售人员就要立刻将交货时间、付款条件等一切必要的细节处理妥当。在收到第一张订单之后，销售人员就要安排追踪访问，以确保所有的安装、指导与服务都准确无误。这项访问的目的在于发现各种问题，向买主表明销售人员的关注，消除购买者在售后可能产生的任何担心。销售员还应该制订一个维护客户关系的长期计划。

## 五、公共关系策略

### （一）公共关系的概念

公共关系是指企业利用各种传播沟通手段，有计划、有意识地与公众进行双向交流及行为互动，提高企业的知名度和美誉度，为企业塑造良好形象的现代管理活动。它通过协调与沟通内外部公众关系，为企业创造良好的生存、发展和市场营销环境。

### （二）公共关系的作用

#### 1.沟通信息

公共关系本身就是组织与公众之间的"双向信息交流"。沟通包括传播和反馈两方面。一是要收集有关市场的供需信息、价格信息、公众消费心理及倾向信息、产品及企业形象信息、竞争对手信息以及其他的经济政治和社会环境信息。二是要将有关产品及组织的各种信息及时、准确、有效地传播出去，争取公众对组织的了解和理解，提高组织的知名度和美誉度，为组织树立良好的形象，创造良好的社会舆论环境。同时，还要处理好突发事件及有损组织形象的事件。

#### 2.建立信誉

信誉是企业的生命。一方面要树立产品的信誉；另一方面，企业的工作要为公众着想，要经常分析公众的心理、意向及其变化趋势，注意社会舆论的发展变化趋势，调整自我以适应公众，博取好感，树立企业信誉。对企业来说，优良服务和优质产品是建立信誉的基础，广泛参与、积极投入、持久努力是建立信誉的保证。

### 3.协调关系

公共关系被誉为"广结人缘的艺术"。在现代社会生活中，任何组织都面临着复杂的社会关系和社会环境。为此，组织必须进行广泛的社会活动，处理好各种关系，增进彼此的感情，减少摩擦系数，否则，会给组织带来麻烦和损失。公共关系要协调的内容主要包括协调内部领导与员工的关系；协调企业各管理部门、管理层次之间关系；协调企业与外部公众的关系等。

### 4.决策咨询

所谓咨询就是企业公共关系人员根据企业经营的具体情况和问题，在广泛收集信息的基础上，向企业决策者和管理者提出有针对性的建议和办法。公共关系人员不是决策者，但参与决策。现代经济活动复杂多变、竞争激烈、问题繁多，企业领导者必须进行及时、全面、系统、深入的分析和研究，才能进行正确决策和有效管理，以取得最好的经济效益和社会效益，但企业领导者的知识、经验、精力、能力等方面客观上存在着一定的局限性。解决这一难题的有效的方法是由各方面的专业人员来为领导者提供各种咨询和建议，而公共关系人员无疑在这方面起到了重要的作用。咨询的内容包括本企业的声誉及知名度情况，有关企业的方针、政策及实施结果的情况，外部环境的情况等。

## （三）公共关系活动的方式

### 1.通过新闻媒介宣传企业

通过新闻媒介向社会公众介绍企业和产品，不仅可以节约广告费用，而且新闻媒介具有权威性和广泛性。这方面的活动包括撰写各种新闻稿件，如企业介绍、产品介绍、人物专访、事件特写等。

### 2.公开出版物

图书、期刊、报纸、音像出版物等均为公开出版物。

### 3.建立良好的外部环境

企业要同政府机构、社会团体、社区、媒体以及供应商、经销商、顾客等建立公开的联系，争取他们的理解、支持与合作，并通过他们的宣传树立企业及产品的信誉和形象。

### 4.借助公共关系广告

企业要借助公共关系广告介绍宣传自己，树立良好形象。公共关系广告的形式和内容主要有四种：其一，致意性广告。即向公众表示节日祝福、致谢或致歉等。其二，创意性广告。即以企业名义率先发起某种社会活动或提倡某种有意义的新观念等。其三，解释性广告。即就某方面情况向公众介绍、宣传或解释。其四，企业形象广告。主要介绍企业各方面的积极情况，以树立良好的企业形象。

### 5.举办专题活动

企业可以通过举办各种专题活动，扩大影响，可以举办各种庆祝活动，如厂庆、开工典礼、开业典礼等；还可以开展各种竞赛活动，如知识竞赛、劳动竞赛等。

6. 参与公益性活动

企业可以通过参与各种公益活动和社会福利活动，协调与社会的关系，博取社会好感、赢得信誉。这方面的活动包括安全生产和环境卫生、赞助社会公益事业、为社会慈善机构募捐等主题。

### 案例5-18：淘宝互联网刷单

针对央视3·15晚会曝光淘宝、大众点评等平台刷单一事，淘宝在官方微博回应，强烈希望国家有关执法、司法部门严厉打击上述环节中的灰黑产业从业者，形成司法判例和有效的打击力度及震慑态势，维护社会诚信环境。

以下为淘宝回应的全文：

社会共治打击刷单！

感谢央视曝光互联网刷单这一灰黑产业，让更多的人了解和抵制这一毒瘤。

虽然淘宝对打击刷单一直采取高压态势，技术不断升级，但刷手通过QQ群、QT语音群、微信群、空包网、YY语音聊天室、黑快递构建了隐蔽而庞大的刷单产业链，利用平台没有执法权的无奈，如同一条条肥硕的蚂蟥紧紧地吸附在电商平台及网络世界之上。

人们呼吁并强烈希望国家有关的执法司法部门严厉打击上述环节中的灰黑产业从业者，形成司法判例和有效的打击力度及震慑态势，以维护社会诚信环境。

人们也希望给各种刷单行为和组织提供刷单温床和基地的有关平台企业，共同行动起来，齐心协力，共同打击，让灰黑势力失去庇护的平台，共同净化我们的网络和生活。

（资料来源：https://www.techweb.com.cn/ucweb/news/id/2296878.有改动）

**思考**：淘宝刷单有什么坏处？淘宝现在刷单多吗？

### （四）公共关系活动的程序

公共关系活动的程序一般包括以下四个方面。

1. 公共关系调查

公共关系调查是公关活动的前提，是公关活动过程的开端，包括组织形象调查和社会环境调查。其目的是搜集有关组织形象、社会环境的现状及发展趋势的信息，也就是了解社会公众对本组织的认识、态度和意见，了解各类公众情况的变化以及对组织产生的影响，以此发现组织存在的问题，找出不足之处，为建立信誉、树立良好形象、协调组织与公众关系、增进组织的社会效益及制订合理的公关方案提供依据。

2. 制订计划和方案

在制订方案时，首先要确定目标，然后要对公众进行研究；接着选择合适的媒介，做好预算。在制订方案时要注意：要具有创造性；既要全面又要突出重点；体现公关工作的连续性和阶段性；公关方案要易懂、易记、易操作；预算应留有余地。

3. 实施与传播

在实施的过程中，一定要把原则性和灵活性结合起来，注意发挥营销人员的主观能动性和创造力，尽量使公关方案具体化，要正确地选择媒介和公关活动的方式，主动处理实践中的问题，更好地完成公关计划，实现公关工作目标。

4.评价

实施公关之后，还要采取一定的方法认真评估实施的结果并总结经验，为下一步工作提供重要依据。

## 知识巩固

### 一、单选题

1.企业所拥有的不同产品线的数目是产品组合的(    )。

A.深度讲究　　　　B.长度　　　　　　C.宽度　　　　　D.相关性

2.用料讲究与设计精美的酒瓶，在酒被消费之后可用作花瓶或凉水瓶，这种包装策略是(    )。

A.配套包装　　　B.附赠品包装　　　C.分档包装　　　D.再使用包装

3.在产品生命周期中，丰厚的利润一般在(    )开始出现。

A.引入期　　　　B.成长期　　　　　C.成熟期　　　　D.衰退期

4.企业提高竞争力的源泉是(    )。

A.质量　　　　　B.价格　　　　　　C.促销　　　　　D.新产品开发

5.人们通常所说的一个企业经营着多少产品品类，指的是产品组合的(    )。

A.宽度　　　　　B.深度　　　　　　C.长度　　　　　D.相关性

6.除了提供质量合格的产品，还必须提供相应的附加服务，如保养、售后服务等，这对制造商来说，(    )。

A.售后服务是由经销商来承担的，与制造商无关

B.如果是优质产品则无必要

C.这是产品整体概念的一部分，很有必要

D.只要售出产品即可，服务完全没有必要

7.在其他情况不变的情况下，通常产品的价格上升，则该产品的市场供应量(    )。

A.上升　　　　　B.下降　　　　　　C.不变　　　　　D.B和C

8.以下属于需求导向定价法的有(    )。

A.成本加成定价法　　　　　　　　B.理解价值定价法

C.随行就市定价法　　　　　　　　D.追随定价法

9.在赊销的情况下，卖方为了鼓励买方提前付款，按原价给予一定的折扣，这就是(    )。

A.业务折扣　　　B.现金折扣　　　　C.季节折扣　　　D.数量折扣

10.经纪人和代理商属于(    )。

A.批发商　　　　B.零售商　　　　　C.供应商　　　　D.实体分配者

11.(    )宜采用最短的分销渠道。

A.单价低、体积小的日常用品　　　B.处在成熟期的产品

C.技术性强、价格昂贵的产品　　　D.生产集中但消费分散的产品

12. 市场营销渠道存在的主要原因是(　　)。

A. 缩小经济规模

B. 生产和消费之间在时间、数量、品种、地点等方面的矛盾

C. 提高中间商的利润

D. 降低销售成本

13. 当企业产品的潜在顾客多、市场范围大时,其分销渠道宜选择(　　)。

A. 长渠道　　　　B. 短渠道　　　　C. 窄渠道　　　　D. 宽渠道

14. 在以下几种类型的零售商店中,产品线最深而长的是(　　)。

A. 百货商店　　　B. 超级市场　　　C. 专业商店　　　D. 便利商店

15. 现代市场营销学认为,促销方式包括(　　)和(　　)两大类。

A. 人员促销　　　B. 广告宣传　　　C. 营业推广　　　D. 公共关系

E. 非人员促销

16. 营业推广的目标通常是(　　)。

A. 了解市场,促进产品适销对路　　　B. 刺激消费者即兴购买

C. 降低成本,提高市场占有率　　　D. 帮助企业与各界公众建立良好关系

17. 以下哪个是报纸媒体的优点(　　)。

A. 形象生动、逼真、感染力强　　　B. 专业性强、针对性强

C. 简便灵活、制作方便、费用低廉　　　D. 表现手法多样、艺术性强

18. 制造商推销价格昂贵、技术复杂的机器设备时,适于采取(　　)方式。

A. 广告宣传　　　B. 营业推广　　　C. 经销商品陈列　　　D. 人员推销

19. 在以下几种主要的广告媒体中,最具有针对性的媒体是(　　)。

A. 报纸　　　　　B. 杂志　　　　　C. 电视　　　　　D. 广播

20. 在人员推销这种形式中,在推销人员不十分了解顾客需求的情况下,可采取
(　　)。

A. 诱导性策略　　　B. 针对性策略　　　C. 试探性策略　　　D. 赠品促销

## 二、多选题

1. 短渠道的好处有(　　)。

A. 产品上市速度快　　　B. 节省流通费用

C. 市场信息反馈快　　　D. 产品市场渗透能力强、覆盖面广

E. 有利于杜绝假冒伪劣

2. 具备(　　)时,企业可选择直接式渠道。

A. 市场集中　　　B. 消费者或用户一次需求批量大

C. 中间商实力强、信誉高　　　D. 产品易腐易损,需求时效性

E. 产品技术性强

3. 中间商包括(　　)。

A. 批发商　　　B. 企业代理商　　　C. 经纪商　　　D. 采购商

E. 零售商

4. 需求导向定价法包括(　　)等两种具体方法。

A. 边际贡献定价法　　　　　　　B. 理解价值定价法

C. 区分需求定价法　　　　　　　D. 盈亏临界点定价法

5. (　　)属于心理定价策略。

A. 品牌差价策略　　　　　　　　B. 尾数定价策略

C. 如意定价策略　　　　　　　　D. 声望定价策略

6. 价格调整的主要形式有(　　)两种。

A. 降价　　　　B. 重新定价　　　　C. 提价　　　　D. 进行价格组合

7. 以下(　　)价格形式属于差别定价。

A. 公园门票对某些社会成员给予优惠

B. 在节假日或换季时机举行的"大甩卖""酬宾大减价"等活动

C. 为不同花色、不同款式的商品所定的不同价格

D. 对大量购买的顾客所给予的优惠

E. 剧院里不同位置的座位的票价不同

8. 影响产品需求价格弹性的因素很多，在以下哪种情况下产品的需求价格弹性最小？
(　　)

A. 与生活关系密切的必需品

B. 缺少替代品且竞争产品也少的产品

C. 知名度高的名牌产品

D. 与生活关系不十分密切且竞争产品多的非必需品

E. 消费者认为价格变动是产品质量变化的必然结果的产品

9. 包装的作用表现在(　　)。

A. 便于识别商品　　B. 保护产品　　　C. 方便使用　　　　D. 传递产品信息

E. 增加产品的实用性

10. 对处在饱和阶段的产品应主要采取(　　)策略。

A. 改善企业外部环境　　　　　　B. 增加产品系列

C. 稳定目标市场　　　　　　　　D. 重点宣传企业的信誉

## 三、简答题

1. 什么是产品组合？分析产品组合时一般应考虑哪些因素？

2. 简述产品包装的概念及作用。

3. 心理定价策略有哪些？

4. 撇脂定价策略和渗透定价策略各自适用于什么情况？

5. 简述选择中间商数目的三种形式。

6. 概述零售商的种类。

7. 什么是市场营销组合？其作用有哪些？

8. 试比较分析"推"式策略和"拉"式策略。

9. 什么是促销组合？影响企业促销组合策略的因素有哪些？

10. 简述选择广告媒体时应参考的因素。

## 四、论述题

1. 结合产品生命周期各阶段的特点谈一下企业相应的营销策略。
2. 试述产品价格的制约条件及其与产品价格的关系。
3. 从渠道设计的影响因素这方面谈一下如何为产品选择适宜的渠道。
4. 试比较分析"推"式策略和"拉"式策略。

## 五、案例分析题

### ▶ 案例 5-19：3M 公司产品的创新战略

3M 公司营销 60 000 多种产品，公司的目标是每年销售量的 30% 是前 4 年研制的产品，这是令人吃惊的。但是更令人吃惊的是，它通常能成功。每年 3M 公司都要开发 200 多种新产品。它那传奇般的注重革新的精神已使 3M 公司连续多年成为美国最受人羡慕的公司之一。

新产品并不是自然诞生的。3M 公司有一个有助于革新的环境。它通常要投入 7% 的年销售额用于产品研究和开发，这相当于一般公司研究和开发费用所占比例的两倍。

3M 公司鼓励每一个人开发新产品，公司有名的"15%规则"允许每个技术人员至少可用 15% 的时间来"干私活"，即思考个人感兴趣的工作方案，不管这些方案是否直接有利于公司。当一个有希望的构思产生时，3M 公司会组织一个由该构思的开发者以及来自生产、销售和法律部门的志愿者组成的冒险队。该团队负责培育产品，并保护它免受公司苛刻的调查。队员始终与产品待在一起，直到它成功或失败，然后回到原先的岗位上，或者继续和新产品待在一起。有些冒险队在一个构思成功之前尝试了 3 次或 4 次。每年 3M 公司都会把"进步奖"授予那些新产品开发 3 年内在美国销售量达 200 万美元或在全世界销售达 400 万美元的冒险团队。

在执着追求新产品的过程中，3M 公司始终与顾客保持紧密联系。在新产品开发的每一时期，3M 公司都会对顾客偏好进行重新评估。市场营销人员和科技人员在开发新产品的过程中紧密合作，并且研究和开发人员也都积极地参与整个市场营销过程。

3M 公司知道：为了获得最大成功，必须尝试成千上万种新产品的构思。它把错误和失败当作创造和革新的正常组成部分。事实上，它的哲学似乎是"如果你不犯错，你可能做不了任何事情"。正如后来的事实所表明，许多"大错误"都成了 3M 公司最成功的一些产品。

比如，3M 公司的科学家西尔维想开发一种超强黏合剂，但是他研制出的黏合剂却不很黏。他把这种显然没什么用处的黏合剂给了 3M 公司其他的科学家，看看他们能找到什么方法使用它。过了几年，这件事情一直没有进展。接着，3M 公司另一个研究者遇到了一个问题，因此就有了一个主意。这位研究者是当地教堂的唱诗班成员，他发现很难在赞美诗中做记号，因为他夹的小纸条经常掉出来。他在一张纸片上涂了点西尔维的弱粘胶，结果这张纸条很好地粘上了，并且后来撕下来时也没有弄坏赞美诗集。于是 3M 公司的可粘便条纸便诞生了，该产品现在是全世界最畅销的办公产品之一。

问题：

1. 企业为什么要开发新产品？

2. 3M 公司在新产品开发上给了人们什么启示？

### 案例 5-20：定价：商家的心理战

**1. 只降 2 美分**

在一个炎热的夏天，美国的一家日用杂货品商店购进了一批单人凉席，定价每令 1 美元。本来，在这样炎热的天气，凉席会很快销售一空的，但结果销量并不高。商店只得降价销售，但由于进价过高，每令凉席只能降价 2 美分。奇怪的是，顾客马上纷至沓来，凉席再也不愁销不出去了。这位老板在有了这个惊喜的发现后，马上照葫芦画瓢，居然屡试不爽。

**2. 每件 6 美元**

美国西部有一家商店特别引人注目，店门前挂着一块醒目的招牌——"本店各式服装一律每件 6 美元"。店内陈列的商品品种繁多，从内衣到外套应有尽有。因此，自开业以来，该店的生意十分红火。

**3. 自动降价**

美国的波士顿市中心有一家"法林联合百货公司"，在其商场内的地下室门口挂着"法林地下自动降价商店"的招牌。走进之后，你会发现货架上的每一件商品除了标明售价以外，还标着该件商品第一次上架的时间，旁边的告示栏上说明，该件商品按上架时间自动降价，陈列时间越长，价格越低。比如某种商品陈列了 12 天还没有售出，就自动降低 20%，又过 6 天，降价 50%，再过 6 天，降价 75%。如果该件产品标价为 500 元，到第 13 天只能卖 400 元，到第 19 天只能卖 250 元，到第 25 天时只能卖 125 元，如果再过 6 天仍无人购买，该件商品就会被从货架上取下来送到慈善机构去。

问题：

1. 价格与销量之间是什么样的关系？

2. 如何利用降价取得最好的促销效果？

### 五、技能题

走访大型超市，与超市的经营者交谈，了解超市的营销组合策略。

（一）实训目的

1. 通过实训，了解营销组合策略。

2. 增加学生对市场营销组合策略的理解。

（二）实训内容

1. 通过实训，了解企业的产品、价格、渠道和促销方式。

2. 撰写营销组合的分析报告。

（三）实训形式

1. 五人组成一个小组，由组长负责超市的选择和工作的协调。

2. 各组选择一个超市进行调查，并与超市营销人员进行交流。

(四)实训成果

1. 各组撰写调查分析报告，要求至少 1500 字。

2. 小组以 PPT 的形式汇报。

3. 教师点评。

# 了解市场营销新思维

## ◇ 项目学习指南 ◇

营销的目的是赢得更多客户的信赖，其前提是把握市场营销的新趋势，了解行业发展的新动态。消费者的需求是不断变化的，这就需要市场营销工作者具有创新的营销思维。把握营销新思维必须关注以下几个方面的内容：

1. 我们的客户是谁？

2. 产品能够给客户带来什么价值？

3. 客户需要什么？

# 任务一　体验营销

**知识目标**

1.知晓体验营销的含义及其产生的背景。

2.知道如何打造体验营销。

3.能够理解长尾理论。

**岗位能力目标**

1.能够理解体验营销的含义。

2.能够根据不同客户的需求提供不同的体验营销的方式。

**思政目标**

1.培养学生的创新思维。

2.培养学生为顾客服务的意识。

## 任务分析

随着品牌之间竞争的加剧,体验经济时代已经来临。体验营销必须关注受众需求的变化,客户需求日益呈现出个性化、多样化的特点,市场竞争日益激烈,消费者需求愈加多样化,企业应该创新营销模式,关注客户的体验需求。

## 知识精讲

## 一、体验营销产生的背景

伯恩德·施密特(Bernd H. Schmitt)于1999年提出了体验营销的概念,他认为其实现方式有五种:感官营销、情感营销、思考营销、行动营销和关联营销。所谓体验营销是指以顾客为中心,通过提供顾客在感观、情感、思想、行为或关联等方面的满足、刺激或快感,实现企业和顾客的双赢。

企业要发展,必须关注顾客的体验。只有体验满意的顾客才会成为忠诚的顾客,顾客体验是顾客满意的必要条件。满意与多种因素有关,既有企业自身的因素,也有消费者的因素。企业必须建立自己的竞争优势,才能赢得消费者的信赖,才能够创造更多的利润。

核心竞争力是决定企业营利能力的关键因素，也在很大程度上影响着企业未来的发展前景。在21世纪，体验需求已经成为企业关注的焦点，而如何围绕顾客的体验需求获得企业的持续竞争优势，已成为众多专家学者研究的热点。在体验经济时代，企业要构建体验需求管理体系，实施体验需求管理，就必须倾听销售一线和消费者的心声，从中捕捉需求，不断分析目标消费群体的消费习惯、消费行为和需求心理，挖掘消费者的需求，并利用最终需求链的管理来满足消费者的需求。

## 二、深度体验营销

体验营销以满足消费者的需求为目标，以有形产品或服务为载体，提供消费者需要的产品或服务，并在消费者消费过程中拉近企业与消费者之间的距离，让顾客产生愉悦的体验感，从而通过培养顾客的忠诚度，使企业获得更多的经济效益。

### （一）通过提高顾客的满意度增强顾客的体验

满意度是指顾客所得到的产品符合自己心理要求程度的主观评价。消费者对于商品的满意度的高低取决于其拥有和使用某产品所获得的利益与取得该利益所付出的成本的差，即顾客认为所获得的利益大于付出的成本，就会感到满意。企业必须提供高质量的产品或服务，以此提高消费者的体验。

> 案例6-1：戴尔公司的服务

服务是戴尔公司持续发展的基石和保证。戴尔一直致力于以更低的价格提供最高水平的服务。自从戴尔公司开辟直销模式以来，很多企业都仿效这一模式，但却很难再造一个"戴尔"。服务意识与产品质量是差距形成的一个重要原因。

戴尔某款新笔记本电脑上市后，加州的一所大学反映，他们买了一部分这个机型，发现它存在一定的问题。大学里面的用户经常进进出出课堂和办公室，笔记本机盖的关合很频繁，这款计算机频繁开合，面板就撑不住了。

戴尔的工程部对此做了一系列分析，发现存在技术问题，大概有30%的产品要回收。但如果退回来的话，不仅影响不好，而且每件产品的回收成本要两三百美元。那戴尔是怎么处理的呢？它利用了自己的直销优势，马上从数据库中查出购买该机型的客户在哪里，每个客户买了多少台，然后让技术员进行巡回服务，帮所有购买这个机型的客户免费更换零件。这种集中服务不仅使得维修成本大幅度降低了，而且客户认为戴尔的质量意识高、维修服务非常贴心，对戴尔的满意程度大幅度提升。

在戴尔，员工的奖金是与客户的满意度挂钩的。每一个向戴尔客户服务部打来问讯和投诉电话的客户，在问题得到解决后都会收到戴尔发来的服务满意度调查邮件，调查邮件的反馈结果将成为员工的考核依据：客户满意度越高，员工奖金的数额也越高。

戴尔创始人迈克尔·戴尔曾经在清华大学演讲，当时有学生问他："我是一个年轻的中国创业者，您有什么忠告？"戴尔先生几乎本能地回答道："最重要的是倾听客户！"戴尔公司视客户至上，戴尔会全力为客户实现需求。举一个例子来说，戴尔会帮批量购买的客户做好财产标签，客户采购电脑之后只需要登记数量以及财产标签的编号，就可以直接发放给员工使用了。

戴尔为了加强与客户的沟通力度，为客户设计了很多特色服务，通过创新性的技术和服务项目，协助客户以最恰当的方式快速解决问题。

（资料来源：陈娇.科特勒营销全书[M].北京：中国华侨出版社，2013：130.有改动）

## （二）营造良好的购物环境是增强顾客体验的一个重要手段

人的消费能力提高之后的一个明显特点是把购物看作一种体验。有学者根据消费者进入店铺的路径将环境分为宏观环境、中观环境和微观环境。宏观环境主要包括装潢、建筑物的色彩、周边的环境以及店铺的标识和招牌；中观环境就是企业的内部环境，主要有店铺的通道、空间的布局、商品的陈列、卫生间以及安全出口的标识、收银的地点等；微观环境是企业的软环境，包括员工的服务礼仪、服务态度、背景音乐、空气、温度、价格等。

在销售环境的设计过程中，要遵循"以顾客为本、尊重顾客、关心顾客"的原则，营造温馨、舒适的购物环境，使消费者在购物过程中得到休闲和玩乐。

## （三）注重客户关系的管理，尽量让客户的价值最大化

要注重客户数据的管理，有效地利用客户的信息，利用这些信息为不同的顾客提供不同的服务。可以将客户进行分类，对于一些重要的客户可以提供一对一的服务，让每一个客户的价值最大化。

## （四）利用长尾理论，为顾客提供个性化的服务

"长尾理论"是网络时代中兴起的一种理论。当商品储存、流通、展示的场地和渠道足够宽广，商品生产成本急剧下降，商品的销售成本急剧降低时，几乎任何以前看似需求极低的产品，只要有人卖，都会有人买。这些需求和销量不高的产品所占据的市场份额，可以和主流产品的市场份额相当，甚至更大。长尾理论的实质是关注那些不为大企业关心的众多中小客户，要为每位客户提供不同的服务。

**案例6-2：泰国百年酒店长盛不衰的秘密**

泰国有一家长盛不衰的百年酒店，它是怎么做出个性化服务的呢？有一位客人时隔30年后再次下榻该酒店，他无意中说起自己当年入住时，是睡在蚊帐里的，乐趣十足。结果，当他进入自己的房间时，发现在房间里挂着一顶大大的蚊帐，房间里的布置也很有30年前的风情。这位客人因而十分感动。

还有一位客人在盛夏时入住，看到酒店有泳池，于是跟服务员提出下午三四点的时候想去游泳，并拜托服务员帮他准备一套泳衣。这本来并非难事，难的是这位客人非常胖，服务员无论是在酒店还是在外面的各大商场，都无法买到那么大尺码的泳衣。客人听了服务员的回复后有些失望，但还是表示理解。这位服务员看出客人的确想游泳，于是向酒店经理反映了情况，经理当即让服务员买来四条普通的泳衣，然后请了一位裁缝，将这四条泳衣拆开再缝合，做成了一条超大尺码的泳衣。到下午三点多的时候，这件泳衣被送到了

客人房中。结果当然不用说了，这位客人十分惊喜，不停地道谢。

（资料来源：陈娇.科特勒营销全书[M].北京：中国华侨出版社，2013：127.有改动）

这个案例说明了酒店在同质化竞争的今天如何能够留住更多的顾客：提供细致入微、周到体贴的个性化服务。

# 任务二　全渠道营销

**知识目标**

1. 了解全渠道营销产生的背景。

2. 掌握全渠道营销的概念。

3. 掌握精准营销的含义。

**能力目标**

1. 能够根据实际打造全渠道营销模式。

2. 能够实施差异化的营销战略。

3. 能够实施精准营销。

4. 能够实施碎片化营销。

**思政目标**

1. 培养学生追求真理、求真务实的精神。

2. 培养学生的契约意识。

## 知识精讲

### 一、全渠道模式下体验需求产生的背景

互联网、电子商务、移动信息技术的快速发展和普及，已经深深地影响了消费者的消费方式。5G 技术的应用使得移动终端的消费体验越来越好，在网上购物成为一种时尚。在这种情况下，消费者往往表现出一种即时需求，即需求带有很大的随意性。

### 二、全渠道营销的含义

从字面上来讲，"全渠道"就是多渠道的意思，是指产品从生产商到客户所经历的所有途径和方式，包括实体渠道、电子销售渠道和其他渠道。其本质是应对和满足消费者多样化的购物需求。因此在全渠道模式下，企业必须更多地关注消费者的体验需求，制订适合自己的全渠道战略，满足消费者的移动化、本地化、个性化的需求。

## 三、打造全渠道营销模式

全渠道营销是企业营销发展的高级阶段。当前是我国互联网和电子商务发展的鼎盛时期，很多企业开始借助电子商务发展网络营销。发展网络营销有多种模式，其中一种是组建电子商务平台，也有很多企业既有自建的电子商务平台，也加入了第三方电子商务平台。随着智能手机的普及和移动网络的覆盖，很多企业都利用手机客户端开展了新的移动营销。

### （一）实施差异化的经营战略

在商品经济充分发展的时代，同质化竞争比较激烈，这要求企业实施差异化的竞争战略。要从经营方式、目标市场、市场定位、提供产品或服务的方式等方面实现差异化，提升服务，提升产品质量和商品的附加值，以此取得竞争优势。

### （二）构建全渠道云商平台

全渠道云商平台能够整合线上和线下的资源。线上资源有第三方平台、第三方商城、自建电商平台。其中，第三方平台主要有 QQ、微信、微博、天涯社区等社交媒体平台；第三方商城指淘宝、京东等电子商务平台。而线下资源指实体店。企业可以整合线上和线下的资源，打造"移动终端+网店+实体店"的一体化购物平台。构建云商购物平台，需要完成移动支付、订单处理、供应链管理、数据库的无缝对接。

### （三）实行精准营销

精准营销就是在充分了解顾客信息的基础上，针对不同的顾客群制定企业营销目标，有针对性地进行群组式营销。精准营销改变了以往的营销渠道及方法，以生产厂商的客户和销售商为中心，通过电子媒介、电话访问、邮寄、互联网等方式建立客户、销售商资料库，然后通过科学分析，确定可能购买的客户，从而引导生产厂商改变销售策略，为其制订出一套可操作性强的销售推广方案，同时为生产厂商提供追踪服务。

### （四）开展碎片化营销是未来的必然趋势

移动互联网和 5G 网络的出现，使得人们可以充分利用碎片化时间购物、浏览信息、获取资讯，使人们对时间的利用率大大提高。这为企业开展碎片化营销提供了便利条件。

▷ **案例 6-3：11.3 亿收官！安踏集团 2018 年"双十一"创造新纪录**

2018 年 11 月 11 日，3 分钟破亿元，6.5 小时破去年当天的全天销售纪录。2018 年的"双 11"，安踏集团电商全天流水达 11.3 亿元，较 2017 年提高 67%。

在天猫 11.11 全球狂欢节"运动户外"类目排行榜前五名当中，安踏集团旗下品牌占据了两个席位，安踏品牌稳居第三位，FILA 品牌由去年的第九位升为第五位。

安踏集团电商连年实现突破，不仅受益于品牌影响力的提升，更是近几年"以消费者为核心的价值零售"战略所带来的成效。让我们一起盘点今年"双 11"安踏集团电商为消费者所做的创新亮点。

**商品价值：创新开发专属商品**

为了满足年轻线上消费群体对产品"有趣""独特"的追求，安踏投入大量资源，开发了"双11电商专供款"，占比近80%，包括NASA、漫威、DC、KT3等极具卖点的跨界商品。

FILA此次也提升了鞋类产品的占比，从原来的15%增至40%，并特别打造了三款篮球鞋，深受消费者喜爱，一经问世便成为爆款，位列篮球鞋预售榜单前三名。

**体验价值：完善购物体验**

除了设置多个优惠方案，安踏集团电商也玩起了"先拿货再付款"。

例如，"双11"期间安踏篮球鞋新品KT4发售，安踏筛选了一批粉丝，在他们付完定金后就直接发货。这份"惊喜"不仅减少了长达20多天的预售期的等待，也让粉丝获得了"被重视""被信任"的良好体验。

**快物流：选择，无须等待**

"啊？这么快就到了！这速度简直了！"11月11日，0时31分，安踏"双11"第一单货品送达南京的一位消费者手中时，她非常惊讶，欣喜不已。

安踏集团不断升级的物流模式让快递速度比去年快了一倍以上！2018年的"双11"，总计要派送400多万件包裹，安踏进一步夯实了"云仓"系统，并与顺丰等物流公司一起探索、尝试新的合作模式，确保消费者在第一时间就能够拿到喜爱的商品！

安踏集团董事局主席丁世忠先生在"双11"结束时感慨，每年的"双11"都是消费者的节日，也是一年当中安踏集团电商团队最为繁忙的时刻。为了让消费者享有更好的购物体验，安踏集团旗下的品牌推陈出新，实现了线上与线下的完美融合。

丁世忠先生始终认为，有使命感、不断超越自我的企业，就是要有把握时代变革的能力，要能把热点、难点、痛点变成机会点。

（资料来源：https://www.sohu.com/a/274712500_498601，有改动）

# 任务三　新媒体营销

**知识目标**

1. 了解新媒体营销产生的背景。
2. 掌握新媒体营销的概念。
3. 了解新媒体营销的方式。

**能力目标**

1. 能够正确理解新媒体营销的概念。
2. 能够利用新媒体从事营销活动。

## 知识精讲

## 一、新媒体营销的概念

新媒体营销是指利用新媒体平台进行的营销。在 web 2.0 带来巨大革新的时代，营销方式也发生了变革，我们已经进入了新媒体传播时代。网络杂志、博客、微博、微信、TAG、SNS、RSS、WIKI 等新媒体不断出现。

## 二、新媒体营销的特点

### （一）目标客户精准定向

"精准定向"是指集中精力对目标客户群进行研究，开展营销活动。新媒体有着丰富多彩的内容，微信、微博、博客、论坛等让每个人都可以成为信息发布者，浩瀚如烟的信息展现了前所未有的广度和深度。通过对社交平台大量数据的分析，企业可以利用新媒体有效地挖掘用户的需求，为产品的设计开发提供很好的市场依据。

### （二）拉近与用户之间的距离，增进感情

相对于传统媒体只能被动接受，在新媒体传播的过程中，接受者可以利用先进的网络通信技术进行各种形式的互动，这使得传播方式发生了根本的变化。因此，新媒体营销实

现了信息传播的随时随地,营销效率大大提高。新媒体营销大大地降低了产品投放市场前的风险,拉近了与用户之间的距离,增进了感情。

### (三)企业的宣传成本降低

首先,通过新媒体,企业可以低成本地进行舆论监控。在社交网络出现以前,企业对用户进行舆论监控的难度是很大的。负面消息都是在小范围内开始扩散的,只要企业能随时进行舆论监控,就可以有效地降低品牌危机产生和扩散的可能性。

## 三、新媒体营销的主要方式

### (一)搜索引擎营销

搜索引擎营销是全面有效地利用搜索引擎来进行网络营销和推广的方法,拥有巨大的用户访问量。消费者可以使用搜索引擎获取信息,企业利用被用户检索的机会,可以及时、准确地向目标客户群体传递产品与服务的信息,挖掘更多的潜在客户。

### (二)SNS 营销

SNS 的全称为 social network site,即"社交网站"或"社交网"。SNS 营销指的是利用这些社交网络进行的营销活动。在主流的社交网站中,已经有越来越多的广告主表现出对 SNS 营销的认同,如卡地亚、百威啤酒、DHL 等。

### (三)论坛营销

企业借助论坛这个网络平台,可以通过文字、图片、视频、声音等发布产品和服务的信息,建立自己的知名度,从而让目标客户更加深刻地了解企业的产品和服务,最终达到宣传企业品牌、加深市场认知度的营销目的。

### (四)微信、微博营销

微信、微博营销指利用企业的官方微信、官方微博每天更新内容,跟大家交流,或者发起大家感兴趣的话题,发布企业的相关新闻、产品信息,慢慢地形成一个固定的互动圈子,从而达到营销的目的。

▶ 案例 6-4:新媒体营销的各种创新和便利

1. 韩都衣舍 & 韩都映像

创立于 2009 年的韩都映像,最早只是韩都衣舍的摄影部。随着业务的发展,韩都映像目前已经发展成为一家专门服务于网商的网拍摄影机构,凭借着"出图快、性价比高、客户至上"的服务理念,深得电商卖家的喜爱和信赖。

2012 年,基于韩都衣舍的视觉转型,韩都映像建立韩国拍摄办事处,紧跟韩国流行趋势,把握韩风、强化品牌定位;2014 年"双 11",韩都衣舍商品详情页的支付转化率接近10%,在 2012—2015 年,连续四年女装销量最高,这就是视觉提升的效果。

韩都衣舍在淘宝平台上的优秀业绩是韩都映像最好的品牌背书，在获得2014年女装销量冠军的同时，韩都衣舍开设了摄影外包服务，为电商卖家提供全品类、系统化的视觉服务。

为了给卖家提供更优质的品牌服务，2014年韩都映像入驻淘宝摄影服务市场，且荣获2015年上半年摄影服务类目银牌淘拍档奖，全品类拍摄进入成熟阶段，将售前策划、拍摄、店铺视觉、售后服务有机地融合在一起，为电商卖家迅速提升视觉服务建立了流程化、系统化的视觉体系。

经过不断的探索，韩都映像已经拥有了多个国内外反季拍摄基地资源，每年拍摄服装达60 000款，拍摄成片超过150万张。

到2015年，韩都映像团队达到100人以上，优质模特300多名，独家专属模特50名，同时成立了模特经纪公司，对外提供优质的模特服务，为创建时尚平台打下了坚实的基础，成为中国拥有最多网红模特的品牌网拍摄影机构。

**2. 辣妈店主 Peggy 的故事**

2012年11月，辣妈店主Peggy在怀孕期间开通了MsPeggy时尚站。不过在孩子出生后，辣妈忙着带娃无法保证电脑端按时更新，这个店铺便慢慢沉寂了下来。很多淘宝的"辣妈店主"都有这样的经历——为了让宝宝远离电脑，眼看店铺的流量、销量不再如前却束手无策。

2013年5月的一天，Peggy无意间发现手机淘宝客户端出现了"我是卖家"这个入口，怀着好奇心点进去激活后，居然发现手机可以直接发布宝贝！她感觉如获至宝，于是开始了"一手抱娃，一手发宝贝"的辣妈店主生活。

"有策略地准时上架新款、管理宝贝对一个淘宝店来说很重要。"新品能够及时上架就可以为小店带来稳定的流量和顾客群。之前电脑端只能一周更新一次，有时还因为带孩子不能完全保证更新的时间。开通移动端的"淘小铺"功能之后，在手机端几乎天天可以上架新品，店铺流量自然也高了很多，成交量也大大地提高了。Peggy说，目前自己已经实现了手机上新、手机管理、手机发货、手机推广"一条龙"，在带娃的间隙抽空在手机上点一点，居然能够月入20万元呢。

**3. 美店：无线店铺装修工具大爆发**

"'双11'之前，团队的每个人都非常紧张，我们非常担心是否能够承受难以想象的流量压力，我们支撑的是数万个卖家，其中包含上千个顶级卖家'双11'的核心页面流量和转化，尤其对于信任美店的卖家来说，一秒钟的卡顿都会带来巨大的成交损失。"杭州淘维科技美店项目的负责人明霄在2015年"双11"结束之后终于松了口气，"没出问题就是最大的成功！"

让美店团队感觉紧张的原因，是2015年"双11"当天，"三只松鼠""韩都衣舍""罗莱家纺""太平鸟""苏宁易购""方太"等大卖家都在使用美店提供的无线店铺二级页面生成工具。而这时距离美店产品上线也仅仅只有8个月的时间。

美店的快速成长得益于其精准地把握了卖家在无线端上的需求。"之前很长一段时间，卖家只是复制PC端的模式搭建无线店铺，并没有真正适用无线端的解决方案。一些原有的自定义海报模块功能限制了设计师的创意，时间成本很高，且容易出现错误。而美店缩短了整个过程，设计师只需按照运营主题自由发挥，上传一张设计海报，自由添加热区链接,这大大降低了沟通和设置的成本。"

现在,订购美店无线端装修工具的卖家已经超过了7万,活跃的付费卖家超过11 000家。更重要的是,美店每天给卖家生成的页面的平均DAU已经超过200万。

**4.服装品牌361°**

2015年"双11",天猫服饰共有20个商家、3 500个店铺通过门店发货,发货量共计80万单,361°、凌志、GXG、江南布衣、太平鸟等品牌都由原来的试点和探索步入了批量推广复制阶段。其中,361°已经实现全国23个大仓、1 000家门店同时发货,其中有20%~25%的订单是从线下发货的。据了解,2016年,361°的发展目标是将全国支持全渠道运作的门店数量从1 000家扩展到5 000家。

361°认为,未来的渠道划分会由线上和线下之分、街边店和商场店之分,转变为消费者购物场景的划分。商家所要做的是满足消费者在不同场景的需求。一方面要建立满足消费者的强大的商品体系;另一方面,需要利用线下门店,建立与周围社群的联系。

(资料来源:23个最佳案例颠覆你的电商思维,http://www.soozhu.com/wx/article/267183/,有改动)

## 知识巩固

### 一、单选题

1.体验式营销与传统营销的区别是( )。

A.互动 B.感官 C.产品 D.顾客

2.利用体验式营销推销产品的是( )。

A.这款手机产品非常不错,内存是128G

B.挑选你喜欢的一本书,可以为你带来无尽的快乐

C.你可以先品尝一下,看看味道怎么样再做决定

D.这款产品非常不错,既美观又大方

3.当客户临近柜台时,营业人员应该( )。

A.主动向顾客问好,询问顾客需要什么帮助

B.示意顾客先坐下,等忙完手中的活再接待

C.自己比较忙,请顾客到其他柜台办理业务

D.以上行为都可以

4.新媒体营销强调( )。

A.企业与用户的互动 B.产品的质量

C.运营的成本 D.顾客

5.新媒体营销的媒介有( )。

A.微信 B.微博 C.QQ传播 D.以上都是

### 二、简述题

1.简述体验营销产生的背景。

2. 简述如何进行精准营销。

3. 谈谈你对全渠道营销的看法。

4. 谈谈你对碎片化营销的看法。

5. 你觉得新媒体营销与传统营销有哪些区别？谈谈你的看法。

## 四、案例分析题

**案例6-5：**

罐头源于西方，是欧洲大航海时代的产物。在美国研发出工业量化生产技术后，罐头行业得到了蓬勃发展，形成了庞大的产业，市场规模也得到了迅速扩张。

罐头曾在中国扮演过艳惊四座的角色，特别是在二十世纪八九十年代，罐头食品一度风靡全国。但是现在，罐头行业已不复当年的辉煌，国内的罐头人均消费量远远低于发达国家。原材料涨价、人工费用提升等因素不断提升着罐头企业的成本压力，罐头行业集中度低的问题一直没有改观。

什么人最爱买罐头？答案是忙碌的双职工家庭。而这一人群现在已经养成了网购的习惯。因而，电子商务市场将是罐头产业最该大力拓展的市场。

互联网渠道的特殊性是营销先行。人们因产品的营销方式而认识和了解产品，并在对产品感兴趣后主动积极地对产品进行探索和比对。但互联网营销绝不能忽略产品本身，在所有的互联网营销成功案例中，营销仗打得漂亮、生命力又长久的品牌都必须有站得住脚的产品品质及品牌口碑。网购人群的第一抉择取决于品牌口碑，但网购人群又常常因价格、性价比、促销等条件而关注其他产品。相对于传统渠道，网购更具有复杂性，同时更具有颠覆性。在目前的罐头行业中，谁先玩好电子商务，谁就有可能为自己的品牌打一个漂亮的翻身仗。

在这个口碑为王的电子商务大时代，越来越多的传统行业看到了线上诱人的市场商机，并开始入驻互联网，试图带领自身的行业在互联网时代大展宏图。而罐头行业是否能抓住机遇，通过采取互联网营销战略开启下一个黄金时代？一切让时间来证明吧！

（资料来源：参考消息网，有改动）

**思考：**

1. 罐头行业当前面临的营销环境有哪些特点？

2. 请你为某一罐头企业制订一份新媒体营销方案。

# 参考文献

[1]薛波. 向科特勒学营销[M]. 北京：中华工商联合出版社，2016.

[2]姚成伟. 碎片化营销：注意力经济下的品牌运营策略[M]. 北京：人民邮电出版社，2017.

[3]姚群峰. 不营而销：好产品自己会说话[M]. 北京：电子工业出版社，2018.

[4]吴健安，聂元昆. 市场营销学[M]. 北京：高等教育出版社，2014.

[5]严宗光. 市场营销学——理论、案例与实务[M]. 北京：科学出版社，2014.

[6]顾彼思商学院. MBA 轻松读：市场营销[M]. 范丹，译. 北京：北京时代华文书局，2017.

[7]科特勒，凯勒. 营销管理[M]. 王永贵，于洪彦，何佳讯，等译. 上海：格致出版社，2009.

[8]姚成伟. 碎片化营销：注意力经济下的品牌运营策略[M]. 北京：人民邮电出版社，2017.

**图书在版编目（CIP）数据**

市场营销基本技能与实务／董常亮主编. —长沙：
中南大学出版社，2021.8
ISBN 978-7-5487-4591-4

Ⅰ. ①市… Ⅱ. ①董… Ⅲ. ①市场营销学—高等职业
教育—教材 Ⅳ. ①F713.50

中国版本图书馆 CIP 数据核字（2021）第 147867 号

### 市场营销基本技能与实务
**SHICHANG YINGXIAO JIBEN JINENG YU SHIWU**

主编　董常亮

| | | |
|---|---|---|
| □责任编辑 | 郑　伟 | |
| □责任印制 | 唐　曦 | |
| □出版发行 | 中南大学出版社 | |
| | 社址：长沙市麓山南路 | 邮编：410083 |
| | 发行科电话：0731-88876770 | 传真：0731-88710482 |
| □印　　装 | 湖南蓝盾彩色印务有限公司 | |

| | | | | |
|---|---|---|---|---|
| □开　　本 | 787 mm×1092 mm 1/16 | □印张 13.75 | □字数 352 千字 |
| □版　　次 | 2021 年 8 月第 1 版 | □2021 年 8 月第 1 次印刷 | |
| □书　　号 | ISBN 978-7-5487-4591-4 | | |
| □定　　价 | 42.00 元 | | |

图书出现印装问题，请与经销商调换